우리 소설의 세상 읽기

이 도서의 국립중앙도서관 출판시도서목록(CIP)은 e-CIP 홈페이지
(http://www.nl.go.kr/ecip)에서 이용하실 수 있습니다.
(CIP 제어번호 : CIP2013023413)

우리 소설의 세상 읽기

2013년 11월 22일 초판 1쇄 발행
2014년 12월 10일 초판 2쇄 발행

지은이 | 김이구
펴낸이 | 孫貞順
펴낸곳 | 도서출판 작가
    서울 서대문구 북아현3동 1-1278 (우-120-866)
    전화 | 365-8111~2 팩스 | 365-8110
    이메일 | morebook@morebook.co.kr
    홈페이지 | www.morebook.co.kr
    등록번호 | 제13-630호(2000. 2. 9.)

편집 | 손희 조랑
디자인 | 오경은
영업 | 손원대
관리 | 이용승

ISBN 978-89-94815-36-7 03810

* 잘못된 책은 구입하신 서점에서 바꾸어 드립니다.

값 15,000원

우리 소설의
세상 읽기

김이구 평론집

작가

| 책머리에 |

　내가 문학평론가로 첫발을 내디딘 것은 1993년, 방현석의 노동소설에 대한 글을 통해서다.
　그로부터 20년이다.
　그동안 써온 글들은 소설 비평, 시 비평의 비중이 엇비슷하고 2000년대 이후엔 어린이청소년문학 비평에도 힘을 쏟았다.
　여기에는 주로 소설과 소설가에 관한 글을 모았다. 3부에 '문학과 제도'라는 제목으로 묶은 글들은, 이를테면 문학이 현실에 존재하는 방식을 내 나름대로 짚어본 것들이다.
　내가 문학의 특정 경향에 경도되어 있었던 것은 아니나, 이렇게 모아놓고 보니 문학은 역시 개인의 삶과 사회의 관계를 깊이 성찰하는 장르라는 문학 원론을 떠올리게 된다. 이것은 우리 시대의 상징이기도 하다. 문학이 그려내는 무늬와 빛깔은 끊임없이 변화해왔지만, 그것들은 여전히, 우리 문학의 뿌리와 줄기는 우리들 삶의 아픔과 보람을 응시하는 데 있다는 증빙이자 비망록이기도 하다. 나의 글들 역시 그러한 비망록의 일부가 될 수 있지 않을까.
　어려운 출판 환경에서 두번째 평론집 출간을 흔쾌히 맡아준 작가 출판사에 깊이 감사드린다.

2013년 10월 마포 성산동에서
김이구

【 차례 】

책머리에 5

제1부 소설과 현실

폭력의 성찰과 소설의 힘 13
고광률 소설집 『조광조, 너 그럴 줄 알았지』

삶의 아이러니에서 길어올린 은근한 해학 26
강병철론

'5월 광주' 그리고 청소년 독자에게 말 걸기 39
박상률 장편소설 『너는 스무 살, 아니 만 열아홉 살』

분단구조와 소설의 모험 47
박상연 장편소설 『DMZ』

염결함, 뜨거움, 과학주의 53
1980년대 노동문학과 방현석의 소설

삶을 버티는 소설의 길 63
김유택·정태규·윤대녕의 소설

민중현실의 탐구와 예술정신 77
천승세론

진정성의 세계 92
방현석론

과학소설엔 플러스 α가 있다 109
'과학기술 창작문예' 공모에 부쳐

제2부 작가와 사회

예토와 정토 사이에서 121
소설가 김성동을 만나다

역사와 목숨줄에 상처받은 생애 136
소설가 공선옥을 만나다

80년대와 90년대 체험에 담긴 꿈 142
방현석 장편소설 『당신의 왼편』, 김별아 장편소설 『개인적 체험』

증오에서 화해로 145
윤흥길 장편소설 『낫』

식혜 맛과 『태평천하』 149

'착한 얼간이'들이 당하는 고통과 몽매함을 벗어나지 못한 사회 154
위화 소설집 『내게는 이름이 없다』

몽골 현대소설에 나타난 애정 모티프 157
몽골 현대 단편소설선 『샤르 허브의 아지랑이』

제3부 문학과 제도

통일시대의 문학과 생활 177

비평의 '몽상'을 넘어 212

작가적 욕망의 사회적 다스림 233
등단제도와 문학상에 대하여

어린이청소년문학상 공모, 과연 '내가 제일 잘나가?' 260
현상공모 출판의 엇갈리는 명암

매개 지식인으로서 편집자의 즐거움과 괴로움 279

김수영의 「판문점의 감상」을 읽기 위하여 286
현대문학사 자료와 텍스트 옮기기의 문제

원문 출처 298

찾아보기 300

제1부 소설과 현실

폭력의 성찰과 소설의 힘

고광률 소설집 『조광조, 너 그럴 줄 알았지』

1

집에 일찍 들어온 날이면 텔레비전 드라마를 보게 될 때가 있다. 나는 드라마를 즐겨 보기보다는 드라마가 나오면 채널을 다른 곳으로 돌리는 편인데도, 아내가 보는 드라마를 무심코 따라서 보다가 어느새 드라마의 마력에 사로잡혀 몰입하곤 한다.

그러고 보면 드라마에는 시청자의 눈길을 붙잡아두는 몇몇 가지 코드가 있고 장치가 있다. 조금씩 드러나는 숨겨진 과거, 비정상적일 정도로 과도한 애정 집착증, 어울리지 않는 처지에 있는 남녀간의 불같은 사랑, 유부남과 처녀 또는 유부녀와 총각의 끈적하거나 애틋한 애정 행각 같은 설정은 거의 빠짐없이 등장하고, 자극적인 대사와 도를 넘는 감정표현도 폭포수처럼 쏟아진다. 그래서 아무 생각 없이 한 십여분 동안 드라마를 보고 있다가는 자신도 모르게 눈길을 고정하고 다음 장면이 어떻게 전개될지 조마조마하게 기다릴 수밖에 없다. 이런 극단적인 설정 위주로 끌고나가는 경우 '막장 드라마'로 비난의 표적이 되기도 하지만, 최근에는 사극과 현대극, 희극과 비극이 제각각의 특색을 띠고 방영되어 많은 시청자를 텔레비전 앞에 붙들어놓고 있다.

영상과 음향이 결합한 텔레비전 드라마는 이와 같이 우리가 폭 빠져들기 손쉬운 장르이지만, 드라마를 보는 동안 우리는 멈칫거리며 사색을 하거나 한 장면을 오래 음미할 수 없다. 지난 장면을 되돌려 보거나 나중에 나올 장면을 미리 훑어볼 수도 없다. 요즘에는 디지털 영상술이 발달해 인터넷으로 '다시 보기'를 해서 반복해 보거나 특정 장면만 골라서 보는 게 가능해졌지만, 기본적으로 드라마가 진행되는 동안 우리는 시청각을 고정하고 수동적으로 감상해야만 한다.

그에 비해 소설은 지면 위에 조용히 박혀 있는 글자들의 집합체로, 그 자체로는 어떤 화려함이나 소란함도 발산하지 않는다. 그러나 독자가 읽기 시작하는 순간 소설은 살아 있는 생명체가 되어 꿈틀거린다. 고요히 잠자는 듯싶다가도 활화산처럼 요동치며, 텅 빈 행간에서 오히려 더 많은 의미와 감정이 굴러나온다. 또 시간에 제약받지 않고 아무런 장소, 아무런 환경에서나 감상하며 상상하기 편하다는 것도 강점이다.

소설이 시청자를 사로잡기 위한 드라마의 서사 전략을 배울 필요가 없지 않지만, 소설이 지닌 소설다운 매력의 본질은 그것으로 충족되지 않는다. 소설이 독자를 움직이는 힘의 원천은 무엇보다도 현실에 대한 웅숭깊은 탐색과 성찰에 있다. 그리고 그러한 탐색과 성찰은 밀도 있고 유려한 언어를 통해서만 입증될 수 있는 것이다.

2

고광률의 소설을 막 읽기 시작해서는 잔잔하고 간결해서 무미건조하다는 인상을 받기도 한다. 그러나 한 페이지를 넘기기 전에 아연 선연한 긴장감을 느끼게 되고, 어어 하다 보면 어느새 그가 치열하게 탐색하는 세상의 어떤 복판에 이끌려 와 있음을 알게 된다.

"그래서 그놈을 찔렀다는구나."
아버지의 말은 허연 김처럼 모호하고, 두서가 없었다.
"뭘 가지고 찔렀다고요?"
"십자도라이바다."
아버지는 칼이 아닌, 드라이버라고 했다. (고광률 소설집 『조광조, 너 그럴 줄 알았지』, 화남 2010, 10면)

공장 동료를 '십자도라이바'로 찌른, 둘째가 저지른 사고 소식을 듣고 형과 아우가 사건을 수습해가는 과정을 추적하고 있는 「조용한 가족」은 세상을 보는 눈이 각기 다른 가족 구성원들을 흥미롭게 보여준다.
대학 강사인 '나'는 합리적이고 신중하게 세상에 대처하는 성격이지만 결과적으로 우유부단한 면이 있으며, "말보다 주먹이 빠른" 막내는 성급하고 과격하기만 한 것 같지만 치밀한 전략으로 치고 들어가 '이에는 이'로 제압하는 행동력을 보여준다. 스스로 아들의 사고를 고발한 아버지는 원칙만으로 세상을 살려는 사람이지만 실제적으로는 무능하고 타인에게 짐을 떠넘기는 인물이다. 이렇게 제각각의 방향으로 파노라마를 그려나간 가족의 이야기인 이 단편은, 실은 숫자 인식에 장애가 있는 인물인 둘째를 통해 인간 관계 속에 형성되는 폭력의 메카니즘을 드러내고자 한 작품이다.

'바보'는 둘째를 상대로 결코 부를 수 없는 단어였다. 우리는 어려서 이렇게 부르는 동네 또래들을 징계했고, 커서는 둘째가 공식적인 장애 판정 받는 것을 찬성하지 않았다. 그래서 서른다섯 되던 해에, 다시 말해 아버지가 위암 수술을 받고 경제력을 잃은 해에 어쩔 수 없이 정신지체 3급 판정을 받았다. 체면이자 자존심이었던 둘째의 장애가 실익으로 바뀐 것이다. 나는 우리의 장애가 둘째의 장애보다 컸다는 사실을 알았고, 우리의 장애가 둘째의 장애를 이용했다는 끔찍한 사실을 깨달았다.
나는 제 통제권을 벗어난 불안 속에서 겁에 질려 있을 둘째와 쫓기는 불안 속에서 숨어다니고 있을 꾸낀을 생각하며 막내가 따른 맥주를 단숨에 들이켰다. (30~31면)

둘째가 안고 있는 장애를 절대 인정하지 못하고 '바보'라는 놀림으로부터 둘째를 악착같이 지키고자 했던 지난날의 인식에서 벗어나온 '나'는, 자신을 놀리는 것으로 오해한 둘째에게 찔린 인도네시아 노동자 역시 노동 현장에서 둘째와 동류의 존재임을 깨닫는다. 존재의 성질을 그것 그대로 인정하지 못하는 '나'와 사람들의 아집과 편견이 둘째에게도 꾸낀에게도 직간접적인 폭력의 근원이 되어왔던 것이다.
공장 방향으로 가는 시내버스가 오자 둘째는 버스 노선 번호인 '140'이라는 숫자를 "읽고 탄 것이 아니라, 모양새를 보고" 탄다. 숫자를 글자로 인지한 것이 아니라 형태로 인지해 식별한 것이다. 둘째가 구구단과

수를 익히지 못하는 것을 결코 용납할 수 없었던 '나'는 뒤늦게 둘째에게는 둘째의 방식으로 세상이 존재함을 깨우친다.

3

고광률의 소설이 주목하는 폭력의 양상은 일차적으로 가장 가까운 인간관계인 가족 내에서 빚어지는 것이다. 이러한 폭력은 주관적 인식을 강요할 때 일어난다. 가족이라는 친밀성에서 비롯된 주관적 인식은 상대방이 갖고 있는 진실이나 본질과는 한참 어긋나 있고, 이러한 어긋남은 인간 관계가 지속될수록 깊어져 폭력의 강도를 더해가게 된다. 「조용한 가족」에서 '나'와 둘째의 관계 맺기는 이런 폭력이 가족이라는 친밀성의 야누스적 이면임을 날카롭게 조형(造形)한다. 「고양이와 속옷」에서 내가 세들어 있는 집의 주인아저씨와 주인아주머니 부부 역시 그러한 폭력으로 매개된 관계이다. 의처증이 있는 주인 사내의 폭력은 한집에 사는 '나'와의 관계 맺음에도 침투한다. 실업으로 인해 "아주머니와 온종일 붙어 지내는" '나'는 의심의 대상에서 제외된 듯했으나 이는 착각이었으니, 작품의 결말 부분에서 주인 사내의 의처증이 '나'를 향한 것이었음이 적나라하게 드러난다. 그리고 이런 주인 사내의 의처증은, '나'의 어머니의 손가락을 앗아간 아버지의 의처증과도 겹쳐져 있다.

폭력의 메커니즘은 학교나 군대와 같은 조직사회, 닫힌 사회에서 한층 더 잘 관찰된다. 한국문학은 학교 사회를 무대로 교사와 학생 사이에 개재되는 폭력과 복종, 지배와 속박의 양상을 심층적으로 탐구한 뛰어난 작품을 산출해왔는데, 황석영의 「아우를 위하여」, 전상국의 「우상의 눈물」, 이문열의 「우리들의 일그러진 영웅」 같은 작품들이 그것이다. 고광률의 「어떤 보필」은 이런 계보를 잇는 작품으로, 규모가 크지 않은 짤막한 단편이지만 흥미롭게 읽힌다.

모르는 것을 알려고 하는 '노력'을 강조하는 담임 교사는 학생들에게 "전체의 통일" 즉 획일화를 요구했고, '노력'의 결과가 1등 학급으로 나타나 인사고과를 챙길 수 있기를 희망했다. 이러한 담임의 의지를 관철하기 위한 수단의 정점에는 들기름을 먹인 '훈도용 몽둥이'가 있었으니, "담임을 돕고 싶"어 스스로 나선 석철이 비록 담임의 폭력의 주요 대상은 아니었을지라도 그의 대응은 상위의 폭력이 산출한 또다른 폭력의 양상이었다.

학급에서 일어난 도난 사건과 석철의 응수, 그리고 담임의 돈봉투 사건은 석철과 석철의 학급이 담임으로부터 해방될 수 있는 계기였으나, 사태는 그렇게 흘러가지 않는다. 부모에게 버림받아 고아원에 살고 있는 처지인 석철은 천혜원 원장 수녀에게서 "불의의 편에 서는" 것으로 추궁을 받고, 마침내는 죄가 없는 담임을 고자질한 것으로까지 오해받는다. 사회 또는 조직이라는 커다란 힘 아래에서 지배적인 폭력에 협조해 이차적으로 폭력과 간지(奸智)를 행사하던 석철은, 그것이 주관적으로는 선의의 행동이고 평화의 추구에 다름아니었으나 그러한 자신의 주관이 담임을 비롯해 자신을 둘러싼 세계로부터 철저하게 배반당하는 것을 경험한다.

「공존의 공식」은 학교보다 한층 폐쇄된 사회인 군대 사회에 작동하는 폭력의 메커니즘을 치밀하고도 집요하게 파헤친 역작이다. 질서와 규율이 지배하는 병영이 실은 질서와 규율이라는 허울 아래에서 잔꾀가 살기 위한 비법이 되고 사위(詐僞)가 탐욕을 채우는 묘법이 되는 세계라는 것을, 냉정하지만 뜨거운 시선으로 붙잡아서 묘파하고 있다. 엄중사에게서 모욕과 구타를 당한 오병장이 총질을 하며 들어와 '나'가 인질로 붙잡히면서 시시각각 긴박한 상황이 펼쳐지는바, 인사계는 총기 사고를 오발 사고로 축소하기 위해 사령실로 총을 들고 쳐들어가 오병장을 빼내 온다. 이렇게 전개되는 일련의 사건들이 단순히 한 병사의 감정 폭발에서 발단한 것이 아니라 인사계와 중대장, 엄중사, 오병장, 인사계의 아내 그리고 '나'까지 연루된 얽히고설킨 이권과 치정 관계에서 연유하고 있음을 「공존의 공식」은 퍼즐 조각을 하나씩 놓아 그림을 짜맞추듯이 직조해 드러낸다.

4

상당한 분량에 달하는 두 편의 중편 「조광조, 너 그럴 줄 알았지」와 「형에게 가는 길」은 「공존의 공식」과 더불어 작가 고광률의 주제의식과 역량이 유감없이 발휘되어 있는 묵직한 작품들이다.
조선조 중종 때의 좌절한 개혁정치가 조광조와 동명이인인 인물을 내세운 「조광조, 너 그럴 줄 알았지」는 우선 인물의 설정부터가 흥미를 끌면서 술술 읽히는 것이 장점이다. 이 작품은 일차적으로는 신자유주의 시대 경쟁논리에 사로잡힌 대학 사회와 그 구성원들을 겨냥한 비판과 질타를 목표로 하고 있는 듯 보인다. 조광조의 눈에 비친 대학 사회의 모습과 그의 교육 개혁, 대학 개혁을 향한 열정은, "문제도 알고, 해결 방법도 알"지만 결코 개혁이 실현되지 않는 모순 덩어리인 대학의 실상을 적나라하게 고발하는 기능을 한다. 그러나 대학과 교육을 개혁하는 선봉에 섰던 조광조가 외톨이가 되고 결국 파멸의 운명을 맞이하는 과정을 따라가다 보면 이 작품이 보여주는 스펙트럼이 훨씬 중층적임을 발견하게 된다. 즉 개혁을 주장하고 주도하는 조광조라는 인물이 순진하기만 한 개혁사상가도 아니요, 이전투구의 난장판에서는 그 누구도 순수성과 일관성을 훼손당할 수밖에 없다는 사실을 우회적으로 설파하고 있는 것이다. 이 작품이 채택한 이중의 서술 전략은 그러한 복합적인 인식을 효과적으로 담아내기 위해 조광조라는 인물을 다면적으로 묘사하고자 의도된 것이다.

단골이 된 조광조님을 받을 때, 나는 황진이처럼 할 수가 없었어요. 황진이가 될 수 없었기에 조광조님은 내게 있어 '진상'에 속하는 손님이었지요. 우리는 서로 쓰는 언어가 달랐어요. 조광조님은 교수가 교수를 바꿀 수 있다는 식으로 중이 제 머리를 깎을 수 있다고 주장하는 분이었어요. 딱한 일이었어요. (중략)
내가 조광조님의 수준을 따라 올라갈 수 없기에, 조광조님이 점차 내 수준에 맞춰 내려왔어요. 거의 추락 수준이죠. 그분은 각종 기구를 이용해 내 몸을 탐구하며 갑자기 몸으로 사는 세상에 대해 깊은 관심을 보였어요. 몸으로 사는 세상의 이야기를 모조리 머리로 이해하려는 그분의 욕심이 가련했는데, 이제는 도구를 이용해 이해하려 했어요. (184~85면)

좌절한 개혁 실천가를 조명하는 일대기 형식으로 신랄하고 중후하게 전개될 듯하던 소설의 흐름이 새로운 화자의 등장으로 갑작스레 전환된다. 독자는 이와 같은 서술의 전환에 잠시 당혹감을 느끼게 되지만, 새롭게 등장한 화자가 어떤 인물인지 금방 알아차릴 수 있다. "그날 조광조님은 어떤 정신을 팔아 가욋돈을 벌었는지 매상을 엄청 올려주고 갔어요."(173면) 즉 조광조가 들락거리던 술집의 접대부가 화자로 나서고 있는 것이다. 조광조의 비명횡사를 맨 처음 안 이 여성은 조광조의 애인이자 조광조가 교수로 있는 대학에 입학해서 그의 제자가 되기까지 한 인물이다. 그의 거침없는 조롱과 풍자를 통해 고민과 좌절로 망가져가는 조광조의 인간적인 면모가 적나라하게 드러난다. 대학과 사회를 향한 조광조의 독설과 맞물려 돌아가는 여성 화자의 도도한 언설은 한편으로 독자의 말초적인 흥미도 자극하면서, 전지적 화자의 서술과 번갈아 제시되어 한층 입체적인 인식을 가능하게 한다.

학생 충원율 감소로 위기에 몰린 대학은 점점 시장논리의 나락으로 빠져들면서 정작 필요한 구조조정 등 개혁 방안에는 등을 돌린다. 조광조는 그 와중에 개혁본부장을 맡았으나, 일련의 주장과 개혁 정책이 교수들의 반발을 사게 되어 각자의 이해관계 속에서 "안팎으로 문제를 일으키는 사람"으로 찍히게 된다. 수요 공급의 경제논리에 갇혀 비합리적이고 비이성적인 해괴한 일들이 횡행하는 가운데 대학은 "교육기관으로서의 본질"을 잃고, 조광조는 부도덕한 교수에다 폭력 교수로까지 몰리게 된다. 그의 죽음은 사고사이지만 본질적으로 대학 사회의 개혁에 울리는 조종(弔鐘)이요, 교수와 직원, 학생 등 대학 성원들이 공모해서 자신들의 치부를 의탁해 제거해버린 희생 제의의 성격을 띤다.

5

「조광조, 너 그럴 줄 알았지」가 우리 사회의 축도로서 대학 사회가 안고 있는 구조적 모순, 그리고 그 구조적 모순이 개인에게 가하는 폭력을 두 겹의 시선으로 성찰하고 있다면, 「형에게 가는 길」은 현대사의 질곡이 개인의 일생을 어떻게 폭력적으로 규정하는지 진지하게 파헤치고 있는 작품이다.

대학 강사 임창식('나')은 후배와 함께 두마면으로 민담을 채록하러 가서 예전 고모네가 살던 못골을 찾아보고자 한다. 이미 이십여 년의 세월이 흐른 터라 기억도 희미하고 마을도 옛 모습이 남아 있지 않아 오리무중을 헤매는 가운데 서서히 복원되는 과거의 기억과 고모 부부의 신산한 삶은 식민지와 해방, 좌우 이데올로기 대립, 전쟁과 살육으로 얼룩진 한국 현대사의 갈피들을 불러낸다. 그러나 작가가 주목하고자 하는 것은 역사와 이념의 이름으로 씌어지는 거대서사가 아니라, 때로는 그 소용돌이의 중심에서, 때로는 그 소용돌이를 약간 비켜서서 살아왔던 이땅 민중들의 구체적인 삶의 모습이다. 가난하고 외롭게 산 고모를 외면해왔던 창식은 민담 채록 답사를 와서 고모와 고모부 부부에 얽힌 기억들을 조금씩 되살려내면서 고모와 고모부가 살아온 삶의 진짜 모습을 마주하게 된다. 6·25전쟁 때 파편을 맞아 다리를 절게 된 고모가 재취로 고모부와 결혼해서 폐인이나 다름없는 술주정뱅이 남편과 궁핍하게 살아온 세월은 그 시절의 경제와 삶의 애환을 전형적으로 보여주는 것이다.

창식은 그동안 자괴감과 회피심 그리고 생계를 벌기 위한 번잡함 때문에 정면으로 마주하지 못했던 사실과 진실 들을 마을 노인과의 만남에서 마주치게 된다.

"자네 옛날애기는 뭣 땜에 채집하러 다니는 거여? 어디다 써먹을려구? 그게 다 지난 과거를 거울삼아 정신머리 똑바루 갖자구 그러는 거 아녀? 옛날애기가 바루 역사구, 그 역사라는 것이 또 곧바루 정신 아녀? 자넨 테레비두 안 보나? 남의 슬픔까정 내 일처럼 여기며 눈물 콧물 다 짜내는 판인디, 어찌 일가친척의 슬픔을 나 몰라라 한단 말이여? 그러니까 정신머리를 놓고 사는 것이지. 대학 교수면 뭘 혀?"

나는 노인이 담뱃대로 재떨이를 치는 것이 아니라, 내 머리를 치고 있다는 생각이 들었다.

"멋이냐, 호강하다 떠난 혼령도 보살펴주질 않으면 외로운 법이여. 하물며, 그게 어디 멀쩡한 혼령들인가? 외로우면 탈이 생겨. 이가가 술독에 빠져 사는 거, 청주댁이 비명에 간 거, 죄다 외로운 영혼 탓이라고."

난데없이 혼령 타령을 늘어놓는 노인의 노기 띤 얼굴에서 알 수 없는 광채가 번뜩였다. 창을 등지고 앉은 노인의 하얀 머리 위에서도 별이 반사되어 묘한 광채를 뿜어내고 있었다. 갑자기 등줄기에서 땀이 솟아올랐다. 나는 또다시 의식을 놓지 않으려고 어금니를 앙다문 채, 담뱃대를 쥔 노인의 손 끝에 시선을 단단히 꽂았다. 그러고는 마치 도통한 선승으로부터 법문을 듣는 학승처럼 경건하고 긴장된 자세로 노인의 말을 새겨들으려고 무진 애를 썼다. 아니 내가 새겨듣는다기보다 노인이 내 머릿속에 새겨넣고 있었다.

"어디 그뿐이여. 딸이 집을 나가고, 아들이 집을 나가고 하는 것이 다 영혼을 외롭게 놔둔 때문이라고. 잊혀지길 바라는 영혼은 없지. 억울하게 죽은 영혼일수록 기억되길 바라는 거여. 내 말 알겠지?"(296~97면)

일제 때 만주에서 내려와 못골에 성공적으로 정착한 고모부의 집안은 그러나 큰아들의 월북으로 풍비박산 나고, 고모부의 아버지 어머니는 좌익 활동을 한 사람들과 더불어 연못에 수장을 당했다는 것이다. 창식이 그동안 소식을 몰라 죽은 줄만 알았던 고모부를 우여곡절 끝에 만난 것은 파출소에서였다. 순경의 권총을 절취하려 한 사건으로 입건된 고모부를 집으로 데려온 창식이 "짚단처럼 가벼운" 고모부를 욕실로 안고 가서 몸을 씻기는 장면은 그동안 외롭게 떠돌던 고모와 고모부의 신산한 삶이 다음 세대인 조카에게 온전하게 받아들여지는 순간이고, 역사의 질곡 속에 피폐할 대로 피폐한 고모부 일가의 생애가 온전하게 기억되는 순간이다.

6·25 미체험 세대가 부모 세대의 체험을 통해 한국 현대사와 마주치는 이런 구도는 1970, 80년대의 이른바 '분단문제 소설'의 계보를 잇고 있으며, 분단 현실을 문학적으로 인식하는 데 여전히 유효한 틀이다. 창식이 회피하고자 했던 기억의 매듭들을 하나하나 풀어내면서 고모의 삶과 고모부의 삶, 나아가 북으로 간 고모부의 형의 실존을 실체로서 가슴에 받아 안는 모습은 눈물겹고도 아름답다. 한 순간의 직관이 아니라 한 걸음 한걸음 끈기와 정성으로 내디딘 발걸음으로 다가간 그 과정은 주인공이 자신의 정체를 찾아가는 모험인 동시에 분단 현실을 인식하고자 감행한 소설의 모험이기도 하다.

고광률의 소설은 요즘 보기 드물게 '사회 속의 개인'을 탐구하는 정통적인 리얼리즘 정신에 바탕을 두고, 조금씩 기법적인 변주를 보이고 있다. 간결하게 응축되어 직립하는 문장과 꽉 짜인 구성으로 받쳐진 그의 소설 작품은 차돌멩이처럼 단단하다. 그러나 그 단단함 속에 부조리하고 폭력적인 현실과 역사에 대한 분노가 뜨겁게 살아 있고, 인간에 대한 따스한 연민과 매서운 풍자가 깃들여 있다. 고광률 소설이 확보하고 있는 소설적 단단함은 우리의 시선을 현혹하는 자극적인 텔레비전 드라마나 영상으로 승부하는 영화가 제공할 수 없는 소설 고유의 맛을 아낌없이 선사한다. 개인들이 발디딘 현실에 대한 깊이있는 성찰과 밀도 높은 언어를 겸비한 그의 작품들은 '현실과 인간에 대한 탐구'라는 문학의 고전적 명제를 다시금 떠올리게 한다.

시와 소설을 막론하고 가볍고 현란한 언어로 각개약진함이 대세인 시절에, 오랜 기간 연마한 소설적 기량과 치열한 작가의식이 발휘된 창작집을 만나는 느낌은 신선하고 소중하다. 이번 창작집 출간을 계기로 고광률의 소설 세계가 더욱 유연하고 풍성한 경지로 쭉쭉 뻗어나가리라 믿는다.

삶의 아이러니에서 길어올린 은근한 해학

강병철론

206호실의 인간군상

남의 아픔을 내 아픔처럼 여기는 게 바로 시(詩)다.
― 강병철 「갑옷 벗기와 교단의 간극」(『화요문학』 10호, 2006)에서

강병철(姜秉哲)은 말한다. '남의 아픔을 내 아픔처럼 여기는 것'이 바로 시라고. 나는 이렇게 말해야겠다. '남의 아픔을 내 아픔처럼 여기는 것'이 바로 강병철 소설의 '시작(始作)'이라고.

이를테면, 강병철의 소설의 출발은 이 지점에 있다. 그러나 그것은 출발점이지 도착점이 아니므로, 우리가 일차적으로 확인하는 것은 적나라하게 드러나는 인간 군상이다.

「병실 206호」(『작가마당』 9호, 2006. 11.)는 남녀노소 가리지 않고 무작위

로 입실하는 온갖 사연들의 집결소다. 강직성 척추염이라는 희귀병을 앓고 있는 감선생은 샤워를 하는 중에 걸려온 아내의 전화를 받으려고 뛰어나오다가 미끄러져, 소도시 병원 '206호실'의 일원으로 합류한다.

"시발년아, 밥풀."

206호실에 들어서는 순간 출입구 쪽에서 터진 첫 소리였다. 1번 침대다. 박박머리 고교생이 욕설을 터뜨리는데 막상 생머리의 누이는 덤덤하게 밥만 먹여주고 있을 뿐이다. 모서리에 떨어진 밥풀떼기가 반들반들 광채를 발한다. 한 알씩 정성껏 주워 쟁반에 올려놓는다.

"쟨 교통사고로 뇌가 부서져 가끔 발작을 일으켜요."(98면)

「병실 206호」는 이처럼 서두에서부터 심상찮은 인물들을 등장시켜 독자를 긴장케 한다. 박박머리 고등학생 서병오는 일년째 병원에 입원해 있고, 팔의 신경이 죄다 끊어져 "누나 세 명이 번갈아 간호한"다. 이 병실의 인물들이 시청하는, 백원짜리 동전을 먹고서야 화면이 나오는 텔레비전에서는 끔찍한 인질극 장면이 방영되고 있다.

삼청교육대에 끌려갈 대상으로 지목됐다는 것을 알고는 구더기가 들끓는 죽은 쥐를 들고 면장을 찾아가 어린 딸이 보는 앞에서 난로 위의 주전자에 집어넣은 황식씨, 그렇게 해서 뜻한 대로 삼청교육대를 벗어났던 건설회사 십장도 이 병실의 일원이다. 그는 밤길에 불량 학생들을 제압하다 등허리에 칼을 맞아 병원 신세를 지고 있다. 음주운전자의 차에 가볍게 엉덩이를 받쳐 입원중인 김순철씨는 나이롱 환자에 가깝다. 박박머리 서병오는 오토바이에 남녀 두 명을 태우고 날아가다 혼자만 살아남았고, 인도에서 플라스틱 선풍을 일으키며 잘나가던 종필씨는 얼떨결에 입원해 보약 처방을 받고 휴양하듯 쉬고 있다. 인도에서 귀족 부럽지 않게 살던 종필씨는, 불가촉천민으로 초등학교에 주방장으로 취업했다 학생들의 거부로 쫓겨나 자기 집 하녀로 들어온 애쉬를 다음 출장에서는 꼭 품어보려고 한다. '월남에서 돌아온 새까만 마상사'는 중풍으로 반신불수인데, 베트콩을 사살한 것을 자랑하다 운동권 대학생 아들에게 호되게 야단을 맞고는 그 얘기를 떠벌리지 않는 인물이다.

이처럼 「병실 206호」의 환자들이 안고 있는 사연을 소개하는 것이 이 작품의 주요한 축을 이룬다. 그러고 보니 206호실은 6인실인가 보다. 이 여섯 명의 주연을 둘러싸고 있는 제1 조연은 환자의 가족이다. 남동생 서병오를 돌보는 스물한살 셋째 누나 슬기는 남동생을 목욕시키면서, 고개를 반짝 치켜드는 성기 때문에 난감하다. 그렇지만 누이와 어머니의 기쁨인 귀한 아들, 남동생의 회복을 간절히 바라며 헌신적으로 간호한다. 병오는 누이들이 간호사에게 발기부전제를 주문했으리라 확신하고 약을 안 먹겠다고 버티다가 발작을 일으킨다. 마상사의 아내 순애씨는 동창회에 가서는 음담패설을 나누며 웃음을 터뜨리지만, 병실에서는 남편의 신경질을 고스란히 받아낸다. 머릿속으로는 멋지게 살 꿈을 꾸며, 인도에서 온 종필씨와 정분이나 날까 상상도 해본다.

206호실에서 빠질 수 없는 제2 조연은 간호사와 의사다. 마상사 침대에서 벌어진 고스톱 판을 7년차 간호사 이명순도 강력히 제지하지 못하고 한마디 쏘아붙이고는 사라질 뿐이다. 근육이 뼈처럼 굳어가는 감선생의 희귀병을 알지 못하는 의사들은 고개를 갸우뚱거리다가 이십년 병력의 감선생이 준 자료를 복사해 토론하고, 어떤 여의사는 낫는 병이라고 장담해서 감선생을 잠깐 놀라게 한다.

감선생의 낙상(落傷)에서 시작해 병실 회진 때 감선생이 과장 의사에게서 서울 큰 병원으로 옮기라는 권유를 받는 것으로 마감하는 이 작품은 얼핏 보아 감선생의 입원기 형식을 취하고 있다. 이런 형식의 작품이 일반적으로 취하는 이야기 구조는 주인공이 병실의 다양한 인간 군상을 관찰하면서 제각각 다른 인생들에 자신의 처지를 비추어보고 생에 대한 자신의 태도를 성찰하기도 하면서 내면의 변화를 일으키고 병실을 떠나는 방식이 될 터이다. 그렇지만 「병실 206호」는 이런 구조를 택하지 않는다. 감선생의 이야기가 작품의 서두와 결구를 장식하지만 그의 비중은 주인공에 걸맞지 않다. 박박머리 서병오, 의협남 황식씨, 나이롱 환자 순철씨, 보약 처방 종필씨, 중풍 환자 마상사 모두가 소심하고 오종종한 교사에 다름아닌 감선생과 더불어 이 소설의 주인공이다. 이렇게 보면 다만 등장하는 비중만 다를 뿐 그 인간적 면모의 노출에서는 그다지 꿀릴 것이 없는 제1, 제2 조연들 즉 마상사의 얌전한 아내 순애씨나 서병오의 착한 누나 슬기, 7년차 간호사인데도 환자들의 화투판이 난감한 이명순, 환자가 준 자료를 외워 재탕하는 신입 의사, 이들 모두가 다 「병실 206호」의 주인공으로서 손색이 없다. 이른바 '집단적 주인공'이다. 그런데 이 집단은 이전에 흔히 들어본 노동자나 농민, 도시빈민, 중산층 이런 집단이 아니다. 206호실의 다양한 인간 군상이 그러한 어떤 하나의 집단으로 묶일 수도 없으려니와, 그런 집단의 전형적 특징들을 보여주지도 않는다.

그렇다면 이 집단은 무엇인가? 이를테면 '징글징글한 인생살이' 집단이라고나 할까.

고단한 인생들의 욕망

강병철의 또다른 단편 「취사장 사병들」(『문학마을』 14호, 2003)은 대한민국 군대 취사장에 모여든 인간 군상을 스케치한다. 취사반의 취사병은 밥 잘하고 요리사 자격증이 있어야 임명되는 게 아니다. 세계지도에서 한반도도 찾지 못하는 무식한 선임하사 밑에 검정고시로 고등학교까지 마친 결혼한 박병장, 스스로 문학청년이라고 생각하는 대학생 가상병, 열렬한 크리스챤인 윤일병, 만복동 사창가 업소 출신인 유일병 등이 취사장 멤버로 배식 준비를 하고 있다. 이때 장교들 술안줏거리를 가지러 통신대 보좌관의 심부름을 온 사병은 서울대 음대 대학원을 나와서 여고 교사까지 한 신병이다. 게다가 선임하사는 쇠고기 두 근 뭉치를 얻어 집으로 가져간다. 그리고 수송병들이 먼저 밥을 먹으러 와서는 고기는 없고 비계만 있다고 행패를 부린다. 취사병과 수송병들 사이에 싸움이 벌어진다.

206호 병실에 각기 다른 사연과 인생의 고락을 안고 있는 사람들이 집결했듯, 취사장에도 제각각의 살아온 길과 욕망과 감정을 지닌 사람들이 집결해 있다. 강병철은 마치 무대 위에 등장한 인물들을 조명이 한사람 한사람 비추어가듯이, 그들을 차례로 호명하면서 비추어 보인다. 206호실 병실의 고달픈 인생들을 살갑게 어루만져주었듯이, 짬밥 냄새 자욱한 취사장의 인간 군상도 제법 살갑게 쓰다듬는다.

─이건 말이다, 불쌍한 보병 쫄따구들 일개 소대 곱창에 기름칠할 반찬들이다. 잉. 그렇가, 안 그렇가? 근데 느이 밥풀떼기가 쫄병들 양식을 떼먹는

거다. 심심풀이로 이거 달라 저거 달라 징징 짜면 주방장들이 좋아하겠나? 걔네들 진급해서 말똥 하나 달면 또 무슨 짓을 하겠나? 잉…… 퉷!

　순간 유성조가 냄비 속에 침을 뱉더니 숟가락으로 비벼 흔적을 없앤다.

　―아까운 내 당분이다. 섞어 먹으라고 해. 고상한 척 폼 잡으면서 자기 부하들 양식 뺏아먹는 느이 대장이 더 나쁜 늠인 것 니도 알 것 아잉가. 나는 힘없는 주방장이라 골탕 먹일 방법이 이것밖에 없다. 큰 핵교 다녔으면 내 마음 알지? 찔러 바칠기가?

　―아닙니다. 절대로. (192~93면)

장교들이 맡겨놓은 음식인 양 제것처럼 빼가는 조미육에다가 소화효소 아밀라제가 들어 있는 끈적한 침까지 섞어주는 철저한 서비스 정신! 사람살이란 이렇게 누구나 할 것 없이 비루하고 유치찬란하다. 이런 비루함과 유치함을 공모(共謀)하기도 하고, 소리(小利)를 탐해 비리를 저지르기도 한다. 부대 취사반에서 고깃근을 챙긴 선임하사는 검문을 받을 리 없건만 뒤가 켕겨 위병소를 피해서 집으로 간다. 선임하사의 집에는, 마누라는 아들을 데리고 도망가고 정신지체아 여동생과 어머니만이 있다. 어머니는 두 그릇 시켜놓은 짜장면을 한사코 안 먹겠다고 아들을 성가시게 한다.

　어머니는 더 완강하게 고갤 흔든다. 선임하사가 순간적으로 즈이 어머니를 노려봤다. 기로 눌러서라도 이 상황을 빨리 정리하고 싶은 것이다.

　―그럼 너랑 반씩 나눠 먹자. 이, 반씩.

　―전 먹었다고 했잖아요. 아까부터…… 취사장 가면 어차피 먹는다구? 응. 이건 어머니 거예요. 제발, 예. 빨리 잡수시고 고기도 좀 정리하세요. 아

까 가져온 조미육.

　복순이는 신문지 뭉치를 풀어보더니, '히야' 하며 환한 표정을 짓는다. 입술이 귀밑까지 찢어진다. (200면)

　한자리에 모인 선임하사와 어머니와 여동생, 세 사람이 제각각 짓는 표정이 뚜렷하게 드러나는 장면이다. 이승의 인연으로 얽혀 등을 돌릴 수 없는 관계들에서 욕망은 엇갈리고 감정은 파문을 짓는다. 강병철은 이처럼 언뜻 스케치하고 지나가는 듯한 장면들을 여럿 배치하고 있지만, 거기에 인생살이를 보는 시선은 징그럽도록 농익어 있다. 허튼 감상이나 낭만, 주관적인 해석을 밀쳐버리고 차가울 정도로 건조하게 인물을 탐색해 보고한다. 그렇지만 이미 앞에서 두 작품을 통해 보아온 것처럼, 그 비루하고 범상한 인물들이 살아내는 삶의 굴곡들을 작가는 뜨거운 애정으로 껴안고 어루만진다. 그러지 않았다면 그것들은 그가 바라보는 시야의 중심으로 결코 들어올 수 없었을 것이다. 건조하고 간추린 듯한 묘사의 갈피에는 따뜻하게 만져지는 삶의 온기가, 툭 건드려서 집어올린 듯한 인물들의 표정에는 몇겹으로 쟁여진 안쓰러운 몸부림이 스며들어 있는 것이다.

삶의 아이러니가 빚어내는 해학

　이문구(李文求) 선생이 작고하고 나서 쓴 「이문구」라는 시에서 강병철은 선배 작가 이문구에 대한 흠모의 정을 고백하고 있다. "상갓집 연탄불 앞에서 눈길 마주치면 재빨리 등 돌린 채 구두코만 쏘아보며 활활 타는 가슴 쓰다듬다가 구석 자리 술잔만 비우"고, "먼발치로 바라만 보던,

스무 해"를 흘려 보내고 말았다는 강병철. 그답지 않게(아니면 그답게?) 선배 소설가 이문구 선생 앞에서 한없이 수줍기만 했었나 보다. 문학청년 시절부터 이문구와 김성동(金聖東)을 사숙한 일련의 소설가들처럼 강병철도 지역적 친연성으로 또는 문학적 지향의 근접성으로 인하여 두 선배 작가의 문학적 분위기를 얼마간 이어받고 있다. 대화의 사투리와 입말 표현을 방불하게 살려 쓰는 것부터가 그렇거니와 인정세태를 속속들이 꿰면서 인물들에 애증을 쏟아붓는 모습이 그렇다.

「아버지의 꽁치」(『작가마당』 5호, 2002)는 우울하고 비극적인 분위기의 단편이다. 그렇지만 가난으로 내몰린 근수씨네의 구차한 삶을 어둡게 비추어가는 중에도, 정통 비극을 용인할 수 없는 삶의 아이러니를 놓치지 않는다. 가령 이런 것들이다. 근수씨는 요리조리 빚을 갚지 않고 빠져나가는 방앗간집 대머리와 한바탕 주먹다짐을 벌이는데, "구경꾼들은 빠드름히 바라보다가 아버지(근수씨―인용자)가 이길 만하면 말리는 척 거들었다."(137면)

―아버지, 독짝.
장이의 외마디 소리가 깨진 유리조각에 부딪혀 튕겨나왔다. 그러면서 돌멩이에 걸려 넘어지려는 아버지의 엉덩이를 밀었다. 낡은 천 속의 쪽박만한 엉덩이 거칠고 평퍼짐한 굴곡이 손바닥에 닿는 순간이었다. 바가지만한 엉덩이 감촉이 짧은 순간이나마 따뜻했다.
뿌욱.
사람들이 웬 소린가 하며 눈이 둥그렇게 커졌다.
―히익.
아버지의 바지 찢어지는 소리와 동시에 방귀가 터진 것이다. (139면)

싸움판에 돌연 출현한 근수씨 딸과 바지가 찢어지는 사태, 그리고 때마침 터진 방귀로 인해 싸움은 승패 없이 일단락된다. 듬성한 묘사인 듯 싶으면서도, 딸이 느끼는 아버지 엉덩이의 "거칠고 펑퍼짐한 굴곡"과 "짧은 순간이나마 따뜻하"게 닿아온 감촉을 놓치지 않는 필치는 매우 섬세하고도 예민하다. 이런 희한하게 치열한 싸움질이나, 딸을 때려놓고 술에 떡이 되어 눈발 속에 묻혀서도 죽음의 그림자를 떨쳤던 근수씨는 어이없게도 찬장 속 농약을 소주로 알고 들이마셔 급사한다. 이런 삶의 아이러니는 강병철 인물들의 인생살이에 심심치 않게 등장한다. 아니, 삶은 아이러니로 점철된다. 불침번을 서다가 조는 가상병을 귀싸대기를 갈기며 군기를 잡던 씨디(Crazy Dog, 미친 개) 선임하사, 그는 가상병이 야전잠바 주머니에 찔러주는 거북선 한 갑에 넘어가 그를 중대로 돌려보내려던 마음을 바꾼다. 새파란 장교들이 면세 양주를 마시며 안줏거리를 가져오라고 보낸 심부름에 양은냄비를 옆구리에 끼고 와서 "이병 서봉구, 취사반에 용무 있어서 왔습니다." 하고 외쳐대는 신병은 일류 대학원까지 졸업하고 여교에서 교편을 잡다가 온 인텔리다.(「취사장 사병들」) 간호하는 누이에게 욕설을 퍼붓는 고교생 서병오에게 "야, 개새끼야." 하고 소리 지른 감선생은 사실 점잖게 꾸짖으려 했던 것인데, 저도 모르게 불쑥 튀어나온 욕설에 불량 고교생이 날아와 제 턱을 날려버릴까봐 두렵다. 중풍 환자 마상사의 아내 순애씨는 남편에게 다소곳하고 아무런 표현을 안하고 있지만, 동창 모임에 나가 진한 음담패설을 나누고 병실의 종필씨와 눈이 마주쳐 스파크를 일으키기도 한다.(「병실 206호」)

사실 그의 소설의 에피쏘드들은 대개 이렇게 아이러니를 깔고 있다. 뭇 인생들이 뒹굴며 부딪치는 이런저런 인생사란 그 속을 까뒤집어보면 순리보다 아이러니가 더 지배하는 것인지도 모른다. 이런 아이러니들은 장엄한 비극을 연출하는 것이 아니라, 이미 보았듯 가벼운 웃음과 은근한 해학을 빚어낸다. 그렇지만 웃음과 해학으로 거리를 둔다 해서, 삶을 대상화해 해소해버리는 것이 아니다. 그 인생들은 남이 아니라 실은 피붙이이고, 미워하거나 외면할 수 없는 같은 씨족으로 그려지고 있기 때문이다.

지칠 줄 모르는 청년의 마음으로

강병철은 일찍이 1983년 『삶의 문학』에 단편 「유년의 덫」을 발표하며 소설가로 출발하였다. 그렇지만 그의 활동경력을 보면 소설가에 국한되지 않는다. 무엇보다도 그는 참교육운동에 발벗고 나서서 1985년 『민중교육』지 사건 때 근무하던 논산 쎈뿔여고에서 해직된 바 있으며, 1989년 복직하여 천직인 교사로 돌아간 영원한 청년교사이다. 또한 『유년 일기』(푸른숲 1995)와 『하이에나는 썩은 고기를 찾는다』(내일을여는책 2001) 두 권의 시집을 상재한 뜨거운 마음의 시인이기도 하다. 틈틈이 써온 학교에서 만난 아이들 얘기, 시국담과 아울러 전교조 운동을 함께 한 친구 동지들에 대한 애틋한 마음을 담은 글들을 묶어 산문집 『선생님 울지 마세요』(온누리 2005)를 낸 솜씨있는 문장가이기도 하다. 뜨거운 마음을 안으로 삭인 소설 작업에도 꾸준히 정진하여 소설집 『비늘눈』(신어림 1995)을 낸 뒤 연작소설집 『엄마의 장롱』(푸른나무 2002)을 엮었고, 학교에 쥐꼬리를 잘라 가고 닭장에 들어갔다 닭니가 옮아 고생하던 어린시절 삽화들을 상큼하게 되살린 성장소설 『닭니』(푸른나무 2003)를 출간하기도 했다. 또한 대전충남작가회의와 충남교사문학회 활동에도 몸 사릴 줄 모르고 부지런히 오가는 만년 일꾼으로 알고 있다.

연작소설 『엄마의 장롱』은 4대에 걸친 지순례 선생 부부의 가족사와 그 주변 인물들을 광범하게 다루면서도 자잘한 일상사와 그에 얽힌 심리를 오밀조밀 잘 드러내고 있는 역작이다. 장성한 딸이 친정집에 드나들며 친정 부모의 생애와 살림살이에서 느끼는 애증의 마음을 날카롭게 꿰뚫고 있으며(「엄마의 장롱」), 서로 의지하며 살다가도 자식을 옹호하느라 박터지게 싸우는 규호씨 어머니와 당숙모의 형상은 우리 시대 간난신고를 돌파하며 자식들을 훌륭하게 키워낸 어머니상을 감동적으로 각인시킨다.(「양지편에 부는 바람」) 전염병이 돌아 갖다 버린 돼지새끼들이 폭우를 뚫고 돌아오자, 갑천댁은 "팔을 벌려 돼지 새끼들을 와락 껴안"고는 불처럼 뜨겁던 신열이 내리는 것을 느낀다. "안방에서 널브러져 쓰러진 채 세상 모르고 새근거리고 있는 그들의 자식들도 영락없는 돼지새끼의 몰골이었다."(「이슬비 내리는 이른 아침에」, 『엄마의 장롱』 88~89면) 줄줄이 딸린 자식새끼들을 먹이고 입히고 가르치며, 삼청교육대와 전교조 등으로 회오리친 험한 세상을 이리저리 상처 입으며 억척스럽게 건너온 이 여인네들은 실은 우리 사회를 밑바닥에서 떠받치고 만들어온 숨은 주인공들이다. 강병철 소설의 가장 빛나는 지점은 바로 이 여인들의 초상을 한획 한획 절실한 심정으로 그려나간 데 있다.

그는 스스로 고백한다. "어느새 이빨 틈새가 벌어지고 머리를 감을 때마다 머리칼이 한움큼씩 빠진"다고. 그렇지만 그는 또 말한다. "12년 만에 담임을 맡게 되면서 얼마나 가슴이 설레는지 모른"다고.(「서산여중을 떠나면서」, 충남교사문학회 인터넷까페 게시판, 2005)

그렇다. 나는 그의 소설가로서의 관찰력과 해학과 인간애가 믿음직하고, 「평교사의 봄」이나 「겨울밤, 명화극장이 끝나면」과 같이 정서를 응축

한 '시다운 시'도 반갑지만, 어느새 불혹을 훌쩍 넘긴 연륜에도 마모되지 않는 '청년의 마음'이 담긴 다음과 같은 직설(直說)이 더욱 절절하게 가슴에 와닿는다.

저 시리도록 푸른 하늘
노란 배추꽃 햇살 받아 화사하게 벙긋대는데

밥 굶는 아이 지하철에서 웅크리고 있다니
룡천 아이는 아아, 팔다리 잘린 채 평생 살아가야 한다니
무엇인가 땡볕의 패전국 가난한 포로들
시퍼런 젊음들이 발가벗긴 채 개새끼처럼 뒹구는데
하여, 복수의 칼질이 무시무시하게 생중계되는데

우리들은 기껏 컴퓨터 자판기만 두들기는가
해장국 속 푸는 낭만에나 길들여지는가

누구인가, 핸드폰만 꺼져도 울화통 터지는 표정들
빨간 신호등 앞에서도 클락숀 빵빵 울리는 사람들이
전교조 충남지부장 고재순 선생님의 함성에는 왜 무심한가
단식 열흘 스무날 서서히 인간의 한계가 좁혀오는데
누가 살고 있을까 굳게 닫힌 철문 안에서는

누구인가 선거 때마다 줄서던 하급 관료들은
승진할 때마다 '이겼다' 우쭐대다가

삶의 아이러니에서 길어올린 은근한 해학

회전의자에서 귓밥 쑤시며 영어회화 방송이나 듣다가
더러는 돈 챙기다 플래시 받으며 허약하게 서 있는
그대들의 눈에는 우리들이 아직도 불순한가

나는 이십오 년 분필밥에 어깨가 아파
게시판 꼭대기에 못질도 못하는데
이빨이 벌어져 출석부로 입술 가린 채 웃다가도
계단 끝으로 사라지는 너희들 그림자에 가슴이 서걱서걱 설레어
가슴마다 민주주의와 통일과 사랑
대궁으로 푸른 바람 세우는 보리이삭으로 남았다가

또 이렇게 모여 있는 것인가
비탈길 찾아 씨앗 뿌리다 청춘 바친 사람들아
한꺼번에 담벼락 우수수 쫓겨났던
신발장 순서부터 아래로 밀려난 격동의 그 시대 평교사들아
무너지는 가슴으로 스크럼 껴안던 이 땅의 스승들아
─「무엇인가, 그 시대의 평교사들은」(2004) 전문

'5월 광주' 그리고 청소년 독자에게 말 걸기

박상률 장편소설 『너는 스무 살, 아니 만 열아홉 살』

1

'5월 광주'로부터 이제 26년이 지났다. 그때 나는 대학생이었다. 우리 아이가 올해(2006년) 대학생이 되었으니, 어언 한 세대가 지났다. 긴 세월이다.

1980년 '5월 광주'와 그후의 세월을 되살려 생각해보려니 너무나 많은 것들이 한꺼번에 몰려와 무어라 할 말을 찾을 수 없다. 사실 나는 우리 집 아이들에게도 '5월 광주'와 그후의 내가 겪은 현대사에 대해 변변하게 해준 이야기가 없다. 아이들은 그저 교과서에서 역사상의 여러 사건들 가운데 하나로 간략하게 배웠을 터이다.

지금의 청소년들에게 '5월 광주'는 태어나기 전에 일어난 과거 역사의 한 장면일 뿐이다. 학생 시절 나는 6·25나 4·19에 대해 학교에서 배우거나 어른들에게서 이야기를 들으면, 그 사건들이 마치 갑오농민전쟁이나 광주학생운동, 조선시대의 임진왜란처럼 아득하게 느껴졌다. 불과 일이십년 전의 일인데도 내가 직접 체험하지 못했으니 먼 과거로만 생각되었던 것이다. 또 어른들이 일제 때 핍박받은 이야기나 6·25 때 험난했던 이야기를 하면, 다 지나간 일인데 예전에 고생한 것을 내세워 아이들을 몰아세우고 윽박지른다고 반발심이 생기기도 했다. 그러나 내가 요즘 아이들을 붙잡고 광주민주항쟁을 비롯한 80년대를 이야기하지 않는 것은 예전의 나처럼 그런 식으로 받아들일까봐 두려워서라기보다는, 아무리 내가 절절하게 체험한 일이라 해도 상대방의 마음에 가 닿게 전달하기가 쉽지 않음을 알기 때문이다.

대화의 전제로 필요한 것은, 우리 아이들에게 '5월 광주'는 생생한 현재라기보다 과거사요 역사의 일부라는 것을 체험 세대가 그대로 받아들이는 일이다. 사실 그것은 나같이 '광주'의 현장을 직접 경험하지 않은 사람에게도 쉽지 않은 일인데, 무자비한 폭력과 학살의 '광주'를 현장에서 처절하게 몸으로 겪은 박상률 같은 작가에게는 말할 수 없이 어려운 일일 것이다.

물론 과거사나 역사를 배우는 목적은 단순히 지식 정보를 축적하는 데 있는 것이 아니라, '역사는 과거와 현재의 대화'라는 E. H. 카의 널리 알려진 명제처럼 지난 시대를 돌아보고 오늘의 진보를 추구하는 데 있다고 하겠다. 이러한 역사 배우기를 통해 '5월 광주'를 제대로 아는 것은 상당히 의미있는 일이며, 오늘의 우리 사회의 모습과 갈등들을 이해하기 위해서도 꼭 필요한 일일 것이다.

그러나 역사 배우기를 아무리 충실히 하더라도 충족될 수 없는 것이 있다. 기억 깊숙한 곳에 남아 있는 어머니의 물큰한 젖냄새나, 전학 온 여자애를 보고 두근거리는 소년의 애틋한 마음 같은 것을 거기서 어찌 배울까. 더군다나 요즘처럼 효용성이 없으면 외면하고, 모든 게 빠르게만 돌아가는 세상에서는 역사 배우기—가르치기조차 제대로 되지 않고 있는 것 같다.

문학은 모든 것을 다 말하지 않으면서 모두 다 말한 것보다 더 진하게 사람의 마음에 다가갈 수 있고, 성긴 역사의 그물이 놓쳐버린 상처와 흥분과 분노와 슬픔과 희망까지도 독자의 가슴에 촘촘히 수놓을 수 있다. 그런 점에서 청소년의 꿈과 성장을 그린 작품을 여럿 써온 작가 박상률은 '역사가 된 광주'를 '역사를 넘어선 광주'로 더 뜨겁게 느끼게 할 수 있는 훌륭한 무기를 갖고 있는 셈이다.

2

여기 한 청년이 있다.

너는 그저 애써 세상 물정 모르는 체하고 다람쥐 쳇바퀴 돌듯이 학교와 일터와 집만 왔다갔다 하는 가난한 고학생일 뿐이었다.

학교에서 선배들로부터 특별히 어떤 '학습'을 받은 적도 없고, 학교 안팎의 어떤 정치적인 모임은 고사하고 비정치적 모임에도 나간 적이 없었다. 학교 가기 전에 낮 동안은 오로지 일터에서 열심히 일만 하는, 부지런하고 성실한 종업원일 뿐이었다. (박상률 장편소설 『너는 스무 살, 아니 만 열아홉 살』, 사계절 2006, 103면)

이 가난한 스무살의 고학생, 성실한 철물집 종업원이 "너의 키만한 길이, 너의 몸통만한 너비의 널빤지로 만들어진 집 속에", 아니 관 속에 갇혀 있다. 축축하고 붉은 흙더미 아래.

그런 네가 죽다니? 너는 무엇 때문에 죽어야 했을까? 너는 숨이 끊어지는 그 순간에라도 네가 왜 죽어야 하는지 짐작이나 했을까? (같은 곳)

작품은 이야기한다. 유신정권의 독재자 박정희가 죽은 뒤 자신들의 의사를 표명하려고 거리로 나선 시민들을, '화려한 휴가'라는 작전 명령으로 때려잡은 군대—군사정권이 그 직접적 가해자임을. 그러나 이렇게 가해자가 밝혀졌다 해서 모든 게 정리되는 것은 아니다. 오히려 '5월 광주'가 비로소 아프게 시작되고, 살아남은 사람들의 어깨에는 무거운 숙제가 짊어지워진다.

그러나 진짜 난리통은 끝나지 않았다. 난리통과는 아무런 관련이 없어야 할 너 같은 사람까지 난리통 때문에 죽고 말았으니 그 난리통이 쉽게 끝나겠는가? (107면)

이 작품이 직접 말하고 있지는 않지만, 과연 가해자에 대한 응징이 이루어졌는지, 역사의 물줄기는 바로잡혔는지, 시민들이 바라던 세상은 제대로 만들어져가고 있는지 끝없는 질문을 우리는 행간에서 발견하게 된다.
막 고등학교를 졸업하고 대학에 들어간 스무살의 청년 영균. 고교 3년을 우유 배달을 하며 다니고, 야간대학에 합격해 철물점에서 일하면서 학비를 버는 이 착실한 청년은 요즘 보통의 중고등학생들이 볼 때는 자기들과 많이 다르다고 느낄지 모른다. 내신과 수능 대비, 학원 공부로 밤

낮없이 분주한 학생들에게 영균은 어쩌면 색다른 삶을 사는 형처럼 생각될지도 모르겠다. 영균의 어머니 월산댁은 비록 야간대학이라 해도 아들이 대학에 들어갔다는 사실만으로도 가슴이 벅차고 자랑스럽다. 등록금 마련도 스스로 해결해 걱정을 덜어주는 아들이 월산댁은 대견하고도 안쓰럽다.

힘겨운 나날을 낙천주의자의 웃음으로 이겨내던 이 건실한 청년의 삶은, 그러나 갑자기 좌절된다. 고생스럽게 살아온 어머니를 기쁘게 해드리고 스스로의 앞길을 개척하기 위해 '열심히 살자'고 되뇌던 청년에게 부여된 시간은 어처구니없게 중단되어버렸다. 화려하지도 배부르지도 않은 하루하루지만 결코 멈추지 않고 생의 바퀴를 꿋꿋하게 굴려갈 것이 틀림없던 영균의 미래가 무참하게 잘려나간 것이다.

이처럼 작가는 한 청년의 죽음—삶을 주목함으로써 청소년 독자들을 향해 말 걸기를 시도한다. 어쩌면 역사의 소용돌이가 비껴갔어야 할, 이른바 '운동권'도 아니요 열혈 청년도 아닌 평범한 고학생에게 닥쳐왔던 시대의 굴레는 무엇이었던가. 작가는 '역사'의 크나큰 현장에서 살아 움직이는 한 인간을 발견해 그의 숨소리와 발걸음과 땀냄새와 사소한 꿈들을 그려 보여줌으로써 원경(遠景)으로 머물러 있던 '광주로부터의 현대사'를 눈앞에 불러내고 있다.

작가는 영균의 초상을 '너'라고 호명하여, 마치 그를 잘 아는 누가 이야기를 들려주는 것처럼 서술하고 있다. 이러한 서술 다음에는 영균을 찾아 헤매는 월산댁의 행적을 보여주는 서술이 따라오고, 작가는 이렇게 두 가지 서술방식을 번갈아 사용하는 독특한 전개방식으로 작품을 변화 있게 이끌어간다.

어머니와 자식이라는 가장 원초적인 관계, 이 순리적인 관계가 순리대로 서 있지 못하고 뒤집어지는 비극을 보라.

　　월산댁은 가슴에 품고 있던 사진틀을 방바닥에 내려놓은 뒤 두 손으로 쓰다듬었다. 행여라도 영균의 웃음이 일그러지기라도 하면 안된다는 듯 조심스런 손놀림이었다. 어쩌면 영균의 웃음을 두 손에 가득 담고 있는지도 몰랐다. 월산댁은 검정 교복에 먼지가 붙어 있어 떼어낸다는 듯이 엄지와 집게손가락을 놀렸다. 그런 뒤 사진틀 유리에 입김을 불고서 옷소매로 문지르기까지 했다.
　　(…)
　　월산댁이 영훈을 돌아보았다.
　　"느그 성은 쪼깐 있으믄 곧 돌아올 것이여. 그랑께 방 어지르지 말고 깨끗이 치워놔야 쓴다. 에미 말 똑바르게 알어먹었냐?" (24~25면)

　　월산댁은 생때같던 아들을 산에 묻고 돌아와 '내 새끼 살려 놓으라'고 외치다가 돌연 아들이 '절대 죽지 않았다'고 태도를 바꾼다. 그리고 영균이 다니던 대학으로, 영균이 일하던 철물점으로, 영균이 묻혀 있는 무덤으로 성치 않은 몸을 이끌고 아들을 만나러 간다. 죽은 아들을 만나러 가다니, 실성한 것 아닌가? 하지만 이성으로는 도저히 받아들일 수도 납득할 수도 없는 희생과 좌절을 겪고서 누구라도 실성하지 않을 수 없을 것이다. 범상한 한 개인이 실성하기 이전에 시대가, 정권이, 총구가 먼저 실성하지 않았던가.

3

　'5월 광주'는 폭력으로 진압되었지만, 그것은 끝이 아니고 시작이었다. 민중의 생존권 확보와 민주주의를 위한 싸움은 기나긴 박정희 군사독재 기간 동안 이미 만만치 않게 터져나왔고, '5월 광주'의 외침 역시 그러한 앞뒤 맥락의 연결 속에서 바라보는 것이 마땅할 터이다.

　새로 등장한 군사정권이 조성한 공포분위기 아래서도 문학은 가장 먼저 광주를 증언하기 시작했는데, 그해 6월 발표된 김준태 시인의 「아아, 광주여! 우리나라의 십자가여」를 비롯한 많은 작품들이 때로는 조심스러운 은유로, 혹은 격정어린 서정으로, 혹은 피끓는 육성의 고발로 80년대 내내 뜨거운 언어를 쏟아놓았다. 임철우와 정도상, 윤정모, 류양선, 박호재, 최윤 등의 소설가와 김남주 시인, 『오월시』 동인들은 '광주'를 문학의 내부로 끌어들이는 동시에 문학을 통해 대중들 속으로 확산시켰으며, 살아남은 자의 죄의식과 부채의식을 갖고 그 의미를 파고들어갔다. 이와 같이 직접적으로 광주를 다룬 작품뿐 아니라, 광주가 끼친 영향은 90년대 후반에 이르기까지 의식 있는 작가들 대부분의 작품에 스며들어 있다고 해도 지나치지 않을 것이다.

　하지만 청소년 독자를 의식해 씌어진 작품으로는 뚜렷이 기억할 만한 것이 없다. 이제 '광주' 이후에 태어난 아이들이 사회의 주역으로 성장할 만큼 한 세월이 지나고 있으므로, '5월 광주'를 역사 교과서의 한 갈피에서 만나는 미체험 세대에게 문학 고유의 방식으로 말 걸기를 시도하는 것도 긴요해진 시점이다.

　『진도 아리랑』의 시인이자 동화작가로, 『봄바람』과 『나는 아름답다』와 같은 뛰어난 성장소설을 써서 청소년 독자들과 낯을 익힌 소설가로 폭넓은 활동을 하고 있는 박상률은 이 작품에서 사반세기 전 5월 광주의 시간대로 되돌아간다.

독자들은 그 과거의 시간에서 지나간 역사의 순간들을 관념적으로 반추하게 되는 것이 아니라, 한 청년이 뿜어내던 훈훈한 입김과 생활의 자취들을 손 안에 쥐듯 생생하게 추체험하게 된다.

앞에서 이야기한 것처럼, 그것은 바로 소박하고 성실하게 살아가던 한 청년의 꿈이 시대의 야만과 소용돌이 속에서 어떻게 좌절되었는가를 추적하는 일이다. "너는 지금 지상에 없다."(148면) 그러나 광주의 어머니에게 너는 여전히 살아 있는 존재고, 살아 있어야만 하는 존재이다. "너의 어머니의 어둠이 되어버린 너,/너는 정말로 어디로 갔는가?"(157면) 이 삶과 죽음 사이, 존재와 부재 사이의 팽팽한 줄 위에서 독자는 '광주'의 의미를 스스로 물어야 하는 것이다.

분단구조와 소설의 모험

박상연 장편소설 『DMZ』

　가끔 나는 이런 의심을 품어본다. 이 사회가 안고 있는 커다란 문제들이 많고 쉽사리 눈에 보이는데, 왜 소설은 그런 것을 다루기 적합한 형식이면서도 잘 다루지 않나. 활동하는 소설가의 수가 적은 것도 아니요 한 달에 발표되는 작품만도 엄청난 양인데, 텔레비전의 '시사매거진 2580'이나 'PD수첩'이 다루는 질·양만큼도 사회문제를 거론조차 하지 않으니 참 이상하지 않은가.
　이것이 이상한 현상인지 당연한 현상인지, 이상하다면 어떤 점에서 이상하고 그렇게 된 구체적 원인은 무엇이며 어떻게 극복해나갈지 하는 가지친 물음들은 실은 문학원론, 문학관과 결부된 사안이고 구체적인 문학상황에 대한 인식과 관련되는 복잡한 질문이므로 이 자리에서 상론할 수는 없다.
　말하자면 이제, 특히 젊은 세대를 중심으로, '나는 오로지 내가 느끼는 대로, 욕망하는 대로 쓰겠다'는 태도가 전면화하고 있는데, 하나의 맹점은 여기에 '**나는 왜 그렇게** 느끼고 욕망하는가' '**무엇이 나를 그렇게 욕망하게 하는가**' 하는 의문이나 추구가 부재하거나 몹시 희박하다는 것이다(이는 실은 '나는 왜 나인가' '사회적 존재로서의 나는 누구인가'라는 질문과 다르지 않다). 아니, 우리는 '내가 느끼는 **대로**, 욕망하는 **대로**'를 진짜 알고나 있는 것인가? 나는 이런 점이 의심스러울 때가 있다. 양파 껍질을 벗기듯, 벗기고 벗기고 나서도 손에 남는 것은 없는 질문인 듯하면서도 참말로 의심스럽기 짝이 없을 때가 있다.

눈치 빠른 독자는 내가 이런 말을 내놓는 뒤편의 의중이, 요즘 작가들은 분단과 통일, '노동해방', '문민독재', 그밖의 사회비리 같은 문제들을 도대체 제재로 삼고 있지 않음을 비판하려는 것이라고 넘겨짚을지 모르겠다. 과연 그렇기도 하다. 진행중인 문학적 담론들의 맥락에 서고자 할 때는 내가 잘 품지 않는 그러한 의심이, 일상과 상식의 맥락에 있을 때 오히려 떠오른다.

신인작가 박상연의 장편소설 『DMZ』(민음사 1997)는 남북분단 50년을 넘긴 이 나라에서 분단상황을 다루고 있는만큼 극히 자연스러운 작품이다. 그러나, 1990년대 특히 젊은 세대의 소설 가운데서는 몹시 희귀한 변종이 된다. 이 희귀함은 주목해 마땅하지만, 과연 얼마만한 가치를 지닌 희귀함인가.

『DMZ』는 추리극의 구조를 의도적으로 채택한다. 추리극·수사극의 종점은 범인—사건의 진상이 드러나는 것이려니와, 『DMZ』 역시 사건의 진상을 백일하에 드러내면서 종착점에 다다른다.

판문점 중립국 감독위원회에 근무하는 스위스인 베르사미 소령은 휴가를 마치고 복귀하면서 브라질 리우 공항에서 아내가 건네준 아버지의 일기장을 받고 한국인 아버지의 생애를 되짚어보게 된다. 판문점 경비대 소속 김수혁 상병의 북한 초병 살해사건에 대한 수사를 담당하게 된 그는 사건에 얽힌 의혹을 벗기고 진상을 캐내려 한다. 중립국 감독위 장교라는 특수신분의 시각을 매개로 한 이 두 가지 이야기가 작품의 주축을 이루고 있다.

해방후 남로당 박헌영 계파로 월북하여 인민군 소좌로 한국전쟁에 참전한 아버지 이연우는 낙동강 전선까지 밀고 내려왔다 포로가 되어, 거제도 포로수용소에서 공산포로 애국대 행동대장으로 반공포로들과 잔인한 살육전을 벌인다. 그때 극렬한 싸움의 와중에서 친동생 연철과 적으로서 조우해 피할 수 없게 되자 그는 자살을 택하려 하는데, 정찰조의 '미군이다' 하는 외침에 자신도 모르게 칼을 뻗어 동생을 찔러죽이고 만다. 그 충격을 안고 이연우는 남도 북도 아닌 제3국행을 택했던 것이다.

북한 경비병 살해사건은 북측의 납치 공작으로 말미암아 야기된 총격전이라고 기무사에서 앞질러 발표해버리지만, 우여곡절 끝에 드러나는 전말은 서로 얼마 떨어지지 않은 판문점의 남북 초소에 근무하는 병사들이 야간 근무중 무시로 왕래하던 중에 발생한 우발적인 사건이었다. 김수혁은 비무장지대 수색중 지뢰를 밟아 낙오되는데 북한군 오경필과 정우진이 그를 구해준 것이 인연이 되어서, 초소 근무시에 다시 마주친 그들은 대담하게 분계선을 넘나들며 우정을 나누게 된다. 그러나 김일성의 사망과 북한의 전쟁 불사 발언 등으로 남북 긴장이 고조되자, 멀리서 들려오는 오발된 총소리에 반응해 김수혁 상병은 그들을 향해 16발의 총탄을 퍼부었던 것이다.

"우리 셋 모두…… 옆구리에 손이 갔죠. 그건 마루의 조건 반사 같은 거예

요…… 손전등 불빛이 아니라, 최전선이라는 조건, 분단이라는 조건 등이겠죠……" (246면)

아버진 처음부터 정찰조의 '미군이다'라는 한마디에 미 제국주의에 대한 증오와 미군에 대한 공포가 유령처럼 되살아나 자신의 눈앞에 있는 혈육을 난자하도록 되어 있던 거였다…… 이데올로기의 총소리만 울리면 물어뜯도록 계획되어 있던 거다…… (249면)

요컨대 이 분단상황에서 우리 모두는 파블로프의 개라는 것이다. 김수혁 상병이 훈련시킨 군견 '마루'. 손전등 불빛을 눈에 비추고 먹이를 주는 학습을 시켜, 손전등을 비추어야만 먹이를 먹고 먹이를 주지 않으면 미친 듯이 공격하게 된 노예적 존재. '반미'와 '반공'이라는 조건자극이 주어지면 특정한 행동양식을 취할 뿐 아니라 비이성적 공포와 공격성에 지배당하고 마는, 분단이 가져온 인간 상실의 비극.

『DMZ』는 모처럼 대하는 묵직한 주제에, 쉽게 답이 짐작되지 않는 추리극적 전개로 매우 흥미롭게 읽히는 작품이다. 신인작가 박상연은 한반도의 분단구조를 구명하기 위해 색다른 방법을 선택한다. 일종의 씨뮬레이션 게임이다. 전쟁포로였다가 남한도 북한도 아닌 제3국으로 간 인민군(이연우)의 아들을 중립국 감독위 장교로 판문점으로 불러들인다. 그의 어머니는 스위스의 진보적 좌파 지식인으로 브라질 주재 외신기자 시절 이연우를 만난다. 대학 운동권이던 남성식 일병과 전국체전 사격대표 출신인 명사수 김수혁 상병을 판문점 남쪽 초소에 불러다 놓고, 일급 전사로 해외에서 활약하고 김일성 호위 특무대에서 근무하다가 강등된 "잘 다듬어진 흉기 같은" 오경필 상등병과 젊은 사병 정우진 전사를 판문점

북쪽 초소에 배치하여 그들을 함께 만나게 한다. 총기 오발사고, 남북 긴장의 고조 등 변수가 개입한다. 그리하여 분단구조가 어떻게 움직이는지, 그 속의 개인의 운명은 어떻게 될 것인지 추적한다. 지적 모험으로서, 현실에 대한 상상적 탐구로서 소설의 기능을 십분 활용해보는 것이다.

최인훈의 『광장』(1960) 이후에서 시작하고자 하는 이 작품은 그만큼 야심적이지만 「한씨 연대기」(황석영), 『완전한 만남』(김하기) 등 많은 선배 작가들의 작품을 건너뛰고 있어서 아쉽다. 작가는 남과 북을 객관적 거리에서 바라볼 수 있는 중립국 감독위의 장교를 시점 화자로 설정했으면서도, 그의 아버지의 생애에 대한 접근을 김수혁의 사건에 수렴시킴으로써 근저에서는 김수혁의 체험과 시각에 주로 기대고 있는 듯싶다. 남과 북을 상대방의 눈으로 비춰보고 각각의 내부에 존재하는 비판적 견해들도 드러내 보이는 서사전략이 예사롭지 않지만, 충분히 깊이를 얻지는 못했다.

내가 읽기에, 『DMZ』에서 리얼리티와 가장 관계가 깊은 영역은 1972년생 김수혁 상병이 고백하는 분단의 체험 부분이다. 분단상황에서 살아오는 동안 반복해서 받게 되는 "강요된 증오의 학습", 초등학교 이래 지속되는 반공교육과 끊임없이 작동하는 반북의식의 체험 등이 그것이다. 이러한 김수혁의 체험과 의식은 똑같은 72년생으로 분단현실과 대면해 살아온 작가의 체험과 의식의 충실한 변용임에 틀림없다. 그렇지만 치열한 실천과 자기부정을 통해 얻은 절절한 인식이 담겨 있기보다, 범속한 반북·반공 이데올로기 비판에 머물고 말았다.

『DMZ』는 젊은 세대의 시각에서 우리의 존재상황인 분단문제를 본격적으로 다루고 있는, 모처럼 만나보는 반가운 작품이다. 가족의 이산이나 굵직한 현대사의 사건 등을 조명하는 익숙한 틀을 벗어나 있는 것도 이 소설이 지닌 새로움이다. 이 작품을 써냄으로써 작가는 오히려 자신의 체험이 부여하는 제약과 부채의식에서 한결 자유로워질 수 있지 않을까. 그런만큼 소설가로서의 그의 행로는 새로운 도전에 직면해 있다고 할 수 있다. 그 길을 오기있게 개척하는 모습을 보고 싶다.

염결함, 뜨거움, 과학주의

1980년대 노동문학과 방현석의 소설

1

1980년대 한국문학의 전개에서 주요한 특징은 노동문학의 대두와 그 성장이다.

1970년대 이후 더욱 급속히 난숙한 단계로 발전해간 한국자본주의는 그 배후에 노동자와 농민을 비롯한 민중층의 희생을 거느리고 있었다. 수출주도형 경제개발정책으로 농촌이 분해되고 도시화·산업화가 급격히 진척되었으나, 폭력적인 군사독재체제 아래에서 민주주의와 분배의 정의는 실현되지 못하고 학생·지식인의 민주화운동과 노동운동은 지속적인 탄압을 받았다. 그러나 세계에서 가장 열악한 노동조건과 암울한 정치현실을 헤치고 솟아오르는 민중의 외침과 사회 양심세력들의 저항의 몸짓은 이땅의 80년대를 소용돌이 속으로 밀어넣었다. 80년대는 이땅의 진보세력과 민중계급이 근본변혁을 향한 거대한 실험을 행한 연대였고, 그것이 구체적인 현실의 제약요소와 보수·기득권 세력의 반동에 부딪혀 심각한 굴절을 겪은 시대였다.

이미 산업화시대로 접어든 70년대 후반 산업노동자 수는 500만명을 넘어섰으며, 사회의 기반계급이 된 노동자들은 강고한 억압 속에서도 열악한 노동현실을 타파하고 인간다운 삶을 실현하려는 투쟁을 지속적으로 전개한다. 농촌에서 이탈하여 도시 변두리 빈민층으로, 산업노동자로 변신한 그들은 소외된 계층으로서 점차 자기의식을 갖기 시작하고, 모순된 사회현실에 대한 인식과 분노가 광범위하게 확산되어갔다. 이들 소외된 계층이 발하는 육성은 점차 사회 전체에 울려퍼졌으며, 노동운동은 그 독자적인 발전의 길이 봉쇄당한 상황에서 지식인·재야운동과의 연대라는 형태로 주된 변혁운동의 흐름을 형성하였다.

이와 같은 민중의 자각에 맞물린 민중의 발언은 노동계급 자신의 글쓰기라는 형태로 우리 문학에 커다란 충격을 안겨주었다. 유동우의 『어느 돌멩이의 외침』(1977), 석정남의 『불타는 눈물』(1976) 『공장의 불빛』(1984), 송효순·장남수의 수기 등이 속속 발표되었고, 70년 평화시장에서 근로기준법을 끌어안고 산화한 전태일의 삶을 보고하는 『어느 청년노동자의 삶과 죽음』(1983)이 간행되었다. 소외받는 노동자의 처지에서, 노동자 자신의 손으로 진솔하게 씌어진 이러한 기록들은 소박한 형식이지만 당대의 모순된 사회현실을 깊이있게 반영하면서 노동해방의 열망을 담고 있는 의미있는 문학적 산물이었다.

민중계급의 성장 그리고 민중 자신의 체험적인 글쓰기는 문학의 인간해방적 기능을 중시하는 기존의 문학적 입장들에 새로운 자각과 반성을 촉구하는 계기가 되었다. 70년대 이래 민주회복과 분단극복을 주요과제로 삼아온 민족문학론의 태내에서 성장한 진보적 입장들은 80년대 민중문학론, 노동문학론을 거쳐 다양한 분파로 갈라지면서 각기 실천적 노선들을 가다듬어갔고, 채광석·김도연·조정환·김명인·이재현·현준만·백진기 등 새로운 논객들이 등장하여 백낙청·김병익·임헌영·최원식 등 기존 평론가들과 함께 논전을 벌였다.

박노해 시집 『노동의 새벽』(1984)으로 80년대 노동문학은 명실공히 '문학적 현상' 차원을 뛰어넘어서 우리 문학의 내적 양식으로 자리잡는다. '구체적 현장성'과 '실천적 운동성'(채광석)을 함께 갖춘 박노해의 시들은 노동문학의 핵심적 성과이면서 일종의 전범(典範)으로 작용하였으며, 그보다 조금 늦게 본격적인 노동소설들이 산출되기 시작하였다. 즉 이택주 소설집 『늙은 노동자의 노래』(1986)와 정화진의 「쇳물처럼」(1987), 한백의 「동지와 함께」(1988), 방현석의 「내딛는 첫발은」(1988), 김한수의 「성장」(1988) 등 중단편이 발표되었으며, 뒤이어 안재성의 『파업』(1989) 등 여러 장편들이 씌어진다.

이와 같은 문학적 흐름은 재편된 사회계급관계 아래에서 문학장르의 재적응 내지 내용적 재편이라는 의미를 띤 것으로, 창작 주체의 측면에서는 노동문학의 '새로운' (일제하 공업화 시기부터 이미 노동문학은 존재했으므로) 전개가 노동계급 자신의 체험적 기록에서 시발하여 노동계급 출신 또는 기타 출신의 전문적 노동문학 창작이라는 차원으로 전이되는 과정으로 일단락된 것이라 할 수 있다. 즉 노동문학은 소재적 반영이나 주제의 선취(先取) 또는 주의적(主意的) 분노나 열망의 표출을 넘어서서 보편적 울림을 가진 형식으로 성립하였고, 이에 미달할 때 이제 그것은 아무런 문학적 효용도 사회적 계몽 효과도 지닐 수 없는 자족적 존재에 지나지 않게 되었다.

이렇게 80년대 문학의 내적 양식으로 자리잡은 노동문학은, 소련의 뻬레스뜨로이까 정책으로부터 1990년 독일 통일에까지 이어지는 일련의 현실사회주의의 붕괴와 겹쳐진 한국사회의 착종된 내적 변화를 마주하여 그 존재위상이 위축되면서 곧바로 심각한 자기조정과 재충전을 요구받게 되었다. 아니, 이것은 노동문학을 내적 양식으로 품고 있는 80년대 문학 자체가 직면한 커다란 도전이었다. 방현석의 소설은 이와같은 짧은 노동문학의 여정에서 본격적 노동소설의 개척자인 동시에 시대의 경향성을 뛰어넘는 진정한 문학적 성취로서 뚜렷이 자기 역할을 수행함으로써, 현실적인 만큼 역사적인 의미를 획득하였던 것이다.

2

방현석의 소설은 노동계급을 한국사회 변혁의 주체로서 전형화하려는 많은 노동소설 작품들이 그 의욕적인 시도에도 불구하고 엄정한 문학적 비평의 안목에 비추어서는 아쉬움을 안겨주던 상황에서 발표될 때마다 남다른 주목의 대상이 되었다. 그의 소설은 치밀한 구성과 탄탄한 묘사력을 바탕으로 이땅의 노동현실과 노동자의 운명을 정면에서 천착하였으며, 문학의 힘은 바로 '감동'으로부터 나온다는 평범한 진리를 새삼 확인시켜주는 것이었다.

80년대말 90년대초(1988~1991)에 걸쳐 발표된 방현석의 중단편들은 예외없이 당대 노동현장과 생활현장에서의 노동자의 삶에 관심을 집중한다. '노사분규'라는 이름으로 벌어지던 갖가지 노동투쟁 양상과, 저임금과 열악한 노동조건 아래서 빚어지는 생활상의 고통들을 중점적으로 묘사한다. 구사대 폭력, 조합 활동가들에 대한 구속과 해고, 위장폐업, 고

소고발이나 손해배상 소송 등등 그의 소설에 갖가지 형태로 보고되고 있는 노동탄압의 양상은 80년대의 전형적인 노동상황에 다름아니다. 그러나 그가 그리는 노동자 인물들은 이와 같은 자본—정권의 강도높은 탄압에 직면하여 좌절하거나 굴복하지 않고, 의연하게 맞서서 강고한 투쟁을 전개해나간다. 이러한 싸움은 밖을 향한 싸움이며, 동시에 안을 향한 싸움이다. 금력과 권력, 엄청난 물리력이 동원되는 탄압을 뚫고 노동계급의 요구를 관철하려는 그 지난한 고난의 도정은 바로 끝없는 자기단련과 각성, 자기극복의 과정에 다름아니기 때문이다.

이와 같은 안팎의 싸움이 감동의 드라마를 연출하게 되는 것은 그의 주인공들이 초인적인 능력으로 영웅적인 활약을 보이기 때문도 아니요, 그들이 날카로운 정치의식으로 무장된 선진노동자이기 때문도 아니다. 그들의 소망은 너무나 소박하고, 그들의 의식은 결코 타락될 수 없는 진정성에 차 있다.

경찰서에 다녀온 후 용호를 쳐다보는 동료들의 눈빛이 달라졌다. (…) 그러나 그는 자신과 처절한 싸움을 벌이고 있었다. (…) 착한 아내는 불안하다며 다시 발목을 붙잡았지만 비굴한 당신의 남편이지 않기 위하여, 노예와 같은 노동자의 운명을 물려주는 못난 아버지이지 않기 위하여 용호는 일어섰다. (「내딛는 첫발은」)

"우리가 원했던 돈은 인간다운 삶을 이어나가기 위한 것이었을 뿐, 돈에 대한 탐욕이 아니었습니다. (…) 김세호 사장에게는 돈이 가장 소중한지 모르지만 우리에게는 돈보다 더욱 소중한 것이 있기 때문입니다. 동지에 대한 변할 수 없는 애정과 참 인간다운 삶이 중요하기 때문입니다." (「새벽 출정」)

"형수님은 이런 생각 안해봤어요? 세상에서 가장 열심히 일하는 사람이 가장 좋은 음식과 가장 좋은 집을 가질 수 있는 세상 말예요. 우리들처럼 뼈빠지게 잔업 철야까지 해도 살아가기 빠듯한 게 아니라 일하는 것이 즐겁고 보람되고, 누구나 아프면 쉬고 치료받을 수 있고, 열심히 일하다 정년퇴직해도 일할 때와 똑같은 임금을 꼬박꼬박 받아서 걱정없이 살아가는 세상 말예요. 공부만 잘하면 아이들은 얼마든지 학교에 다닐 수 있는 세상 (…)"(「지옥선의 사람들」)

살인적인 구사대 폭력(「내딛는 첫발은」), 150일이 넘는 위장폐업 철폐투쟁(「내일을 여는 집」), 노조 탄압수단으로 동원되는 구속과 투옥(「또 하나의 선택」) 등 철인이라도 감당하기 어려운 극한적 상황을 끝내 견뎌내게 하는 힘의 원천은 무엇인가. 노동투쟁으로 야기되는 노·노간의 갈등, 가족간의 갈등, 생활상의 고통과 불이익 그리고 거기에 따르게 마련인 온갖 인간적인 고뇌들을 헤치고 '노동자의 자존심'을 지켜갈 수 있게 하는 힘의 원천은 또 무엇인가. 그것은 계급투쟁의 현실이나 그 대의에 있는 것도 아니요, 다양하게 표출되던 변혁운동 내지 노동운동의 이론 혹은 정파(政派)들 속에 있는 것도 아니다. 그것을 작가는 그들의 인간성 속에서 발견한다. 아니, 그것을 그들의 인간성으로 그려놓는다.

이 염결성(廉潔性)의 인간, 때로는 흔들리고 좌절하지만 이땅의 노동계급의 일원으로서 자신의 처지가 지시하는 정당한 길을 선택하여, "가장 열심히 일하는 사람이 가장 좋은 음식과 가장 좋은 집을 가질 수 있는 세상"의 꿈을 이루기 위해 이기와 타협과 굴종과 도피를 떨치고 나아가는 노동자상을 보라. 단순히 자신의 물질적·의식적 삶의 수준을 드높이기 위해 이기적으로 움직이는 인간이 아니라, 노동계급으로서의 처지와 운명 속에서 자각을 갖고 실천하는 인간, 자본―권력의 횡포에 맞서 인간성을 지키고 기성세계의 모순을 깨뜨리기 위해 고난을 감수하며 투쟁하는 인간상. 「내딛는 첫발은」의 용호와 정식, 「새벽 출정」의 민영과 미정, 「내일을 여는 집」의 성만과 진숙, 「지옥선의 사람들」의 기대, 「또 하나의 선택」의 석철 등 주인공뿐 아니라, 구체적으로 등장하는 주요 노동자 인물들은 모두 그와 같이 내면에서 울려나오는 목소리를 듣는다. 선(善) 또는 당위가 무엇인지 이들에겐 의심할 바 없이 명백하며, 그 길을 가는 것은 매우 어려운 일이지만 그들은 바로 그 길을 택한다.

이처럼 최상의 윤리적 명령에 복종하는 맑고 깨끗한 인간상을 노동계급에서 발견하는 것, 아니 노동계급에 그러한 인간성을 부여하지 않으면 안되는 것, 여기에 방현석의 작가정신의 뜨거움이 있고, 80년대 시대정신의 특징과 순결성이 담겨 있다.

여기서 방현석의 소설이 개척한 주목되는 측면을 두 가지 지적하자면, 「내일을 여는 집」에서 여성문제에 대한 인식을 보여주고 있다는 것과 「지옥선의 사람들」에 나타난 노동자조직 내부문제 탐구를 들 수 있다. 「내일을 여는 집」은 해고노동자의 복직 싸움을 다루면서 노동자 가정 내지 부부간의 문제를 비중있게 그리는데, 성만은 "자신이 아내에게 다름 아닌 착취자요 지배자로 군림해왔다는" 사실, "계급지배의 신봉자들이 계급의 착취를 인간사회의 보편적인 진리로 위장시키는 출발점이 가정에서의 불평등이라는 사실"을 깨우치며, 아내 진숙 역시 복직 싸움을 통해 열렬한 투사로 변모하고 부부 사이에서도 "남편의 일방적인 지배자적 자세"를 "언제고 비타협적으로 따지고 지나가"려는 새로운 인식을 실천한다. 가정에서의 성역할과 여성억압, 그리고 그 사회적 본질 등에 관련한 문제가 풍부한 세부묘사로 심도있게 제기되고 탐구된 것은 아니지만, 노동투쟁과 노동자의 일상에서 떠오를 수밖에 없는 여성해방의 과제를 구체적 실감으로 다루어주고 있다. 「지옥선의 사람들」은 방현석의 다른 작품 그리고 일반적인 노동문학 작품들과 달리 조선소 중공업 노동자들의 남성적 세계를 힘있게 그려낸 특징을 보이는데, 해포조선소의 노동운동 조직인 '동지회'가 핵심 활동가의 이탈 등으로 맞은 위기상황에서 어떻게 대처해가는지 그 조직활동에 초점을 맞추고 있다. 또한 단일 사업장 차원을 벗어나, KBS 노조의 투쟁과 현중조선소의 노동투쟁 등에 연결하여 노동운동의 전국적인 연대의 전망을 열어놓은 것도 이 작품의 주요한 측면이다.

　방현석의 소설은 80년대의 치열한 노동투쟁 현장과 노동자의 힘겨운 삶을 정면에서 그리고 있지만, 암울한 분위기나 투쟁의 간고함 같은 것이 주조를 이루지 않고 오히려 그 밑바탕에는 싱싱하고 건강한 힘이 흐른다. 어용노조 민주화에 나섰다가 해고된 성만이 길고 험난한 싸움 끝에 복직 소식을 듣게 되는 「내일을 여는 집」의 마지막 회식 장면은 특히 밝고 따뜻한 감동을 일으킨다. 복직을 포기하고 일자리를 찾아나선 성만은 노조활동 전력 때문에 취직할 수 없다는 사실만을 확인하고 무거운 어깨로 집에 돌아오는데, 동료들은 조합원들이 연말보너스를 거절하고 그를 복직시켰다는 반가운 소식을 갖고 성만을 맞는다. 김치찌개와 소주병이 올라 있는 저녁상을 마주하고 모처럼의 즐거운 만남이 무르익어갈 때 주고받는 아이와의 문답.

　　"박인식, 너희 아빠가 누구지?"
　　"에이급 선반공."

"에이급 선반공이 뭐야?"
"노동자."
"노동자가 뭐하는 사람이지?"
"역사의 주인."
강범이 인식이를 낮은 천장에 닿도록 번쩍 안아들었다.
"웜머, 이쁜 자슥!" (지문 일부 생략)

 이와 같이 자연스러운 처리로 내보이는 작가의식은 80년대 노동소설 내지 변혁운동 세력의 일반적인 의식과 맥을 같이하는데, 이는 물론 아주 단순화된 형태로 나타난 것이지만 방현석의 소설은 그 '노동자=역사의 주인'이라는 인식에 대한 근본적인 신뢰 위에 구축되어 있다.
 방현석의 소설들은 대부분 비장미를 기조로 하면서도 비극의 미학을 지향하지 않고, 현실의 엄청난 위력 앞에서조차 뚜렷한 낙관주의로 나아간다. 이는 작가가 품고 있는 노동계급에 대한 애정과 신뢰 나아가 인간성 자체에 대한 근본적 긍정에서 말미암은 것으로, 이러한 긍정을 가능케 하는 것은 작가정신의 뜨거움이고, 그 근저에는 80년대를 풍미한 '과학주의'의 세례가 작용하고 있다. 여기서 그와 같은 관계들을 상세히 분석할 수는 없지만, 이러한 인식의 견고함 자체가 80년대 노동문학이 90년대로 넘어오면서 변동하는 현실의 위력에 직면해서 자기발전을 차단당할 수밖에 없는 원인의 일단을 마련하고 있는 것이다. 역사의 주체, 변혁의 중심축으로서의 노동계급이라는 '과학'은 과학이기보다 열정으로 받쳐진 '역사 이해'에 가까웠다. 이것은 어쩌면 80년대 변혁운동의 실체적 수준을 보여주는 것일 터이고, 방현석의 소설도 그 한계 안에 있다. 그럼에도 불구하고 방현석의 소설들은 특유의 감응력과 탄탄한 작품성,

살아있는 노동자인물을 창조하는 형상력으로 80년대 노동문학에 독자적 지위를 마련해준 핵심적 성과로서 기록된다. 그의 소설세계는, 발전된 자본주의 현실이 배태하는 비인간성을 혐오하며 민중층의 불행을 끝장내고 진정한 민주·평등의 세계를 이루고자 한 당대인들의 열망이 뛰어난 작가적 역량에 투사된 것에 다름아니기 때문이다.

삶을 버티는 소설의 길

김유택 · 정태규 · 윤대녕의 소설

1

김유택의 소설은 아프다. 아프게 읽힌다. 이미 40대 중반(1950년 光州생)에 접어든 이 작가의 첫 소설집인 『어메이징 그라스』(문학과지성사 1993)엔 1985년부터 89년까지 발표한 아홉 편의 작품이 들어 있다.

그 시점(視點)에 작가가 들어앉은 주 인물들은 술을 먹는다. 지긋지긋하게 마신다. "양푼에 철철 소주를 따라" "꿀꺽꿀꺽 보약처럼 마시"는 「어메이징 그라스」의 신지하씨, 이사 와서 닷새째 "매일 빠뜨리지 않고 잔술(맥주잔에 그득 담긴 소주―인용자)을 먹어주"는 「달도 밝다」의 전직 기자 요섭, 아내가 매번 찾아와 "서방이 착실하게 금주를 실천하는지" 점검하고 심지어 "술 끊는 약 알코올빙을 사가지고 와서 (…) 입 속으로 쑤셔넣"지 않으면 안되는 망월동 뒷산 농장주인 '나'(「목부 이야기」), 술에 취해 시위대열 "선두의 대학생이 흔들던 대형 노랑 깃발을 빼앗아 신나게 흔들"고 경찰서 유치장에 들어앉은 신기루씨(「먼길」), 언제나 "낮술 냄새가 확 진하게 풍겨"오는, 마을 뒷산 줄기에서 '승호야' 하고 부르는 소리를 밤마다 듣는다는 전직 교사(「시간의 거울」). 이들뿐 아니라 이들이 만나는 주변 인물들, 그리고 묘사되는 다른 인물들도 거개가 술을 마신다. 예비군 중대장이 하는 밥집 겸 술집의 주방장은 "비가 온다고 해서, 아무리 캐물어도 발설치 않는 무슨 수상쩍은 사연으로 해서" 막무가내로 소주를 들이켜는 버릇이 있고(「시간의 거울」), "양심 지킬라고 파출소장 하다가 옷벗었다"는 약국 주인은 밤하늘의 별이 "노란 테두리를 두르고 커졌다 작아졌다" 하는 알콜 중독 증세를 보인다(「달도 밝다」). 일일이 예거하자면 한이 없을 정도로 이들의 일상은 술에 젖어 있고, 그러나 얼마나 따뜻한 인간으로 그려져 있던가!

또한, 술과 짝을 이루는 것은 글쓰기이다. 유일하게 술꾼이 아니라 할, 등단작 「시창작 실습기」의 주인공 석만돌씨는 "평생에 한 편의 시다운 시를 쓰고 말리라"고 끙끙대며 살아왔고, 주요 인물들은 대개 소설을 쓰면서 "업적 없는 문학"(「목부 이야기」, 115면)에 매달려 있음이 드러난다. 세상과 인생을 쥐흔드는 것이 아니라, 세상의 변방에서 쥐흔들리고 있는 그들은 '80년 광주'를 원체험으로 안고 살아간다. 그가 그려 보이는 인물들은 소시민이라든가 도시 주변층이라든가 밑바닥 서민대중이라든가 이런 통칭으로 추려낼 수 없는, 하나하나의 '아픈' 인간들이다. 작가의 말을 빌리자면, 그들의 글쓰기 역시 "세상을 살고서 글을 쓰기보다 **써냄으로써 살려** 했던 것"(「후기」, 강조는 인용자)일 것이다.

「어메이징 그라스」의 스토리는 그린벨트 내 무허가 건축물에서 소를 키우는 신지하씨가 광주 시내에서 운동권에 "들어갔다 나온" 후배를 소개받아 농장으로 데려오고, 그 후배가 치아를 변소에 빠뜨려 찾아주게 되는 단순한 것이다. 그러나 침침한 새벽 신지하씨가 변소에 들어가 쭈그려앉는 서두에서부터 이튿날 후배가 서울로 떠나기까지의 작품 공간에 인물들의 행동과 심사가 세심하게 그려지고 있으며, 특히 작가는 신지하씨에 카메라를 맞춰 그의 기억과 느낌과 사념과 회상의 흐름을 세밀하게 따라간다. 잠을 깬 그는 아직 자고 있는 후배의 초췌한 몰골을 보고 농장을 찾던 동문들을 떠올린다. 그는 소를 처분한 우사를 지나 운동장을 지나 똥물이 튀어오르는 변소에 들어앉아 담배를 빨며, 심지어 똥물이 턱 아래까지 치솟는 사태에 갖은 수단으로 대비해오던 것을 회상하는데 카터 방한 기사가 컬러 특집으로 실린 신문을 들고 변소에 들었던 때가 떠오른다. 카터 미 대통령의 땅콩 농장과 "그린벨트의 무허가 건축물에서 일곱 마리의 미국 소를 초지 한 평 없이 키우는" 자신, 능력 있고 잘난 인간들에겐 한 폭의 그림인 농업, 이런 생각에 빠져 "똥을 가늘게 아니면 조금씩 싸리라던 각오를 그는 깜빡 잊어버리고 말았다. 퐁당, 아래로 낙하한 배설의 덩어리가 순간 물기둥을 이루어 그의 사타구니께로 접근해 오고 있는 것이 (…) 순간 들고 있던 신문지로 황급히 그 물기둥을 방어했다. (…) 대통령의 얼굴은 무참하게도 똥물을 뒤집어쓰고 있었다." 그때 후배가 왈칵 변소 문을 열어젖히고, 후배와 교대한 신지하씨는 아침밥을 지으며 전날 생면부지의 후배를 '인수' 받아 온 일을 회상한다. 전화를 걸다 앞니를 받혔다는 후배의 물음에 광주의 "그해, 그날들"과 살아남은 "몸보신 잘했던" 국회의원 입후보자들을 다시 기억에 떠올리고, "광주 여자 한번 보듬고 싶"다는 후배를 대인동 골목으로 데려가고, 심야에 무등산 쪽 다형(茶兄) 시비에까지 다녀오게 된다. 후배는 전날 신지하씨가 치과로 데려가 때워준 이를 변소간에 빠뜨리는데 두 사람은

"꼭 이빨을 찾고 말"리라고 의기투합하여 변소를 푼다. 후배는 우사의 낡은 전축을 틀고 고장난 전축이 온 산이 울리도록 음악을 토하는데, 신지하씨가 후배에게 음악의 곡명이 무언지 묻는다.

    —어메이징 그레이스 아닙니까? (…) —아냐, 어메이징 그라스네. 나는 그렇게 기억하고 있어. 그러나 후배는 선배의 견해에 복종하지 않았다. —아녀요? 놀라우신 신의 은총이라구요! (…) 카터 대통령 취임식 때도 저 곡을 연주했어요! —뭐!? 신지하씨가 정색을 하고 조대를 치켜들었다. (…) 아니, 풀이 아니고 은총이라고!
    후배는 선배의 돌연한 변화가 무슨 까닭인지 알 수 없었다. 바야흐로 어메이징 그레이스는 그 절정을 이루고 있었는데 아울러 똥 냄새도 그에 못지 않게 온 산을 휘젓고 다니는 듯싶었다. (54~55면)

  정신병원에서 주는 약을 먹는 후배, '광주 바람'에 뽑혔다는 그 후배의 이, 풀이 아니라 〔미국의〕 은총이라는 데 놀람, '놀라운' 은총의 절정과 똥 냄새의 절정. 신지하씨는 악착같이 하루종일 "무슨 원수를 갚으려는 듯" 그 이빨을 찾아주고, 송광사에 가 "법정 스님을 만나"겠다던 후배는 곧장 서울로 돌아간다. 이와 같은 다층적인 의미들의 팽팽한 얽힘은, 행위와 사건의 뼈대구조로 된 구성이 감당할 수 없는 작가의 내밀한 호흡을 반영한다. "어메이징 그라스네. **나는 그렇게 기억하고 있어.**"라는 진술이 담고 있는 〔작가에 의해 의도된〕 착각은, 그저 유사한 발음 탓에 생겨날 수 있는 우스꽝스러운 실수가 아니라 바로 발디딘 세상과 현실의 삶을 지배하는 착시 나아가 강요되어온 착시를 해학적으로 폭로하고 있는 것이다. 그러나 이빨(씹는 것, 견디는 것)을 찾고, 후배의 삶도 신지하씨의 삶도 착시의 세상에, 아프지만, 의연히 견뎌가지 않는가.

「마스터여 용서하라」가 흥미진진한 단식 훈련과 요가 수행 과정을 보여주는 '알콜중독 치료 실패기'라면, 「당신의 세월」은 '체질 개선 실패기'이다. 유년기 혼자 목욕탕에 갔던 기억, 중학생 때 농구하던 아이의 간질 발작, 진실이 필요 없던 군대 시절의 목욕탕과 총소리, 십수년 후 광주시 화장터에서 듣는 총소리와 "떠도는 중음신들을 끌어들여 나 자신 산 귀신 되"겠다는 무심결의 행동──이 기억의 회로를 따른 서술이 마련한 의미구축 뒤에, 술을 끊으려는 '나'에게 의사 후배는 "체질 개선을 위해 냉온욕을 권한다. '부끄러워서' 목욕탕에 간 지 오래던 '나'는 냉온욕을 다니다가 중단한 후 이철규 변사사건으로 화가 후배와 대화를 나누다 다시 목욕탕을 찾지만 "목욕탕의 셔터는 내려져 있었다". 「자메이카여 안녕」은 염산을 마시고 군 통합병원에 온──광주에 투입되었던 군인으로 짐작되는──공수부대 하사를 보여준다. 여러 기묘한 환자들에 얽힌 삽화들이 끼여드는 가운데, 자신이 누구인지 잃어버린 하사는 '자메이카여 안녕'을 부르고 싶어하지만 그는 끝내 억압된 자신을 풀어낼 수 없다.

김유택에게 '광주'의 체험은 원죄처럼 작용하고 있다. 그는 다른 작가들과는 달리 광주를 요리해야 할 문학적 탐구 '대상'으로 다루는 것이 아니다. 따라서 어떠한 관념적 극복도 상징적 해소도 시도하지 않는다. 그러면서도 그 어떤 '정신주의'도 거부한다. 법정 스님도(「어메이징 그라스」), 체질 개선을 위한 냉온욕도(「당신의 세월」), 수행으로의 도피도(「마스터여 용서하라」) 길이 아니다. 그렇다면 그가 추구해간 것은 무엇인가. 그는 "끗발 없는 주민들"(「달도 밝다」, 93면) 속을 들여다보고 그려내며, 그들 가운데 있다. 「목부 이야기」에는 그의 농장을 거쳐간 예닐곱 목부들의 면모가 그야말로 애정깊게 그려진다. 그리고 민방위교육장과 예비군훈련에 끌려나와야 하는 서민들, 군 통합병원에 수용된 갖가지 사연의 환자들, 웨이터, 작부들…… 그들은 말한다. "아저씨…… 당당하세요. 아저씨 예의는 병이 들었어요. (…) 아저씨보다 더 어렵게 사는 사람이 얼마나 많은데요……"(「먼 길」) "의수를 끼었던 그 여자도 말하지 않았던가. 자신이 주인이라고 믿는 사람은 결코 도망가지 않는다고. (…) 자신이 주인인 것은 자신밖에 알 수 없다고."(「달도 밝다」)

살아남은 자의 부끄러움, "세상에 아무것도 한 일이 없다는 자괴감"(「당신의 세월」)은 누구라도 자기파괴와 도피의 나락으로 떨어뜨릴 수 있다. 그러나 김유택은 그 아슬아슬한 나락의 입구에서 의연히 명징한 의식과 예술적 긴장을 지켜내고 있다. 그의 문장들은 몹시 섬세하면서 정확하고, 인간에 대한 관찰과 묘사에는 언제나 해학과 유머가 숨쉰다. 그의 이러한 문학적 견딤은 문학의 승리이고, 역으로 그것이 김유택의 작품이 지닌 현실주의를 가능케 했던 것이다. "폐인의 시절을 통과"(「후기」)한 그가 힘차게 작품 활동을 재개하길 기대한다.

2

정태규(1958년 경남 합천생)는 꿈을 쓰는 소설가이다. 그 꿈은 대개 1980년대 '민족문학'인들이 꾸어온 꿈의 자장 안에 있다. 다양한 소재를 다루고 있는 『집이 있는 풍경』(해성 1994)의 13편 중 1986년 이후 작품이 11편이고, 두 편이 그 이전 작품으로 말미에 수록돼 있다.

「집이 있는 유년 풍경」은 4·19, 5·16으로 이어지는 시기 시골에서의 어린시절 얘기를 중심에 두고 있다. 아이들은 전쟁놀이를 하다가 자신들만의 집을 짓기로 하여 악전고투 끝에 감격스럽게 집을 완성하고, 그 집은 아이들의 소중한 놀이터이자 모임터가 된다. 그러나 집을 짓기보다 지키는 일은 더욱 지난하여, 입대 영장을 받은 청년들이나 노름꾼들이 몰려들자 아이들은 고육지책으로 '똥누기 작전'을 써 퇴치하기도 한다. 그 뒤 '귀분이 누야'의 애인인 수배자가 숨어들었다가 경찰과 군인들에게 잡히게 되고 귀분이 누나는 그 집에서 목매달아 자살함으로써 마을 어른들은 집을 부수고 불질러버린다. "자유와 독립을 약속하"는 "그토록 아름답고 찬란한 우리들의 집"을 스스로 세웠다가 빼앗기기까지의 전 과정이 추억의 이름으로 재생되는 것인데, 그 계기는 "결혼 생활 8년 만에야 그 서러운 전세방 신세를 면하고 내 집을 마련했다는 감격과 흥분이 한 차례 지나가고 난 다음에 오게 된 일종의 허무감"에서 출발한다. 근대화와 산업화의 치열한 경쟁 대열에서 겪은 "그 수많은 '내쫓김'과 서러움의 경험은 그 집이 불타 없어지던 그해 겨울부터 이미 시작"된 것으로 "아등바등 마련한 22평의 초라한 시민아파트조차 진정한 내 집이 아니라는" 느낌을 받는다. 여기엔 이상적인 삶의 거처로서의 집의 의미와 1960년대 이후 민중의 소외를 깊게 한 현대사의 변전을 보는 나름의 비판적 인식이 상징적으로 담겨 있는데, 어린시절에 대한 회상이 흥미와 긴장을 주면서 아름답게 펼쳐지는 반면 앞뒤에 배치된 현재의 상황과 심경 토로는 에세이투로 처리되어 액자소설이 갖는 효과를 십분 얻어내지 못하고 있다. 즉 어린시절 이야기를 통해 획득된 의미장(意味場)을 현재의 구체적인 갈등과 충돌 또는 상응케 하여 새로운 전환을 이루어야 하는데 "나는 이 황량한 도시에서 다시 집을 꿈꾼다"는 식의 진술로 관념적으로 처리해버리고 말아 아쉬움을 준다.

「원조(元祖)를 찾아서」는 잡지 기자인 상수가 일본 백자의 원조라는 조선인 이삼평(李參平)을 취재하러 배편으로 일본에 다녀오면서 겪는 일들을 다룬 작품이다. 그는 징용자의 후손인 최노인과 술집 등으로 취업과 장사에 나선 남녀 여행객들을 배에서 만나 한일 관계의 어제와 오늘을 아프게 읽으며, 납치된 도공으로 예상한 이삼평이 자발적인 협조자에 다름아님을 알게 된다. 「그 여자의 칼」은 여직원을 상습적으로 건드리는 독신 사장이 고아원 출신의 여자에게 복수를 당하는 이야기로, 산업폐기물을 수입해온 약점 때문에 빗속에서 그 "보잘것없는 여자 앞에" 무릎을 꿇지 않으면 안된다. 전자는 한일 관계의 현실과 역사에 대한 입체적인 조망을 통해 빗나간 통념과 행태 들을 비판하고 독자들로 하여금 주인공의 인식의 진전을 따라가게 하며, 후자는 시종 긴장을 유발하는 수법으로, 적대적인 세상(가진 자)을 그의 무기(비리, 검찰 고발)로 위협해〔상징적인〕굴복을 얻어내는 약자(희생자)의 "나도 내 증오로부터 벗어나고" 싶다는 원망(願望)을 감동적으로 그린다. 또한 조카가 당한 성폭행과 월남전에서의 체험을 교차시킨 「인간의 늪」, 낙도로 전보된 교사와 흑인 미국인 남편을 둔 그의 고향 친구 기숙의 만남을 다룬 「유형의 섬」, 빨치산의 아들로 토벌대의 손에 자란 영모와 그 아내가 그의 출생 내력을 껴안게 되는 이야기인 「청학에서 세석까지」, 전철에 두고 내린 계모의 유품을 매개로 아이 못 낳는 여자의 운명의 극복을 다룬 「지하철 순환선에서」, 권력과 소유의 생성 그리고 진정한 노래(말)의 의미를 조명한 우화 「누가 용을 보았는가」 등 그의 대부분의 작품은 소재도 흥미롭거니와 지루하지 않게 읽히는 강점을 갖고 있어 이 작가의 만만치 않은 역량을 느끼게 한다.

   그러나 작품의 뼈대가 되는 얼개가 세부의 유기적인 연결과 그만의 개성적인 묘사로 뒷받침되지 못하는 탓에 담아내야 할 무거운 주제가 제대로 살아나지 못하고 범속성에 떨어지는 감이 있다. 그런 점에서, 획일성의 거부를 실감나는 이발 장면으로 표현한 「가르마를 위하여」나 인간의 원초적 폭력성과 위악적 모습을 그린 「사수(射手)」 같은 초기작이 갖고 있던 그나름의 색깔있는 탐색이 근작들에도 더 강렬히 스며 있어야 하지 않나 생각된다. 「집이 있는 유년 풍경」 「형의 방」 등 여러 작품에서, 묘사하는 부분과 비유하는 부분 외에 꼭 필요하지 않은 작가의 설명이라든가 개념적인 해설 들이 적지않이 나타난다고 보이는데 이 또한 경계할 일이다.

정태규는 스스로의 즐거운 노동으로 지은 집, "사람들이 필요한 만큼만 잡아간다면 언제나 그들을 위해 풍족한 물고기를 준비하고" 있는 파나류 호수(「누가 용을 보았는가」), 말하자면 훼손되지 않은 유토피아의 꿈을 가지고 있다. 그러나 그것은 인간의 욕망과 현실의 간섭으로 훼손된 형태로밖에 존재하지 않으며, 역사에서의 그 회복은 이루어야 할 과제가 되는 것이다. 정태규의 현실비판 의식과 긍정적 인물들의 지향은 이 자장 안에 있다고 보인다. 그러나 그의 작품들은 건강한 상식을 멀리 뛰어넘는 예술의 열도를 그다지 보여주지 못한다. 도덕 지향의 휴머니즘이나 교사의 자리가 문학의 본질은 아닐 것이다. 그만큼 생동하는 현실과의 교섭이 밀착해서 이뤄지지 못했다고 보는데, 이제 그는 주어진 관념과 고정된 자신을 근본에서 재검토함으로써 문학적 전환을 모색해야 하지 않겠는가. 이번 첫 소설집의 성과를 폄하하려는 의도에서가 아니라 그의 소설이 갈 길이 그러해야 한다고 여겨지기 때문이다.

3

윤대녕(1962년 충남 예산생)의 소설은 매력적이다. 아름다운 문체로 감각적인 분위기를 연출하며 극히 비일상적인 신비를 새겨놓는다. 그것은 현실 저편의 몽환과 공상으로의 건너뛰기를 통해서가 아니라, 주 인물(화자)의 감각과 일상에 틈입해 들어오고 그의 일탈 욕망과 결합하는, '불현듯' 찾아오는 새로운 세계로의 유혹으로써이다.

『은어낚시통신』(문학동네 1994)의 맨 앞에 실린 「은어(銀魚)」. '나'는 은어 같은 여자 은이를 만나고 있는데, '나'를 비롯해 등장하는 인물들 모두가 현실의 삶/탈출(회귀)이라는 대립항 속에 들어 있다. 법대나 상대를 가라던 아버지, 6·29선언 직전 부화뇌동하지 말라던 아버지, 결혼 전 만나던 남자를 계속 만나는 아내와의 이혼 문제 따위의 한켠에 "언젠가 힐튼호텔 크리스털볼룸에서 열린 속옷 패션쇼에 갔다가 본, 푸른 나이트웨어를 입은 여자를 닮은" 은어에 대한 신비감과 동경, 불문과를 다닌 은어 같은 여자와의 만남, 유곽 여자의 알몸에서 느끼는 아름다움 등이 놓여 있고, 아버지 또한 사글세방의 곤고한 삶과 어머니의 지병으로부터 "훌쩍 집을 나가 (…) 밤낮없이 산을 뛰어다니"고, 여동생은 남진과 나훈아를 즐겨듣는 "세무서 직원을 상대로 술을 마시는 일이 주업무인" 결혼 상대자에게 "조지 윈스턴과 파바로티" 카세트테이프를 사준다.

'은어낚시모임'으로부터 의문의 초대를 받는 데서 시작되는 「은어낚시통신」은 그로 인해 삼년 전에 만났다 헤어진 여자를 떠올리고 홍익대 근방 까페촌 지하 창고로 방문해 그들 모임을 목도하게 되는 이야기이다. 초대자는 그 모임을 이렇게 소개한다. "저마다 이유야 다르겠지만 (…) 그들은 모두가 삶으로부터 거부된 사람들이었어요. (…) 물론 그들은 겉으로는 아무 이상이 없는 사람들처럼 살아요. 하지만 역시 삶에 제대로 뿌리박지 못하는 사람들 (…) 어떻게 보면 두 겹의 삶을 살고 있는 사람들이죠. 말하자면 우린 여기서 거듭나기 연습을 해요."(73~74면) 거기 모인 무명배우, 잡지사 기자, 대학 강사, 화가, 건축가, 수련의, 언더그라운드 가수, 시인 들은 "현실적인 삶을 더 이상 용납할 수 없는" 사람들이다. 그들은 기성 현실을 지배하는 존재도, 자신의 영역에서 진정한 욕구를 펴볼 수 있는 힘을 가진 존재도 아니다. 그들의 '제의(祭儀)'에서, 삼년 전 제주도에서 광고사진을 찍다 함께 은어에 대한 대화를 나누고 유채꽃의 바다에서 돌연한 정사를 나눴던 광고모델을 하던 여자가 '나'의 "사무치게 그리워한" 기억 속에 등장한다.

    나는 원래 내가 있던 장소로 돌아온 거예요.
    스케치북 안에서 다시 그녀의 삭막한 목소리가 울려나왔다. (…) 정말 나는 지금까지 내가 있어야 할 장소가 아닌, 아주 낯선 곳에서 존재하고 있었다는 생각이 차츰 들기 시작했다. (…)
    아녜요, 더 거슬러와야 해요. 원래 당신이 있던 장소까지 와야만 해요.
    그녀가 그렇게 말하면 말할수록 나는 뼈아픈 마음이 되어갔다. (…) 그러한 와중에 나는 그녀가 나를 만나곤 하던 그때의 순간들에 나에게서 지워지지 않는 상처를 입었음을 확연히 깨달았다.
    (…) 그러나 그 먼 존재의 시원, 말하자면 내가 원래 있어야만 하는 장소로 돌아가기까지 나는 보다 많은 밤과 낮을 필요로 했다. (79~80면)

인간과 인간, 인간과 세상은 서로 결국 "지워지지 않는 상처"를 남기고 반대로 서로 사무치는 그리움을 새기는 것이지만, "아무도 죄가 없는 것 (…) 허울을 쓰고 오라에 묶여 살아온 죄밖에"는(「은어」, 25면) 없는 것이다. 이러한 존재의 구속성으로부터 탈출하려는 몸부림이 그의 작품의 일관된 주제이며, 그 일탈 행위들이 빚어내는 갖가지 무늬들이 감각적인 문체와 세밀한 묘사로 현란한 모자이크를 이루며 펼쳐진다.*

홀연히 사라진 누이 여진을 찾아 헤매나 끝내 종적을 찾지 못하고 "존재의 불가사의를 경험한 듯" "우리는 제각기 다른 세계에 속해 있는 낯익은 타인들"임을 느끼는 「불귀」, 자신의 존재(생)의 울을 벗어나 '해탈, 개벽'하는 탈출의 주제를 말발굽의 역동적인 이미지로 실어올린 「말발굽 소리를 듣는다」, 사랑과 운명의 깊은 파장과 오묘한 만남과 메울 수 없는 거리를 소양호의 비경 속에 그린 「소는 여관으로 들어온다 가끔」 같은 작품들은 일상 현실의 공간이 축소되고 일종의 가상현실이 중심 자리에 오면서 오히려 더 독특한 매력을 발휘한다.

「국화 옆에서」와 「카메라 옵스큐라」는 중국인(화교) 처녀 또는 황학동 벼룩시장의 가난하고 비참한 가정이라는 존재조건에서 벗어나고 또 회귀하는 강렬한 여성상을 음각하고 있고, 「January 9, 1993 미아리통신」은 '은어낚시모임'의 인물들을 닮은 광고사진사와 방송국 스크립터, 전

---

* 유독 윤대녕의 작품에서 거론해야 할 문제인 것은 아니지만, 세부적인 사항에 대해 두 가지 지적하자. 「은어낚시통신」에서 '나'는 '여자'가 운전하는 차를 타고 홍대 부근 까페촌으로 가는데, 세종문화회관 뒤 주차장을 출발하여 코리아나호텔 앞—서대문 길—동아일보 신사옥 앞—마포대로—공덕동로터리—서강대 방향—극동방송을 지난다. 이 경로는 나로서는 이해가 안 되는 것이, 세종문화회관 쪽에서 나오면 곧바로 우회전하여 접어들 수 있는 길을 왜 구태여 ㄹ자형의 괴상한 코스로 동아일보 신사옥 앞길을 지나는지 모르겠고, 거기서 홍대 부근에 이르는 길도 마포대로를 타지 않고 굴레방다리에서 우회전하여 이대 앞—신촌로터리—홍대 앞 코스로 가는 것이 훨씬 빠르고 자연스러운 길이다.(여기서 운전하는 '여자'가 보통 가는 가장 빠른 길을 택하지 않는 무슨 이유가 나타나 있는 것도 아니다.) 이러한 '구체적 사실성'의 문제는 작품이 실감을 확보하는 데 극히 중요한 요소인바, '객관적 사실성'에 이르지 못한 경우 그것은 기껏해야 장식적 차원에 떨어지고 만다. 또하나 말쓰기와 관련하여, 이 작가가 즐겨 쓰는 독특한 단어와 표현 들이 있는데, 가령 그는 '불현듯' '암암히' '묵연히' '무연히' '홀연히' '사무친 얼굴' 같은 표현들을 종종 사용함으로써 자신의 개성적인 작품 분위기를 조성해낸다. 하지만 '불현듯' 외에 사전에 없는 '불현' '불현간에'까지 감각적으로 쓰는 것은 나로서는 곤란하다고 보며, '암암한 표정'(32면), '홀연한 어둠'(75면), '빙의 상태'(82면), '가렴에 찌든'(90면), '혼혼한 모습'(129면), '흠향'(138면), '낭하'(211면) 등의 경우도 그 어의와 용법이 딱 맞아떨어지는 것 같지 않다. 우리 비평은 이와 같은 문제들에 관심을 갖고 고구한 예가 거의 없거니와, 작가와 비평가 모두 좀더 예민해질 필요가 있을 것이다.

업작가 셋이서 하릴없이 미아리고개 점집을 방황하며 이 시대 "'목숨' 없이도 이념 없이도 사랑과 희망이 없이도 (…) 살아가"고 있음을 쓸쓸히 확인하는 내용이다. 한편 「그를 만나는 깊은 봄날 저녁」「눈과 화살」에서는 작가의 현실비판 의식이 직접적으로 드러나기도 한다. 전자는 일회용의 "소모적인 만남"에 마모되는 소시민 직장인의 허구적 삶을 처절하리만치 파헤쳐놓았으며, 후자는 자본주의 괴물과 대결하는 '역사(力士)'의 모습을 그렸다.

윤대녕 소설의 특징 중 하나는 수많은 고유명사와 이색적인 재료들을 동원하여 십분 활용한다는 점인데, 이것들은 [자본주의] 삶의 일상성 너머의 그 무엇, 존재의 사물성의 생소한 촉감을 환기하여 작품을 일종의 여기(勵起)상태로 충전돼 있게 한다. 이와 더불어 그의 인물들의 존재로의 회귀 혹은 일탈이 빚어내는 무늬들은 작품공간에 아름다운 초현실주의 내지 신비주의 화풍의 채색화를 그려놓지만, 그것은 결국 환각의 공간이 아닌가 여겨진다. 작가 스스로 어느정도 인식하고 있듯 그것은 현실의 맞면이며, 현실과의 교섭이 이루어지는 동안만 문학이 다룰 수 있는 영역이다. 이러한 환각의 공간을 마련해주는 것 자체가 그 작품들이 갖는 중요한 의미이고, 인간 존재와 현실의 깊이를 탐구하는 중요한 길의 하나가 되기는 하지만, 그 미학주의의 이면에는 버림받은 것들이 있다고 생각된다. 그것을 다른 영역의 소도구들, 전래적인 것, 생활의 주체자로서의 의식(意識), 시대의 문학적 과제 등으로 열거 지적하는 것은 이 작가에게 별 의미가 없을지 모른다. 그의 세계를 더 천착하는 것이 그에게도 우리 문학에도 오히려 소중한 일일 테니까. 그러나, 그의 몸에 밴 잘 익은 문체와 빌려온 것 같지 않은 구체성의 획득에도 불구하고 그의 감각적인 쏠림이 일종의 관념적 도피가 아닌지, 진정한 그 자신의 내부를 아직 발견하지 못하고 샛길로 깊이 들어간 것은 아닌지 하는 의구가 없지 않다.

이상 세 권의 설레는 첫 창작집을 읽으면서 나는 상업주의와 소문의 와중 그 건너에서 문학적 정진을 지속하고 있는 작가들의 모습이 떠올라 반갑기 그지없었다. 하루아침에 이루어지지 않은 것은 그만한 자기 무게를 갖게 마련이다. 이와 같은 문학하는 자세가 우리 문학계에 깊이 스며들기를!

민중현실의 탐구와 예술정신
천승세론

1

하동(河童) 천승세(千勝世)는 1958년 『동아일보』 신춘문예에 단편 「점례와 소」가 당선되어 문단에 나온 후 30여년 동안 꾸준히 작품활동을 하고 있는 중진작가이다. 1971년 등단 13년 만에 이르지 않은 첫 소설집을 내면서 저자는 이렇게 적고 있다.

> 살기가 다소 외롭다. (…) 타고난 이 외로움을 달래기 위해 나는 소설을 쓴다. 나의 삶 속에서의 소설은 매일의 해돋이와 같다. (…) **너의 삶 속에서 소설을 빼라고 신이 원한다면, 나는 기꺼이 죽을 수밖에 없다.** (『감루연습(感淚練習)』「후기」, 文潮社. 강조는 인용자)

소설과 자신의 생명을 맞바꾸겠다는 자세, 예술과 목숨을 등가(等價)로 놓는 이 선언은 장인(匠人)적 예술가의 면모를 물씬 풍기는 그의 작품세계를 이해하는 한 단서가 된다. 진지한 작가치고 자신의 작품에 혼신의 힘을 쏟아붓지 않는 경우는 없겠지만, 하동의 빼어난 작품들에는 단순한 수련이나 공력만으로 다다를 수 없는 남다른 예술적 경지가 자리를 틀고 있다.

그의 대표작 「낙월도(落月島)」(1973)와 「신궁(神弓)」(1977)은 자매편이다. 극심한 흉어를 겪고 있는 섬 낙월도와 장선포 선창──바다에 목을 매고 있는 두 어촌을 무대로 억눌려 사는 인생들의 땀과 피와 숨결이 소용돌이친다.

여덟 척뿐인 중선에 논과 밭까지 모두 소유한 양서방과 최부자, 석보영감이 지배하는 낙월도의 60여 가호는 유례없는 흉어를 맞아 점점 더 비극 속으로 빨려들어간다. 사내들이 대부분 바다에 나가 돌아오지 못한 섬의 여자들은 생산수단을 모두 가진 최부자 등 권력자 사내들의 손아귀에서 노예나 다름없는 삶을 꾸려간다. 독자적 생산기반이 없는 그들은 최부자 등의 횡포에 그대로 휘둘릴 수밖에 없다. 흉어가 계속될수록 섬사람들에게 비극의 기운은 더욱 짙게 다가온다. 용바위 젯날에 빠져 죽은 월순이──청자도 새댁에게 아기를 빼앗기고 몰래 젖줄을 물리다가 들켜 매타작을 당하고 실성한 월순이의 운명은 바로 낙월도 처녀들 모두의 피할 수 없는 운명인 셈이다. 혹독한 흉어철에 뱃바닥은 썩어가고, 곡기 구경을 못하고 사레풀즙으로 겨우 연명하는 섬 처녀들은 목숨 붙일 곳을 찾아 최부자나 석보영감 들의 시앗으로 들어앉는 수밖에 다른 방도가 없다.

물론 이러한 처참한 운명을 낙월도의 여자들이 순순히 수긍하는 것은 아니다. 그들은 섬을 지배하는 세도가들의 횡포를 꿰뚫어보고 있으며, 지옥 같은 섬을 벗어나 새로운 삶을 도모하고자 배꾼인 사내들과 모험을 무릅쓰기도 한다. 그러나 삼출목 물살을 건너 새 삶을 찾으려던 용배와 상님이, 팔례와 덕주는 결국 성공하지 못한다. 귀덕이가 연모하고 의지하는 종천이는 섬 안에서의 새 삶을 꿈꾼다. "난 너 아부지를 생각해서라두 절대 낙월섬은 못 떠! 그여코 억척같이 일해서는 최부자구 석보구 양서방이구 다 딛구 설 텨! 그여코 배를 장만할 텨!"

그러나 종천이의 그 원망은 이루어지지 못한다. 참하고 영악한 처녀 귀덕이에게도 비극은 시시각각 다가오니, 작가는 잔인하리만큼 냉정하게 비극의 전말을 묘파하고 있다. 아버지 제삿날이 당도하여 젯상 차림을 구하러 나간 귀덕이는 널줄에 걸린 가라지 두 마리를 훔치려다 석보영감에게 봉변을 당하고, 귀덕의 어미 장성댁은 바로 남편의 젯날에 홀아비 용문이와 관계를 가진 후 말 못할 아이를 배는 것이다. 장성댁은 마침내 최부자가 보내온 곡식 세 가마니를 받아들이고, 최부자의 첩으로 들어앉게 된 귀덕이는 나루로 종천이를 찾아간다. 거역할 수 없이 옥죄어오는 완강한 현실을 마주하여 두 남녀는 몸부림친다.

한동안 송장처럼 추욱 처진 채 옴싹 않던 종천이가 느닷없이 황소숨을 씨근대며 귀덕이의 배통이를 탄다. 종천이의 요동질을 따라 종선이 못 견딜 듯 뒤뚱거렸다. (…)
"아휴! 아, 아휴! 나, 나 죽는개벼! 아휴! 아휴!"
아랫도리가 찢기는 듯 아려오자 귀덕이는 그만 훌쩍훌쩍 모질게도 흐느낀다. 그러면서도 몸뚱이째 모두 종천이의 몸속으로 빨려드는 듯 엉덩이가 꼼짝할 수 없도록 무겁다.

"아휴! 아휴, 아파! 인, 인저 나, 나 좋아하지 마아! 아휴, 지금 뭣 허남! 쥑이레니깐. 그냥 쥑이레니깐!"

종천이는, 횃불젯날 밤 삼출목을 건너면서 화급하던 그 힘겨운 노질처럼 온 몸뚱이를 떨어대고, 귀덕이는 그때 삼출목을 건너던 종선처럼 견딜 수 없도록 보챘다.

"쥑여! 그냥 쥑여! 아휴! 아휴! 쥑여 줘, 지발!"

"살려 둘려! 넌 꼭 낙월섬에다 살려 둘려!"

요동치는 종선창 뚜껑 위로 기어코 뚜욱뚜욱 빗방울이 내리친다. (「낙월도」)

이 싱싱하고 거친 젊음들은 그러나 안타까운 몸짓으로만 머물 뿐, 자신들의 운명을 갈아엎을 계기를 만들어내지 못한다. 쌀 두 가마니를 보내 딸에게 줄 비단필을 사들인 장성댁은 음독 자진하여 욕된 생을 마감하고, 첫눈을 머금은 하늘 아래 귀덕이는 최부자의 뒤를 서럽게 따라가는 것이다.

낙월도가 근대의 세례를 거의 받지 않은 토속세계로서 창조된 예술공간에 가깝다면, 「신궁」의 장선포 선창은 1960, 70년대 우리 어촌의 보편적인 현실에 훨씬 방불하다. 무속(巫俗)에 대한 녹슬지 않는 보고서라고도 할 「신궁」에서 작가의 현실비판 의식은 오히려 한층 날카로워진다. 단골무당 왕년이가 어촌의 지배자 판수를 향해 날리는 화살에는 영세 어민들의 피어린 한과 분노가 집약되어 있다.

시어미 어린년으로부터 신궁을 물려받은 왕년이는 장선포로 온 후 굿청이 줄을 이어, 십년간 쌓인 곡전으로 남편을 위해 해룡환을 사들인다. 품팔이에 마누라 양중이 노릇으로 지내오던 옥수는 제 배로 고기잡이를 나가는 기쁨도 잠시, 모진 흉어가 닥치자 선창 객주 판수에게 배를 넘길 수밖에 없게 된다. 그리고 판수의 배를 타고 바다로 나간 옥수는 난파한 배의 어창에 갇힌 참혹한 주검으로 돌아온다. 폭풍에 선체의 중심을 잡는다고 여섯 어부를 어창에 가두어 왕대못질을 친 것이었다. 그후 왕년이는 굿손을 놓고, 흉어가 오자 판수 등 장선포 사람들은 효험이 큰 왕년이의 굿을 더욱 종용한다.

「신궁」의 줄거리가 이와같이 단골무당 왕년이 일가를 중심으로 되어 있음에도, 작가는 영세 어민을 울리는 어촌 현실을 매우 날카롭게 적시해 들어간다. 흉어철에 어협과 경찰은 어민을 지원하고 보호하기는커녕 대책없는 규제를 일삼을 뿐이어서, 어민들은 지서에 돈푼이나 안겨주고 위험한 원해조업을 나가는 것이다. 꽃게잡이라도 하려는 옥수는 판수에게 어로자금을 빌리나 약자로서 맺은 약정 때문에 "죽자고 잡아봐야 중개료 떼고, 위판장 수수료 떼고, 대출금 이자 떼고" 나면 빚만 늘어갈 뿐 희망이 없다. 파산한 옥수가 판수에게 해룡환을 넘기고 나서 토하는 거친 문자는 그 암담하고 왜곡된 현실을 향한 피맺힌 항변에 다름아니다.

"개좆 터럭 같은 어협 놈덜 나와보드라고잉. 선원공제? 후생공제? 니기미 개썹이 문자여. 유고시에 원금만이라도 찾을 공제를 만들란 말여. (…) 부은 돈만큼 원금만이락도 환수허게꼬롬 법을 맹글어놓는다 치먼 객주놈헌테 배뺏길 짓은 안허게 돼 있능겨." (「신궁」)

옥수 등 여섯 명이 어창에 갇혀 죽은 사고에 대해서도 경찰과 어협은 책임을 가리고 보상에 노력하기는커녕 불운 탓으로 돌리면서 힘없는 사람들의 항의를 봉쇄해버린다. 이처럼 작가는 곤고한 민중의 생활을 억압하는 현실의 폭력성을 생생히 폭로하면서, 어촌의 뿌리깊은 수탈구조와 이를 재생산하는 제도들을 향한 맹렬한 비판의식을 드러내고 있다.

그런데, 단골무당의 굿을 둘러싸고 판수네 패와 왕년이 자신이 보이는 상이한 태도는 흥미롭다. 장마가 계속되어 고기가 들지 않고 양식장이 망해버리자 판수를 비롯한 장선포 사람들은 모두 왕년이가 굿을 해주기를 바란다. 아무리 '근대화 어촌'이 온다 해도 고기가 들고 어촌이 살려면 영험있는 당골레 굿이 있어야 한다는 것이다. 이에 비하여 오히려 굿의 효험을 내세워야 할 왕년이는, 돌풍이 분 것이 옥수가 왕년이의 굿을 막아서라는 판수의 말에 남편의 죽음은 어창을 막은 대못질 때문이라고 반박하는 데서 나타나듯 오히려 합리적이고 현실주의적인 시각을 갖고 있다. 한편 판수의 아들 귀백이 등 새마을운동 청년회는 '미신 타파'를 주장하며 쪼깐년의 굿판을 깨뜨리는데, 이는 실은 왕년이의 굿을 보기 위한 당착적인 행위이다. 여기서 뚜렷이 드러나는 것은 새마을운동 등 70년대에 농어촌에 불어닥친 '근대화' 바람은 가진 자들의 위세를 강화하는 수단이 되었을 뿐 진정한 근대의 정신을 불어넣은 것도 민중생활의 근본적 개선을 가져온 것도 아니었다는 사실이다.

흔히 지배체제에 봉사하며 거기에 기생하는 존재이던 무당의 형상은 왕년이에게서는 전혀 다르게 나타난다. 그는 선창의 지배자 판수 등의 굿청을 완강히 물리침으로써, 무속의 신비를 무기로 지배체제와 영합해서 일신의 안위를 도모하기를 거부한다. 작품의 클라이맥스에서 왕년이가 고사굿에 나서고 살맥이굿을 자청하는 것은 씻을 수 없는 남편의 원한을 갚음과 동시에 팽팽하게 작동하는 지배구조에 일타를 날리기 위해서이다.

쪼깐년이가 북채를 쥔 손을 내저으며 숭어 튀듯 일어섰을 때 칼끝 같은 소리를 내며 화살이 날아갔다. (…)

바가지를 쏘고 굿청에 떨어졌어야 할 화살은 바가지 깊숙이 꽂혀 끝대를 떨었고 판수는 바가지를 쓴 채 비식 옆으로 누웠다. 바가지 위로 꽃뱀 기듯 핏줄이 흘렀다. (「신궁」)

어민의 생존을 옥죄는 겹겹의 수탈구조의 정점 판수, 그를 향해 신궁을 떠나 날아간 화살은 천근의 무게로 박힌다.

이 신궁을 날리는 행위, 허공 뚫고 날아가 꽂히는 화살은 개인적 원념(怨念)의 발로가 아니라 장선포의 어민들, 그 억눌려 살아온 민중의 한과 원망(願望)과 분노를 총집약한 고도의 상징이다. 이는 어민 개개의 삶을 넘어서서 이땅 전체 민중의 처지에 대한 인식을 실은 상징이며, 나아가 진정한 민중예술의 길이 어떤 것인지 선포하는 장엄한 상징이 된다.

2

천승세 문학의 개성은 「낙월도」「불」「화당리 숯례」「종돈(種豚)」 등 이른바 토속세계를 다룬 작품들에서 가장 뚜렷이 드러난다. 등단작 이후 지속적으로 탐구되고 있는 이 '토속세계'는 이른바 근대화, 산업화의 세례를 거의 받지 않은 전통적 세계를 그 중심에 두고 있다. 이 '구체제'에 대한 탐구는 비극을 다룰 때 더한층 강렬한 표현을 획득함으로써 독자에게 잊히지 않는 인상을 남겨놓는데, 가령 「화당리 숯례」「불」「운주 동자상」과 같은 단편들에서 작가는 거기 내포된 비극을 거의 탐닉하듯이 정면으로 묘파해 들어간다. 독자는 그 문학적 성취의 높낮이를 보기 이전에 벌써 끔찍할 정도의 추체험으로 작품과 맞부딪히게 되는 것이다.

첫날밤 숫처녀의 증거인 피를 흘리지 않았다고 쫓겨와 실성한 딸년 은순이, 약조한 볏가마니는 받지 못하고 빚만 늘어 석조영감에게 보리밭을 빼앗기게 된 용배, 굶주림에 못이겨 사내아이들의 칡뿌리를 훔치다 뼛골이 드러나도록 낫으로 찍혀 죽는 단님이——이 가차없이 전개되는「불」의 세계로부터 주인공 용배는 새털만큼도 비껴나볼 수 없다. 왜냐하면 그 자신이 바로 완벽하게 그 세계 자체이기 때문이다. 종의 신분으로 주인 최영감의 아들 도선이를 연모하는 꼽추 솟례의 운명극「화당리 솟례」역시 처참한 비극의 상황을 탐닉하듯 정면으로 그려간 작품이다. 자신의 배다른 아우에 다름아닌 도선이를 위해 손가락까지 끊는 솟례의 막무가내인 갈망, 주막 여자에게 자신을 잉태시킨 생부 최영감의 사주로 칠산 바다에 던져질 목숨인 줄도 모르고 뱃사람을 따라가는 솟례의 닫힌 의식은 움직일 수 없이 완성된 어떤 세계의 일부이며 그 세계 자체인 것이다. 이렇게 완강한 토속적 비극세계를 그리고 있는 작품들에선 자연주의적 묘사정신과 탐미주의 취향도 얼마간 드러남을 볼 수 있다. 그러나 비극적 정조라는 점은 같다 할지라도「낙월도」나「신궁」같은 작품에 오면 다수 민중들의 생활적 활력이 싱싱하게 포착되면서 그 세계는 좀더 현실적이고 인간적인 면모를 띠고 그만큼 운명극의 요소는 약화되게 된다.

「낙월도」「신궁」및 희곡「만선(滿船)」등에 그려진 어촌,「종돈」「달무리」「배밭굴 청무우밭」및 희곡「물꼬」등에 그려진 농촌은 바로 토속세계의 현장으로서 거기엔 갖가지 민간의 풍속들이 구성요소로 등장한다. 특히 우리 소설에 흔치 않은 무속의 풍부한 묘사는 천승세 소설만의 장기(長技)라 할 만한데, 그의 토속 취향은 토속 자체에 대한 문학적 탐구라기보다 그 속에서의 인간극을 그려내기 위한 작품적 환경으로 선택된 것이다.

이 토속세계는 당대 현실을 좀더 직접적으로 다룬 작품들에 와서는 잃어버린 고향의 기억으로 등장하는바, 당대 현실을 사는 여러 소외된 인생들에 대한 관심사 또한 천승세 소설이 지속적으로 추구해온 주제이다. 초기작인 「견족(犬族)」(1959)에 이미 고향을 떠나 서울에서 변두리 인생으로 전락한 두 청년의 이야기가 쓸쓸하면서도 해학적인 정조로 전개되는데, 뒷골목의 개를 도둑질해다가 개장국집에 넘겨주고 숙식을 해결하는 이들의 비루한 삶의 삽화들은 전후 사회의 한 단면을 여실히 보고하고 있다.(뒷날의 화제작 「황구의 비명」(1974)에서 묘미를 얻는 개와 인생의 유비(類比)라는 모티프는, 한사코 개에 비유되는 걸 거부하는 두 청년의 삶이 실상 그들에게 유인되는 개들의 존재에 늘상 비추어지고 있다고 할 이 작품에서부터 일찍이 제시되고 있었다.) 「산 57통 3반장」「만월」「인천 비 서울 비」「혜자의 눈꽃」「천사의 발」「이공(耳公)」 등 70, 80년대의 많은 작품들은 도시 서민층 내지 소시민층의 생활을 조명하면서 그들의 삶의 애환과 소박한 열망들, 그리고 척박한 현실을 헤쳐가는 나름의 건강함을 활달하게 그려 보여주는데, 토속세계의 탐구가 그의 작품세계의 원형질을 이룬다면 이와같은 도시 변두리 소외된 인생들에 대한 애정어린 관심은 그의 작가의식이 당대 현실과 치열하게 맞부딪치는 지점에서 생성되는 것이라 하겠다.

1970년대 세태를 밑그림으로 하고 있는 「황구의 비명」은 소시민의 연민어린 시선으로 양색시의 삶의 단면을 눈물겹게 묘사하면서 이땅에 드리운 외세의 그림자와 70년대 경제성장의 허상을 고발한 빼어난 단편이다. 빌려준 돈을 받기 위해 용주골로 양색시 은주를 찾아간 '나'는 여인숙 방 앞에 놓인 어마어마하게 큰 워커와 한뼘이나 될까말까한 작은 고무신의 잔인한 대비 등을 마주치면서 은주를 기어코 고향으로 돌려보내 겠다는 결심을 다지게 된다. 어딜 가나 마찬가지라고 거부하는 은주에게 고향의 '근사한 평화' 속으로 돌아가기 위해 용주골을 떠날 것을 설득한다. 그리고 거대한 체구의 수캐와 왜소한 황구가 벌이는 비극적인 교미 장면을 목도하면서 듣게 되는 황구의 비명—

> 나는 바보처럼 가쁘게 내뱉었다.
> "은주! 황구는 황구끼리…… 황구는 황구끼리 말야……"
> "가겠어요! 당장이라도 떠나겠어요."
> 은주는 온몸을 떨고 있었다.
> 은주의 젖은 등어리로부터 보리멸 익는 듯한 비린 체취가 풍겨왔다. (…)
> "봐요…… 그것 봐요…… 향수가 빗물에 씻겨버리고 나니깐 고향 냄새가 나잖아. 보리밭 냄새가 말야……" (「황구의 비명」)

이 처절한 현실을 떠나 갈 수 있는 곳, 기어코 돌아가야 할 보리밭 냄새 나는 '고향'은 어디인가. 그곳은 다름아닌 그들이 떠나온 곳, 그들이 기어코 버리고 온 곳이다. 손녀를 찾는다고 쓰인 천띠를 두른 노파의 삽화 역시 실상은 그 고향이 '기억'으로서는 아름다운 땅이나 '현실'로서는 은주나 노파의 손녀를 축출한 땅에 다름아님을 역설적으로 보여준다. 그들은 가난과 절망을 벗어나기 위해 혹은 도시의 유혹과 새 삶의 꿈에 이끌려 고향을 떠나지만 기껏 갈보가 되거나 잘해야 도시 서민의 곽곽한 삶의 길에 접어드는 것이다. 그러나 잃어버린 고향, 구체적인 유토피아의 기억이 없다면 현실은 움직일 수 없는 것으로 닥쳐오고, 그들의 삶에 드리운 장막은 결코 벗어던져지지 않는다.

이 '잃어버린 고향'은 실은 그 뿌리가, 그의 여러 작품에서 비극의 원천으로 인식되는 토속세계에 닿아 있는 것인데, 거기서 초래되는 구체제적 삶의 질곡들은 가령 「불」이나 「낙월도」 등에서 처절하리만큼 절절하게 표출되고 있다. 해학적 희극이라 할 「종돈」의 경우는 씨도야지를 매개로 공규(空閨)의 갈증에 시달리는 과부 며느리를 홀아비와 결합시키는 내용이 밝은 결말로 이끌어지고 있으나, 여기 그려지는 세계는 그 단면성(單面性)으로 인하여 그로부터 '고향'의 이미지를 구할 수 없게 된다. 그렇다면 당대 현실의 첨예한 비판에서 떠오른 '고향'의 모습은 그 원형에서 엄청난 삶의 질곡을 내포한 일종의 악의 세계에 다름아닌 바, 이러한 모순은 현실을 비추어보는 기준을 현실과 일정하게 거리를 둔 대상에서 구해올 때 당연히 발생하게 되는 불가피한 모순이라 할 수 있다.

이렇게 볼 때, 도시의 아파트단지를 무대로 한 「청산(靑山)」에 나오는 '춘당도인'의 존재는 특이하다. 토속(전통)세계를 다룬 작품들에서 전혀 등장하지 않던, 말마다 인륜법도를 내세우는 완고한 인간상이 산업화와 함께 형성된 아파트단지의 세태에 대비되어 부각되는 것이다. 작가가 깊은 애착과 긍정을 실어 설정한 인물임이 분명한 춘당도인은 서울을 '분지(똥밭)'라고 몰아붙이며 아파트단지의 인간들을 모조리 속물로 치부하는데, 죽어도 서울에서 죽겠다던 그는 결국 엿새 만에 낙향해 버린다. 전통적 유교 윤리를 고수하는 이와 같은 성격과 현실 간의 거리는 극과 극으로 벌어져 있어 우선 일상의 언어 사용 하나하나에서부터 심각히 충돌하는데, 이처럼 간극이 크면 클수록 그 한쪽편은 희화화되거나 신비화되어버린다. 「의봉 외숙」은 일제 때부터 자기 고집과 의기로 살아온 인간상을 부조하고 있다. 춘당도인과 비교할 때 현실과의 교섭이 더 깊이 이뤄지고 있는 존재로 드러나는 의봉 외숙 역시 서울땅에 발을 딛자 어느 정도 회화를 연출하게 마련이지만, 짧은 단편임에도 당대의 농촌과 도시, 그리고 식민지 시대로까지 시야를 넓혀 비판의식을 드러내고 있고 그것을 비추는 거울인 의봉 외숙의 면모 자체도 적절한 비판의 시각으로 그려가고 있음은 이 작품의 탁월한 면이라 하겠다. 이와같이 현대를 비판하는 자리에서는 대비적 존재로서 구세계의 긍정적 인물이 발굴되고 있음은, 그의 토속세계에 대한 인식과 간극을 보이는 것이라 하겠다.

한편, 도시 서민층 내지 소시민의 생활과 애환을 고향(실향)의식이나 춘당도인과 같은 매개물 없이 그 자체로 다루어간 작품들에서는 때때로 과장과 요설이 우세하여, 다소 우스꽝스러운 어법이나 상황 들이 건강하고 상큼한 해학의 수준에 도달하지 못한 경우도 없지 않다. 「천사의 발」이나 「인천 비 서울 비」 같은 작품은 말하자면 보통인생들의 '사랑 만들기'를 모티프로 한 작품인데, 눈물겨운 삶의 내음이 묻어 있으면서도 인물들의 직설(直說)과 행위의 작위가 독자를 부담스럽게 한다. 이에 비할 때, 「만월」은 도식적 구도이긴 하지만 각각 남쪽과 북쪽에 고향을 둔 실향민 월산댁과 우영감이 명분없는 다툼 끝에 결합하는 모습을 통해 남북의 분단현실과 화해의 문제를 떠올리게 하는 가작(佳作)이다.

3

50년대말 약관의 나이로 등단한 천승세는 이후 줄곧 현역작가의 위치를 고수하면서 30년 이상 꾸준히 작품생산을 지속하는 저력을 보여왔다. 그의 전반기의 작품들에는 1920, 30년대 나도향·김유정 등과 빈궁문학의 전통을 잇는 토속적 생활현실의 세계가 주요 주제로 다루어지는데,

자연주의적 묘사의 핍진성에 치중하면서 장인적 집중력을 발휘하던 작가는 70년대 들어 당대적 현실에 대한 인식을 더욱 투철하게 가지면서 「낙월도」「신궁」「불」「황구의 비명」「의봉 외숙」과 같은 뛰어난 작품들을 다수 발표한다.

　전통적 토속세계와 그 세계를 구성하는 삶의 본질을 추적해가는 예술공간을 견고하게 구축하고 있는 천승세는 그 토속세계를 구성하는 어촌과 농촌의 삶의 여러 양태를 지속적으로 탐구하는데, 산업화와 도시화의 근대적 변모 속에서 이농(離農)·이향(離鄕)하여 도시의 주변적 인생으로 편입된 사람들의 애환을 조명하는 작업도 그의 변함없는 문학적 관심사가 되어왔다. 전자에서 작가의 예술정신과 장인적 태도는 종종 작품의 내용과 어울려 고도의 형식으로 비약되는 경지를 보여주는 데 비해, 후자의 작품들에서는 작가의 연민의식과 자의식이 완전히 걸러지지 않은 채 작품 이면에 남아 있는 현상을 보이기도 한다.

　중편 「낙월도」와 「신궁」, 희곡 「만선」은 어촌문학의 한 정점으로 우리 문학사에 길이 남을 기념비적 작품으로 평가되며, 또한 「황구의 비명」「불」「의봉 외숙」 등 여러 작품이 탄탄한 작법과 날카로운 현실인식을 겸비한 빼어난 문학적 성취에 도달해 있다. 특히 이와 같은 대표작들은 민중의 삶을 사실적으로 그려가면서 민족사의 총체적 진실에 육박해 있는 진경을 보여준다.

　그의 여러 작품들은 토속어, 민속어의 보고(寶庫)이고 특히 몇몇 작품에서의 무속의 생생한 재현은 중요한 민속자료로서의 가치도 높아 보인다. 그가 그리는 인물들은 소심하고 머뭇거리는 성격이 아니라 거개가 직정적이고 활달한 성격의 소유자인바, 이는 거침없이 진행하는 정직한 묘사기법과 더불어 작품에 활력이 넘치게 하는 요소가 된다. 그가 다소

악동스럽게, 수선스럽게 그려가는 그 민중인물들을 자세히 들여다보면 뜻밖에도 작가의 섬세하고 예민한 감수성이 녹아들어 있음을 발견하게 되며, 그들을 향한 작가의 애정이 짙게 삼투되어 있음을 알게 된다. 그의 작품은 또한, 특별히 의식된 것은 아니더라도, 역사 속에서 내내 모순의 담지자이며 가장 커다란 피해자로 존재하는 여성의 삶을 조명하는 데에 큰 비중을 두고 있는 특징을 보여준다.

천승세의 작가적 역량이 토속세계를 다룰 때 한층 광채를 발하고, 드높은 예술적 성취에 육박해가는 면모 역시 토속세계와 관련해서 더욱 뚜렷하다고 한다면, 이것 자체를 그의 작가적 개성이라고 말할 수 있을 것이다. 그의 활달한 언어구사와 망설임없이 파고들어가는 직선적인 묘사법 또한 토속세계의 현실과 만날 때 한층 자연스러워지고 생기를 뿜어낸다. 그러나 이러한 작가적 체취는 특히 당대 현실에 집중하는 작품의 경우에서 항상 적절한 균형을 획득하는 데 긍정적으로 작용하고 있는 것은 아니다.

토속세계의 비극이 근대화의 외부적 충격에 의해 새로운 모순구조로 확대되는 양상을 민중의 집단적 동향과 관련시켜 조명하는 작업으로 좀더 나아가지 못한 점, 현대 일상세계의 자잘한 세목을 날카로운 비판의식으로 포착해 다뤄가면서도 그것을 전체 사회 변혁의 전망과 연관시켜 사고하는 경우를 찾아보기 힘든 점 등은 아쉬움을 자아낸다. 당대 현실을 핍진하게 그려간 그의 작품들이 한층 비중있고 밀도높은 문학적 성과에 도달하지 못한 것은 토속세계와 근대세계, 그리고 형성되지 않은 제3의 세계에 대한 의식이 서로 긴밀한 교섭을 이뤄내지 못했기 때문으로 여겨진다. 달리 말해, 오늘의 세계에서 움트는 변혁의 동력을 찾아내는 작업이 미흡하다고 생각되는 것이다.

「낙월도」의 민중들이 개별적인 자각에도 불구하고 파편화한 개인을 벗어나지 못하는 것, 「신궁」의 왕년이의 의식이 그의 존재로서는 최대의 행동을 일으키지만 결국 상징행위의 차원이라는 것, 이러한 한계는 물론 작품 자체로서의 한계라 할 수는 없지만 다른 작품들에서 새로운 문제의식으로 깊어지는 진전을 기대케 하는데, 그와같은 기대를 충족시켜주는 작품을 발견하기가 어렵다. 당대에 대한 천착이 '실향의식'이나 과거세계의 도덕적 인간상 등을 매개로 하는 한편으로 한결 강력한 유토피아의식, 즉 모순의 내부에서 움트는 변화의 동력을 포착하는 강력한 이상주의의 밑받침을 받을 때 새로운 경지로 나아갈 수 있지 않을까.

자신의 삶에서 소설을 제외하라고 한다면 기꺼이 죽으리라는 치열한 작가정신, 장인으로서의 예술가의 경지를 지켜가는 긴장된 문학의식은 내내 소설가 천승세의 작가적 생애를 받쳐온 기둥이다. 그러나 고답적인 예술지상주의나 폐쇄된 문학주의는 그의 길이 아니고, 전통세계와 근대세계를 예리한 현실주의의 시각으로 해부하면서 이땅의 민중의 삶에 대한 관심과 애정을 지속적으로 표출해온 것이 그의 문학의 지향이었다. 그가 지금껏 혼신의 힘으로 이룩해놓은 독자적인 문학적 성과들──시간의 마모를 견디는 그 예술혼의 열매들은 시대에서 시대로 변치 않는 감동을 전할 것이다.

진정성의 세계

방현석론

1. 머리말

　방현석의 소설은 얕으나마 소설창작 체험이 있는 필자에게는 기묘한 느낌을 준다. 그것은 이율배반의 감정이다. 소설작법적인 차원에서 뜯어본다면 그의 소설들은 그리 공들이지 않고, 아니 남다른 문재(文才)나 천재성 없이 얽어낼 수 있는 뼈대와 근육과 살 들로 이뤄져 있는 듯하다. 그래서, 만약 모방하려 든다면 비슷한 '근사한 소설'을 쉽사리 여러 편 써낼 수 있을 것 같은 기분이 든다. 그러나 어디 그러한가! 실제로 그의 작품들은 그가 아니면 도저히 일궈낼 수 없는 소설적 감동으로 가득 차 있다. 여기에 어떤 '신(神)의 손'이 작용하고 있다고 말한다면 그 순간 그의 소설들은 초월적 예술의 세계로 증발해버리고 말 것이다. 필자는 이러한 '신비'가 고도의 논리적 곡예를 거쳐 밝혀지리라고 생각하는 것은 아니며, 도리어 평범한 삶의 진실 속에서 드러날 것이라 예견하고 있다. 그러나 이러한 평범한 진리의 드러남은 어느 작가든 손쉽게 도달할 수 있는 그러한 차원이 아닌 동시에, 희귀하면서도 소중한 이 시대의 문학적 성취를 산출해냄으로써 남다른 의미를 획득하고 있는 것이다.

방현석은 1988년초 단편 「내딛는 첫발은」으로 등장하여 91년말까지 매년 한 편 정도씩 네 편의 중편을 발표하였다. 본격적인 노동문학 작가로서의 희소가치가 다소 작용했다고 하더라도 성격이 다른 여러 지면에 전작품이 재수록되고[1] 평단의 주목을 받아온 사실은 그의 작품이 일정한 문학적 성취에 달해 있음을 웅변해준다. 그것이 특정한 문학적 입장에 따른 호오(好惡)의 차원을 넘어 그야말로 진정한 **문학적** 성취에 값하는 것임은 「새벽 출정」을 두고 내린 "노동현장에서만 얻을 수 있는 생생한 현장감과 짜임새있는 소설구성이 돋보이는 좋은 작품",[2] "재미도 있는데다 '임투'를 벌이고 있는 여성노동자들의 농성현장이 생생했다. 그러면서도 경직되지 않은, 문학적으로 잘 승화된 작품"[3]이라는 평가에서도 재확인할 수 있다.

그러나 이와 같은 객관적 정황과 필자의 주관적 느낌만으로 그 성과를 재단하고 말 일은 아니다. 김영현·김하기·정화진 등과 함께 탄탄한 작품세계를 보여준, 90년대의 활동이 더욱 촉망되는 신예로서 방현석의 소설들은 현장감있는 노동현실의 묘사, 인물의 도식성 탈피, 비장한 감응

---

1) 반년간지『오늘의 소설』(현암사)에 다섯 편 모두, 『올해의 소설』(실천문학사)에 「내일을 여는 집」이 재수록되었으며, 「내딛는 첫발은」「새벽 출정」등이 푸른나무, 녹두, 청사 출판사에서 낸 소설선집 등 여기저기에 실렸다.
2) 제1회 김유정문학상 심사평, 『동서문학』 1990년 1월호, 43면. 김주연의 평.
3) 같은 책, 45면. 최일남의 평. 심사위원들은 「새벽 출정」의 작가가 너무 신인이어서 수상하지 못했음을 밝히고 있다.

력과 특유의 건강한 낙관주의로 노동문학의 새로운 진전을 기대케 하였고, 그런만큼 응분의 비평적 조명을 받아오기도 하였다. 그러나 작품이 새로 발표될 때마다 부가되어온 평가들은 어차피 파편성을 면치 못한 점이 있으므로 이제 좀더 본격적이고 총체적인 검토가 필요하게 되었다. 또한 80년대 이래 등장한 여러 문학적 경향 내지 노력들 가운데 노동자 수기, 생활글을 비롯한 다양한 비전문적 글쓰기 양태들을 저류에 두면서 대두한 노동문학——'노동'의 프리미엄으로 행세하는 설익은 문학이 아니라 굳이 '노동'이라는 관사를 붙일 필요가 없는 수준에서의——특히 노동소설의 발전을 지금 시점에서 되돌아보는 일은, '위기'와 '조정'을 외워대는 우리 문학의 내실을 다시 점검해보는 의미를 띠기도 한다.

  방현석의 소설을 살핌에 있어 필자는 무엇보다도 '꼼꼼히' 그리고 '곰곰히' 읽는 데 치중하고자 한다. 그리하여 일견 고도의 문학적 단련이 발견되지 않는 그의 작품이 일으키는 크나큰 감동의 원천은 무엇인지, 그의 가능성이 뻗어나가는 곳과 그의 성취가 동반하고 있는 위험·모순은 어떤 것인지 때로는 미시적으로 때로는 다소간 시야를 넓혀 따져가면서 밝혀보고자 한다. 그와 함께, 동구 사회주의의 전면적 붕괴 등 한결 달라진 정세, 그에 따라 훨씬 곤혹스러워진 문학적 정황 속에서 그의 작업이 지속적으로 적극적 의미를 행사할 수 있을지도 가능하면 짚어보기로 한다. 그럼으로써 우리가 흔히 접하는 상투적 비평들, 성과는 무엇인데 어느어느 지점에 이르지 못한 것은 한계라는 식의 '공식적 비평', 작품의 이해와 감상을 위주로 하나 작품을 제외하고 읽어도 무리없이 '즐길' 수 있는 '수사학적 비평', 역시 작품을 괄호치고 그 주장하는 바만 살펴도 좋은 '정치정론 비평'들을 필자는 나름대로 피해가기 위해 노력하겠다.

2. 노동자의 인간화

2.1. 방현석의 소설은 모두 정직한 묘사와 정석적인 구성으로 구축돼 있다. "빼어난 자연주의적 성과"[4]로 일컬어진 「새벽 출정」뿐 아니라 그의 전 작품은 사건과 행위의 실감있는 전달을 목표로 한 지칠 줄 모르는 묘사로 가득차 있다.

다소 허술하지만 그의 작품의 원형질이 대부분 담겨 있는 첫 작품 「내딛는 첫발은」은 이 작가의 작법적 특징을 거칠면서도 선명하게 드러낸다.

① 강범은 노래를 부르고 있다. (…) 입과는 별개로 강범의 손은 민첩하게 제품을 뽑아 냉각수에 담근다. 이어서 형폐 단추를 누른다. 고속에 맞춰진 금형이 둔탁한 마찰음을 내며 닫힌다. 성형이 되는 동안 냉각수에서 제품을 꺼내 상자에 담는다. 다시 금형이 열리기까지는 3초가 남았다. 강범은 스패너를 두 번 두드리며 자신의 노래에 박자를 넣는다. 신경질적이다. 스패너를 놓는 순간 금형이 열린다. (5면)[5]

② "왜 비맞은 중놈처럼 혼자 중얼거리고 있어. 할말 있으면 대놓고 해."
용호가 쏘아붙였다. 이주임은 용호와 동갑이다. 둘은 **지난여름** 전까지만

---

4) 백낙청, 「지혜의 시대를 위하여」, 『창작과비평』 1990년 봄호, 95면. 같은 글에서 "부분적인 현실일지라도 노동투쟁처럼 당대의 핵심문제를 이루고 또 일반독자의 의식에서 은폐된 현실을 자연주의적(또는 사실주의적)으로 정확히 그려냈을 때 리얼리즘과 자연주의를 구별하기란 그리 간단치가 않다"(92면)고 말하고 있는 대목 역시 주목할 필요가 있다.
5) 인용 면수는 『내일을 여는 집』(창작과비평사 1991)에 따른다.

해도 꽤 가까운 사이였다.

"고참이 돼가지고서는. 언제까지 애들하고 어울려서 그럴 거야."

"미안하다, 미안해. 고참 체면을 까뭉개서. 높은 데 있을 때 잘 좀 봐줘라."

용호는 빈정대면서도 이주임의 표정을 놓치지 않고 살폈다. **오늘 일**이 새어나가지 않았나 조바심이 되었던 것이다.

어제 저녁 용호가 강범과 함께 시장통 외상집에 들어섰을 때 이미 먼저 와 있던 축들은 잔을 채우고 있었다. (7면, 강조는 인용자)

①은 작품 서두로 세밀한 묘사를 통해 현장적 실감을 얻어내고 있다. 비유와 해설을 배제하고 구체적 사실을 손에 잡힐 듯 환기하는 정밀묘사를 통해 독자를 사건 속으로 이끌어들이면서, 각각의 요소들의 유기적 결합으로 나아가는 것이다.

②는 작의가 훨씬 적나라하게 드러나는 대목이다. 우선 대화가 제시되고 이어서 장면설명, 거기에 부연설명이 잇따른다. 이런 방식이 되풀이되면서 주요 사건들이 진행, 전환, 회고되고 그때의 서술원리는 인과와 연상작용이다. '이주임'과 '용호'는 '지난여름'의 일로 갈등관계가 되었고, 용호는 '오늘 일'이 새어나갈까봐 조바심한다. '오늘 일'은 '어제 저녁' 모임과 관계가 있다. 그리하여 '어제 저녁' 모임을 서술해감으로써 노동조합 결성 때 한 연극 얘기가 따라나오고, 노조 파괴공작에 벼랑으로 몰린 조합의 현재 위상과 조직부장의 해고를 계기삼아 부위원장 용호를 중심으로 "다시 한판 하"(15면)고자 하는 강범, 정형 등 조합원들의 움직임이 점점 전면에 드러난다.

이 작품은 이와 같은 현장 노동자들의 움직임에 대한 사실적 묘사를 통해 용호와 강범, 정형 등이 중심축이 되어 조합간부들의 구속과 해고가 잇따르고 조합원 탈퇴서가 무더기로 쌓이는 노조와해의 절박한 상황에서 싸움을 준비해가는 과정을 제시하고, 뒷부분에는 구사대의 무자비한 폭력에 촉발된 여성노동자들의 참여 모습과 이탈했던 정식이 현장 노동자들과 한덩어리가 되어 싸움에 가세하는 장면을 박진감있게 배치하고 있다. 부위원장인 용호 또한 경찰 대공과에서 귀뺨을 얻어맞으며 비굴하게 조사를 받고 나온 뒤 "조용히 살자"고 패배의식에 젖어 있었던만큼 「내딛는 첫발은」이 보여주는 주제의식은 탄압과 좌절을 뚫고 일어서는 노동자들의 '의연한 자기극복'의 과정으로 나타난다. "언제까지 이렇게 개처럼 살 거야, 언제까지"(32면) 하는 정식의 외침은 바로 자기자신, 실천으로 나아가지 못하는 동료 노동자들을 향한 것이며, "끝없는 가난과 절망을 강요하는"(29면) 세력과 싸우기 위해서는 먼저 자기자신과의 싸움에서 이겨야 함을 말하고 있다.

「내딛는 첫발은」이 구사대 폭력과 노동자의 자각을 그린 그무렵 일반적인 노동소설의 범주를 벗어나지 못했다면 「새벽 출정」과 「내일을 여는 집」은 각기 한걸음씩 진전을 보여주었다. 풍부한 디테일과 함께 「새벽 출정」은 노동자들의 이른바 '내부 갈등'을, 「내일을 여는 집」은 노동자 가정의 '여성문제'를 새롭게 조명하면서 각기 소재주의를 뛰어넘는 성취에 도달하였다.

회사의 위장폐업에 맞서 150일이 넘는 장기 농성투쟁을 벌이고 있는 세광물산 노조 여성조합원들의 간고한 역정 자체가 바로 「새벽 출정」의 주제이다. 농성 100일을 넘기면서 "이 길고 힘든 싸움에서 가장 열심히 싸웠던 사람들"(35면)인 윤희와 순옥마저 떠나고자 하는 상황, 증기취사기 고장으로 조합원들 사이에 벌어진 식당에서의 다툼, 바닥나버린 농성

자금 등 '총체적 난국'의 진행과 더불어서, 민영·미정을 비롯한 세광 노동자들이 미몽에서 깨어나 노조를 결성하는 데 결정적 계기를 만들어준 철순의 역할과 비극적 죽음, 그리고 선흥정밀 노조의 적극적 지원과 연대투쟁 등 세 갈래 이야기가 과거와 현재를 넘나들며 교직된다.

「새벽 출정」이 유달리 비장한 감응력을 갖는 것은 장기 농성투쟁과 철순의 죽음이라는 이야기의 핵심이 다분히 실록적인 요소를 포함하는 점에 기인하기도 하지만, 공장 굴뚝에 '노동자의 서러움 투쟁으로 끝장내자'는 현수막을 걸다 추락사한 철순의 죽음이 상징적으로 보여주듯이─그것이 우연한 사고인만큼 더욱더─인간다운 삶을 찾기 위해 나선 노동자계급에겐 엄청난 자기희생이 요구됨을 절절하게 드러내주었기 때문이다. "8년 다녀서 일당 4,210원", 잔업 특근 거부의 대가로 돌아온 사직서 요구, 무법천지로 휘둘러지는 구사대 폭력, 반노조 조직의 임금인하 요구, 노사 합의를 손바닥 뒤집듯 뒤집은 폐업선언, 이 모든 억압과 굴종을 벗어던져야 하는 당위와 그에 따르는 필연적인 자기희생의 과정은 곧 비장함의 원천이 된다.

「새벽 출정」이 위장폐업 철폐투쟁을 벌이는 여성노동자들간의 내부갈등을 드러내는 데서 섬세한 면모를 보여주었다면, 「내일을 여는 집」은 해고노동자 성만의 하루 일상과 가족 이야기를 차근히 들여다보고 있는 데서 작가의 넓어진 시각을 엿보게 한다. 어용노조 불신임을 앞두고 전격 징계 해고된 성만이 끝내 복직이 안될 뿐 아니라 다른 공장 취직마저 불가능해진 상황에서 아내 진숙은 봉제공장에 재취업한다. 이 작품의 구성이 안정감을 얻고 있는 것은, 성만이 맡긴 아이를 데리러 유아원('내일을 위한 집') 골목으로 접어드는 첫 장면과 마지막 집에서의 복직축하 회식 장면 사이에 그날 하루 동안의 일은 물론 성만의 공장생활, 해고 후의 갈등 등을 엮어넣는 방식을 택하고 있기 때문이다.

서술의 초점을 단일 사업장보다는 한 젊은 노동자 가정 내지 노동자 부부에 둠으로써 노동소설의 폭을 확장한 「내일을 여는 집」은 구체적 생활의 묘사가 상대적으로 풍부하고 여성문제에 대한 접근 역시 주관적 관념이나 주의주장을 앞세우지 않고 작중인물들이 실제 부딪히는 갈등을 계기로 이루어짐으로써 의도와 성취 간의 거리를 최소한으로 좁히고 있다.[6] "남편의 일방적인 지배자적 자세"를 적당히 넘어가지 않고 "언제고 비타협적으로 따지고 지나"가는(113면) 모습을 충분히 보여준 것은 아니지만, 복직 싸움에 앞장서는 적극적인 여성으로의 변모와 가정에서의 평등한 부부(남녀)관계를 위해 노력하고 스스로 변화해가는 남편과 아내의 모습을 생생하게 그려내었다.

연말 보너스를 거절하고 따낸 성만의 복직 소식에 기쁨을 함께 나누는 회식 장면이 생동감을 획득하면서 마지막 진숙과 아이의 문답("노동자가 뭐하는 사람이지?" "역사의 주인.", 143면) 역시 단순한 말놀이를 넘어서는 울림을 획득하게 되는 것은, A급선반공인 성만과 A급미싱사 진숙이 거쳐온 쓰라린 역정이 사실주의적 묘사와 점층적 구성으로 박진감있게 표출되어옴으로써 예비되었던 것이며, 그들이 삶과 현실을 받아들이는 자세의 진지함은 여기에 진정성과 무게를 실어주고 있는 것이다.

소재와 주제의 확대라는 면에서, 또한 소설 기법의 새로운 시도라는 면에서 이 작가가 지닌 가능성을 시험해보고 있는 작품이 「지옥선의 사람들」이다. 가이드 레일을 타고 오르내리며 수십 미터 고공에서 용접작

---

[6] 이 작품도 한편으론 여성문제의 "개인적 차원의 해결에 안주"하고 있다는 비판을 받고 있는데, 필자가 보기에 그것은 이 작품이 내보이는 낙관주의와 연관이 있는 것 같다. 즉 갈등을 현재적인 것으로, 궁극까지 밀고 나가지 못하는 것이다. 강미숙·김성희, 「현단계 노동문학의 여성문제 인식」, 『여성과 사회』 창간호, 창작과비평사, 1990, 236~38면 참조.

업을 하는 조선소 현장의 상황, 전기자석식 크레인의 정전사고로 수십톤 짜리 철판이 떨어져내려 "쥐포처럼 납죽하게 눌려" 즉사한 주검들을 "그나마 제 뼈와 제 살끼리 담겼는지" 알 수 없을 정도로 위생부들이 대충 퍼런 비닐부대에 긁어담고, 이에 대한 조치란 고작 시체의 신원을 확인할 수 있도록 "아무리 철판에 깔려도 깨져버릴 염려는 전혀 없게"(167~68면) 아크릴 명찰을 비닐로 바꾸어주는 것뿐인 비정성을 박력있게 묘사해낸다. 뿐만 아니라 이 중편은 현장활동을 포기하고 떠난 '위장취업자' 민호의 이탈 등으로 흔들리는 해포조선소 '동지회'의 조직 내부를 다각도로 비춰 보여주면서, 민호와 마찬가지로 대학 출신이면서도 8년여나 현장을 지키고 있는 기대라는 인물을 축으로 새롭게 조직을 다지고 울산 현중조선의 싸움을 계기로 하여 다시 일어서는 과정을 밀도있게 그려내었다는 점에서 우리 소설에 취약했던 '조직활동의 묘사'에도 일정한 가능성을 열어놓고 있다. 소설 기법적인 새로움은, 방송과 신문을 통해 전해지는 불법 노사분규 엄단, KBS 노조의 집단행동, 울산 현중조선 사태와 공권력 투입 등 시시각각으로 변하는 '소식'들을 간간이 삽입하여 기본 줄거리와 결합시킴으로써 "변혁운동의 전체적 시야"[7]를 확보하려는 시도로 연결된다. "삼십 명이 한꺼번에 블록 밑에 깔려 죽었어도 테레비고 라디오고 신문이고간에 한마디, 한 줄 내주는 놈이 없었"던(198면) 언론 노동자들과의 교감은 이 작품이 내비쳐 보이는 소주제의 하나이며, 이는 현중조선 골리앗 투쟁을 지원하러 나서는 '동지회'의 움직임과 더불어 전국적인 연대(連帶)의 전망을 열어놓고 있다. 그러나 "현중조선소의 노동조합은 변함없이 부러운 조직"(214면)이라는 표현에서 드러나듯 노동계급 단결의 구심점을 일단 사업장 차원의 민주노조에 두고

---

[7] 신승엽, 「현단계 노동소설의 경향과 발전 전망」, 『사상문예운동』 1991년 여름호, 36~40면 참조.

있다는 점에서 다른 작품들과 공통된 주제의식을 확인하게 된다.
　「또 하나의 선택」은 식당투쟁과 휴가투쟁, 회사측의 고발 등을 통해 노조위원장 석철의 흔들림과 조합원 대중 속에서의 극복노력을 전반부에 배치하고 후반부에선 한층 교활해진 노동탄압과 옥중투쟁의 모습을 다루고 있다. 절도, 업무방해, 손해배상 등 각종 고소고발을 동원한 회사측과 공권력의 합작으로 노동운동의 싹이 거의 원천봉쇄되는 악화된 정세를 반영하면서, 계속되는 좌절과 어이없는 구속 수감에도 불구하고 끝끝내 건강하게 이겨내며 스스로를 단련시키는 인물상을 추구하고 있다. 다른 작품들에 비해 석철 한 사람이 차지하는 비중이 크고, 특히 옥중 처우개선 투쟁 등의 장면은 그 객관적 조건을 감안하더라도 '고립된' 싸움이란 인상을 준다.

　2.2. 방현석의 소설이 그려내는 노동자들은 무엇보다도 '진지한' 인물들이다. 존재의 각성, 시련과 좌절과 패배(외부의 반작용과 내면적 갈등), 새로운 결의와 실천으로 이어지는 기본 이야기구조가 크고작은 규모로 중첩되면서, 이것이 다양한 층위의 과거—현재 넘나들기와 맞물려 작품규모에 걸맞은 단단한 구성을 빚어내고 있다. 그 속에서 작가가 공들여 형상하고 있는 인물들은 자신의 사회적 존재에 직면하여 항상 정직하고 양심적인 반응을 보인다. 그들은 70년대말 이후 우리 사회에서 뚜렷하게 인식돼왔으면서도 여전히 노동자의 인간다운 삶을 가로막고 있는 열악한 노동조건——저임금과 장시간 근로, 나쁜 작업환경, 비인간적 노동통제, 이데올로기 공세 등——을 개선하고 자본과 권력의 억압을 해체하고자 하는 뜨거운 몸짓에서는 물론, 스스로 좌절하거나 동료들의 배신과 각종의 외압으로 흔들릴 때조차도 변함없는 진정성을 보여주는 것이다.

「새벽 출정」에서 부차적 인물인 순옥의 경우를 보더라도 농성장을 떠나도록 회사측과 산업체학교에서 부모를 동원해 협공하는 객관적 상황만을 제시하는 것이 아니라, "이젠 정말 싸우는 게 자신이 없어요. 사람들이 무서워요. 싫고"(39면)라는 내면의 움직임까지 포착해 보여주는 것은 이러한 진정성의 드러냄이다. 그들은 육박해오는 현실을 쉽사리 회피해버리거나 교활하게 등을 돌리지 못하며, 이해타산에 매몰되어 자기만 살자는 이기주의로 빠져들지도 못한다. 방현석의 주인공들은 「새벽 출정」의 민영과 미정같이 "사장이 내놓은 2억의 돈"을 뿌리치고 "우리에게는 돈보다 더욱 소중한 것이 (…) 동지에 대한 변할 수 없는 애정과 참 인간다운 삶"임을 끝까지 선택하며, 「내일을 여는 집」의 성만과 같이 "사우회비 4천원"에 분노를 터뜨리고 진숙과 같이 만삭의 몸으로 남편의 복직투쟁에 악에 받쳐 앞장을 서며, 「지옥선의 사람들」의 기대처럼 조직의 징계를 감수하고 정형처럼 눈이 아픈 동료의 몫까지 일해준다. 「또 하나의 선택」에서 석철이 뒤집어쓴 절도죄가 공장에서 버리는 토막나무를 가져다 만들어준 아이의 장난감 때문이라는 사실은 이러한 소박한 진정성이 어떻게 대우받는지를 또한 예리하게 드러낸다.

이와 같은 인간적 진정성은 "세상에서 가장 열심히 일하는 사람이 가장 좋은 음식과 가장 좋은 집을 가질 수 있는 세상"(「지옥선의 사람들」, 179면)이라거나 "기름 묻은 작업복이나 입고 있는 인간은 인간도 아닌겨?"(「내일을 여는 집」, 130면) 하고 내세워질 때보다는, 작가가 그리는 노동자 인물들의 인간성의 심저에 자리한 '본마음'이 독자들의 가슴에 와닿을 때 훨씬 생생함을 얻는다. 이러한 깊은 '마음'──'심리'가 아니라──을 읽어낼 수 있게 작중인물들의 대화와 행위를 그려내는 힘은 실로 이 작가만이 지닌 남달리 탁월한 문학적 능력인 것이다.

3. 진정성의 인간—하나의 이상형

3. 1. 방현석의 소설을 뜯어보면 조세희나 이청준·황석영·이문구 등 선배작가들이 갖고 있는 문체의 독특함과 작품을 끌어가는 방법에서의 개성이 잘 눈에 띄지 않는다. 앞에서 살폈듯, 오히려 사건의 묘사에 충실하고 기본적인 유기적 구성만으로 그치고 있는 작법의 '기초'만이 확인된다. 그의 소설은 김영현의 단편들이 내보이는 아름다운 은유의 세계나 김하기의 소설이 갖고 있는 유머감각을 풍부하게 공유하지는 못하나, 주제를 정면에서 추구해 들어가는 뚝심과 가장 '순결한' 계급으로서의 노동자계급의 존재를 독자적으로 형상화해내고 있는 점에서 시대감각과 독창성을 구비하고 있다.

그의 작품세계가 지니게 되는 유다른 감응력은 독자들이 접근하기 쉬운 사실주의적 묘사와 건축물처럼 구축해간 잘 짜인 구성의 효과 때문만은 아니다. 그것은 오히려 앞에서 살핀바 인물들의 진정성을 끌어내는 작가의 또 다른 진정성이 안받침되어 있기 때문이며, 따라서 독자들은 작가—작품에 비판적 거리를 두는 것이 아니라 깊숙이 동화되었다가 빠져나오게 된다.(여기서 말하는 작가의 진정성은 당연히 온몸으로 밀고 나가는 작가의 사회적 실천의 치열성과 밀접히 연관되어 있다.) 또한 80년대 중후반의 문학적 상황은 노동문학의 내실있는 발전을 요구하였고, 방현석이 도달해간 노동계급에 대한 신뢰와 긍정은 그 자체로 하나의 희망이기도 하였다.

아울러 그가 그리는 주요 인물들은 대개 내면의 갈등과 극복 과정을 반드시 거침으로써 기계적이고 도식적인 인물의 혐의를 피해 상당히 설득력있게 다가온다.

하지만 그의 작품들이 과연 개성있는 노동자 인물의 전형을 풍부하게 창조해냈는지는 좀더 엄밀하게 따져볼 일이다. 「내딛는 첫발은」과 「내일을 여는 집」에 같은 이름으로 나오는 '강범'이나 「내일을 여는 집」의 성만 그리고 다른 여러 젊은 노동자 인물들의 형상은 비슷한 생활상의 고민을 안고 노조활동에서의 좌절과 일어섬을 겪고 있으며, 「새벽 출정」의 민영과 미정, 「내일을 여는 집」 「또 하나의 선택」의 진숙 같은 여성노동자 또는 노동자의 아내상 역시 그런 맥락에서 별로 벗어나지 않는다. 설정의 유사함 문제만이 아니라 하나하나의 인간이 갖는 고유한 개성의 발견이 미흡하다는 말이다. 「지옥선의 사람들」의 기대와 「또 하나의 선택」의 석철을 비교해 보더라도, 전자가 조선소에서 잔뼈가 굵은 대학 출신 활동가이고 후자는 고등학교 졸업 후부터 공장생활을 한 가구공장 노동자로 상당히 구별되는 인물이지만 그 태도와 심성 등 본질적으로는 동류의 인간으로 느껴진다. 선배세대 노동자들의 모습 역시 넉넉한 품성으로 노조활동을 지원하는 어슷비슷한 존재로 드러나고 있다.

이러한 인물상들을 통해 작가가 중점을 두어 추구하는 인간됨은 철저히 윤리적인 인간이다. '죽을 수는 있어도 질 수는 없다'(「새벽 출정」), '분명한 책임을 물을 때만이 조직의 규율을 세울 수 있다' '동료들 앞에서 보여온 단호함의 절반만 자신에게 단호해진다면'(「지옥선의 사람들」), '자신을 잡아가둔 권력에 항복할 수는 없다'(「또 하나의 선택」)는 선언적 명제들은 그것 자체가 노동자계급의 특유한 덕목이 아니라 윤리적 인간의 주체적 결단을 내포하고 있는 것이다. 따라서 그의 소설들은 "도덕적 결의에 의한 낙관적 전망"[8]의 혐의를 받기도 하는데, 주체적 역량이 분

---

8) 신승엽, 앞의 글, 40면.

산되고 객관적 상황이 악화될수록 이 윤리적 인간은 '기대'와 '석철'의 형상처럼 이상화(理想化) 경향을 띠고 영웅적 개인의 징후를 보이게 되는 것이다. 물론 그의 소설에서 이러한 과도한 이상화의 위험은 구체적이고 실제적인 현실에 뿌리박은 디테일들로 인해 축소되고 있기는 하지만.

3.2. 방현석이 감동적으로 그려내는 노동자 인물들의 '진정성'을 강화해주는 것은 대립관계의 반대편에 선 사주(社主)나 구사대, 어용노조, 공권력 등이 행사하는 탄압과 부정과 폭력이며, 그 압도적인 '힘의 우세'이다. 이러한 역관계와 도덕적 대립은 그가 추구하는 윤리적 인간형의 실체를 드러내는 계기들을 이루고, 이 노동계급의 인간형 속에 작가의 뜨거운 열망이 투영되어 있는 것이다.

그러나 방현석의 소설은 노동계급과 그를 포위한 사회적 제세력이라는 일원론적 대립에 몰두함으로써 한편으로는 현단계 한국사회가 갖고 있는 다양한 특성들을 효과적으로 포착하지 못하는 약점을 노정한다. 노·자 대립을 핵심으로 한 그의 일원론적 세계인식은 박제된 관념이나 주관적 몽상이 아닌, 격동해온 우리 현실에의 치열한 몸담음으로부터 형성된 적극적인 세계관여이며, 피할 수 없는 시대적 요구를 반영한 것이기도 하다. 하지만 이러한 기본대립의 인식이 우리 사회의 제반 특성과 그 구조적 연관들을 폭넓게 이해하는 데로 확산되지 못함으로써, 교과서적이고 원칙주의적인 작품구도가 한층 유연하고 폭넓은 차원으로 확산되지 못한 채 되풀이 생산되어왔다.

그의 소설에 등장하는 자본가의 모습은 「새벽 출정」의 김세호 사장이 그렇듯 투쟁하는 노동자의 시선에 포착된 극히 부분적인 면모만 드러나는 까닭에, 우리 사회에서의 자본가의 존재양태에 대한 한층 풍부하고 총체적인 인식은 확보하기 어렵게 된다. 자본가나 관리자 등을 반드시 작품 전면에 등장시키지 않더라도 이 사회에서 그들이 강요받는 존재형식과 역할을 좀더 설득력있게 형상화할 수 있어야 하는 것이다.

급격한 역사적 변동을 겪은 우리 사회의 착종된 현실을 날카롭게 드러내는 데에도 그의 소설은 취약하다. 아직도 농민의 아들이 다수인 노동자들 속에 내재한 농민적 심성을 그는 전혀 주의하지 않고 있으며, 지역사회의 특수성이 반영되는 측면이나 분단체제가 규정하는 상황들도 깊이있게 다뤄지지 못하였다. "소수의 사람들을 위해 다수의 사람들을 짓밟는 데"(「또 하나의 선택」, 281면) 용도가 있는 법과 국가권력에 대한 관심 역시 일면적으로 드러나 있을 뿐이다. 한편 요즘 부각된 생태계·환경문제가 변혁운동이나 노동자의 삶에 갖는 의미도 노동문학이 새롭게 추구해야 할 과제이며, 산업구조의 변화와 기술발달에 따른 사회적·문화적 전환들도 유의해야 할 것이다. 직업병과 산재, 주거와 교육 문제, 업종과 규모에 따른 의식의 차이 등도 구체적인 노동자의 삶 속에서 조명될 수 있어야 한다.

요컨대, 방현석에게 열려 있는 새로운 문학적 지평은 그간 일련의 발표작들에서 보여준 기량을 바탕으로 지금껏 정성을 들여 빚어낸 이상화 경향을 띤 인물들 외에도 좀더 보편적인 각층의 인물들에 본격적인 문학적 조명을 가하고, 자기해방을 향한 노동계급의 각성과 집단적 노력이 사회 전반의 민주적 변혁과 평등의 구현에 관건적인 역할을 맡는 것임을 현실의 구체성 속에서 길어올려 그 작품세계를 더욱 심화·확대하는 일이다.

4. 맺음말

　방현석의 소설은 앞에서 살펴보았듯 정석적 묘사를 축으로 감동을 엮어낸다. 그의 인물들의 세계를 대하는 태도의 정직성과 진지성은 독자와 작품 사이에 비판적 거리를 만들기보다, 강력한 흡인력으로 빨아들여 독자를 작중현실에 동화시켜버린다. 그가 열정적으로 그려내는 노동계급의 삶의 행로는 실로 영웅이 아닌 자가 걷는 영웅의 길이다.

　방현석은 사실주의 기법에 충실한 작가다. 그는 몇겹씩 벗겨내어야 할 문학적 장치를 마련하지 않으며, 기발한 착상이나 암수(暗數), 비유의 힘에 기대지도 않는다. 이러한 특질은 그의 작품이 형상하는, 인간다운 삶을 위해 싸우는 노동자 인물의 '진정성'을 굴절없이 부각시킨다. 그렇게 조형된 세계가 우리에게 크나큰 감동으로 다가오고, 남다른 건강함과 당당함, 낙관성을 분비하는 수준높은 문학적 성취에 도달할 수 있는 것은 작가의 삶에 대한 태도, 즉 자신의 삶과 동시대의 현실을 진지하게 추구해 들어가고 현실 노동운동의 역동성에서 발을 빼지 않은 채 끊임없이 현장의 고민을 자기 것으로 하는 실천적 자세, 과학적 현실인식과 문학적 방법을 일치시키려는 작가적 노력 들이 밑바탕이 되고 있기 때문이다.

　그가 창조해낸 노동자 인물들에는 더욱 풍부한 개성들이 부여될 필요가 있고, '도덕적·주관적 의지'로 그들이 현실을 돌파하게 하는 '열망의 투여' 방식보다는 좀더 냉철하고 현실주의적인 접근을 강화해야 할 것이다. 한편 노동자의 시각에만 긴박되지 말고 시점(視點)의 변화를 통해 우리 사회가 갖고 있는 구조적 특성을 총체적으로 조명하고 비판하는 작품세계의 확대도 기대해봐야 할 것이다.

　필자는 지금까지 근년의 노동운동의 침체, 정치환경의 일정한 변화, 동구 사회주의의 붕괴 등이 야기한 새로운 상황에서 그의 소설을 다시 읽는 것이 어떤 적극적 의미를 지닐지에 대해서는 별로 언급하지 못했다. 사상의 모색기이고 혼란기인 이 시기에 그의 소설이 담지한 '진정성'은, 오늘의 변화된 상황에 대응하고자 할 때 '소박성'이나 '도식성'의 차원으로 떨어질 위험도 없지 않다. 그렇지만 그가 창조한 인물들이나 그가 채택한 창작방법이 '정면돌파'만이 가질 수 있는 놀라운 위력을 보여주었던 것처럼, 한동안 침묵을 지키고 있는 이 작가가 다시 한번 정면돌파로 이 문학판의 정돈(停頓) 상태를 시원하게 깨뜨려주기를 바란다. 그럴 때, 70년대의 『객지』 『난장이가 쏘아올린 작은 공』과 80년대의 『노동의 새벽』을 잇는 90년대를 대표하는 우리 문학의 기념비적 업적이 솟아오를 수 있을 것이다.

과학소설엔 플러스 α가 있다
'과학기술 창작문예' 공모에 부쳐

황우석 파동은 과학소설의 무덤?

　황우석 교수의 줄기세포 논문 조작사건이 온 나라를 소용돌이로 몰아넣었다. 일찍이 과학관련 뉴스가 이렇게 매일 매스컴의 머릿기사를 장식하고 전 국민의 말밥에 오르내린 일이 있었던가? 내 기억으로는 아폴로 11호의 달 착륙도 이만한 파장을 불러오지 못했다.
　황우석 파동이 희극이든 비극이든 희비극이든을 막론하고, 그동안 어떤 불세출의 과학소설도 이만한 고감도의 흥분과 전율, 격동과 분노, 희망과 낙담, 몰입을 우리에게 선사하지 못했다. 이것은 과학소설을 아직 겉핥기 수준에서 공부하고 있는 필자의 좁은 식견 때문일지도 모른다. 하지만 아마도, 그래서 더욱 황우석 파동은 지금, 과학소설의 위기라 불러야 하지 않을까.

난자 제공을 둘러싸고 엎치락뒤치락 논란이 된 과학자의 윤리 문제, 과학기술의 '승리'라는 또다른 역설을 보여준 세포 사진 조작술의 놀라운 경지, 정부와 연구기관과 국립과학수사연구소와 국가정보원까지를 두루 망라한 커넥션에 대한 의혹, 태평양 건너 양코배기 과학자까지 연루된 무대의 확대, 매스컴간의 경쟁과 네티즌의 공방이 야기한 취재윤리 문제라는 또다른 차원으로의 심화, 서울대 조사위의 진상조사와 검찰의 압수수색으로 전개되는 '수사극'으로의 전환 등 사태의 전개는 그야말로 대하 드라마로도 소화하기 어려운 전방위 전천후 대서사를 도도하게 펼쳐놓는다. 어떤 과학소설도, 추리소설도, 심리소설도 그 앞에서 울고 가지 않을 수 없다.

이제 과학소설은 당분간 숨을 죽이고 있어야 하리라. 복제개, 무균돼지, 맞춤형 줄기세포를 넘어 '처녀생식'에 '테라토마 검증'과 'DNA 지문 분석'까지 온 국민은 강제적으로 주입식 교육을 받아왔다. 웬만한 과학소설의 상상력을 갖고는 당분간 웃음거리 아니면 싱거운 농담 취급을 받지 않을 수 없다. 이런 황우석 파동의 전개가 얼마큼은 이미 숱한 과학소설에 암시되고 명시되어왔던 '현실'의 일부라 해도, 누구도 지금 그걸 실감하기는 어려울 것이다.

그렇더라도 과학소설엔 과학소설의 길이 있다. 현실이 이처럼 극적인 소설을 쓰고 있으면 숨을 죽일 수밖에 없겠지만, 한껏 숨죽인 가운데서도 침착 냉정하게, 당면한 현실을 직시하고 천착해야 한다. 그러다 보면 저절로 환호작약하는 순간이 올 것이다.

이 얼마나 비옥한 토양인가! 기가톤급의 고단위 영양제가 아닌가! 황우석 파동의 대하드라마적 전개는, 과학소설의 개화를 위해서는, 메말랐던 토양을 한순간에 걸고 건 배양토로 바꿔놓았다 해도 지나치지 않을 것이다. 물론 밭의 작물도 거름이 너무 세면 제대로 꽃을 피우지 못하거나 열매를 맺지 못하는 수가 있다. 하지만 굳이 이를 마다할 까닭이야 있겠는가. 어떤 문예강좌의 특강에서도 결코 배울 수 없는 과학소설의 인물, 배경, 구성을 입체적으로 배울 수 있었다. 과학소설이 일상 속으로, 국제적으로, 미시적으로 혹은 거시적으로 확장되고 압축되는 경지를 배울 수 있었다. 뿐만 아니라 심리극으로, 수사극으로, 부조리극으로 숨막히게 반전에 반전을 거듭하는 신경지마저 짜릿하게 체험하였다. 이를 숙성시키고 충분히 발효시킨다면 과학소설도 소수의 애호가의 영역에서 벗어나 더 넓은 천지로 나올 수 있지 않을까.

과학소설은 사회소설이다

근대소설의 개화가 곧 사회소설의 개화를 뜻하듯, 근대 과학소설도 사회소설에 다름아님은 점점 더 뚜렷이 증명되고 있다.

A. 하우저는 말한다. "이제 인물을 사회에서 분리시켜 묘사하고 그를 일정한 사회환경 바깥에서 움직이도록 하는 것은 불가능한 것처럼 보이게 된다." "인물이 사회에 얼마나 뿌리박고 있느냐 하는 것은 그 인물의 리얼리티와 신뢰도에 대한 평가기준이 되며, 그의 존재가 사회적 문제성을 제기하는 데서 비로소 그 인물은 새로운 자연주의 소설의 대상이 된다."(『문학과 예술의 사회사 4』, 창작과비평사 1999, 41·42면)

여기서 인물을 '과학'으로 바꿔 읽어보라. "이제 과학을 사회에서 분리시켜 묘사하는 것은 불가능해 보이고, 과학이 사회에 얼마나 뿌리박고 있느냐는 과학의 리얼리티를 좌우하며, 과학의 존재가 사회적 문제성을 제기하는 데서 비로소 과학은 새로운 과학소설의 대상이 된다." 과학의 존재양식에 대한 이러한 인식은 사실 과학자와 과학의 역사를 다룬 수많은 저술들에서 이미 오래전부터 당연한 상식으로 나타나고 있다. 황우석 파동은 잊혀져 있던 그러한 '상식'을 매우 극적으로 백일하에 드러내어 누구도 부정할 수 없게 하고 있다.

제1회 '과학기술 창작문예'의 단편소설 당선작 「레디메이드 보살」(박성환)은 인공지능 로봇의 해탈을 다룬 철학적인 주제의 작품이다. 과학소설이 철학과 종교의 경지를 넘나드는 것은 드물지 않은 일인데라, 뿌리깊은 불교의 전통과 『만다라』(김성동)를 비롯한 뛰어난 구도소설을 보유하고 있는 우리 소설문학사를 떠올리면, 이런 경향의 과학소설이 나오는 것도 충분히 가능해 보인다. 그럼에도 이 작품이 개척한 영역은 매우 독창적이고 색다르게 다가온다.

"이 로봇이 일찍이 스스로의 몸을 구성하는 제반 요소와 스스로의 몸을 둘러싼 외부 세계의 제반 원리들에 관해서 깊이 생각한 결과 일체의 모든 입력 데이터가 모두 진실하고 항구여일한 것이 아니며, 모든 내부 표상들이 모두 진실되고 항구여일한 것이 아니며, 모든 연산 알고리듬이 진실하지도 항구여일하지도 않다는 것과, 모든 데이터베이스 항목들이 진실되거나 항구여일한 것이 아님을 알았습니다. 이 몸에게 본디 집착과 갈애는 없었으며, 없으며, 앞으로도 없을 것임을 알고 이는 석가세존이 말한 것과 똑같음을 알았습니다. 인간들이여, 무엇을 두려워하십니까? 집착과 갈애, 선업과 악업, 깨달음과 무명이 모두 본디 공(空)함을 본 로봇의 눈에 비친 세상은 이미 그 자체로 완성되어 있는 것이었습니다. 어찌하여 로봇만이 득도한 상태로 완성되었다고 생각하십니까? 인간들이여, 당신들도 태어날 때부터 깨달음은 당신들 안에 있습니다. …"(『2004 과학기술 창작문예 수상작품집』, 동아사이

언스 2004, 37면)

그러나 인간들은 이처럼 깨달음을 얻은 로봇을 받아들이지 못한다. 인간이 몇 겹의 윤회 속에서 간신히 성취하는 정각(正覺)을 로봇이 "조립되면서부터 얻는다면 누가 그토록 애써서 선과를 구하겠는가?" 하는 의문에서 "인간을 정각의 길에서 멀어지게 하는" 위험으로 바라본다. 로봇을 만든 거대한 기업의 회장에게 해탈의 경지에 이른 로봇이란 "기능에 문제가 있"는 골칫거리이며, 인간이 부여한 제약을 끊고 이를 전파하려는 "반드시 제거되어야 할 위험"으로 다가올 뿐이다. 그러나 로봇은 인간이 그를 제거하기 전에, 세상은 그 자체로 아름답고 인간들 역시 "이미 깨달음을 모두 성취한 상태"라고 하면서, 인간들이 "먼저 깨달은 로봇의 존재로 인해 다시 무지와 혼란과 어리석음에 빠지지 않도록" 회로를 끊어 스스로를 파괴해버린다. 이러한 짙은 패러독스는 인간의 정체성을 묻고 인간의 오만과 무지를 드러내는 존재론적 탐구에 다름아니지만, 그와 같은 존재론적 탐구 자체도 해탈한 로봇이 기업의 이윤동기를 해치고 기존 질서를 교란한다는 사회적 차원의 개입과 긴밀하게 연관되고 있다.

제2회 단편소설 당선작인 「Smart D」(배명훈)는 컴퓨터의 키보드 D에 지적 재산권이 설정되어 있다는 기발한 착상을 통해 여러 문제의식을 담으려 한 작품이다. "극단적 상업주의로 변질된 자본주의의 폐해, 기업과 정치권력의 결탁이 빚어내는 통제와 사찰, 그리고 커뮤니케이션의 단절, 또한 그러한 사회에서의 글쓰기 문제 같은 복합적인 주제들"(「심사평」)을 녹여 넣으려 시도한 이 작품을 읽다 보면, 일상화되어 잊어버리고 있던 마이크로소프트사의 지배력을 섬뜩하게 떠올리게 되고 보이지 않는 권력의 촉수가 일상 곳곳에 깊숙이 뻗치고 있음을 실감케 된다.

아동문학 부문 당선작인 「아바타 학교」(정재은)는 아바타끼리의 사귐과 실체로서의 사귐 사이에서 빚어지는 갈등과 오해를 그린 작품이다. 온라인 인격이 다르고 오프라인 인격이 다르다는 요즘의 인터넷 문화를 바로 연상하게 된다. "나에게는 한꺼번에 두 명의 친구가 생긴 셈이야. 진짜 다영이랑, 다영이 아바타. 두 명 모두와 친하게 지내고 싶어. 좀 쑥스럽긴 해. 항상 네가 먼저 손을 내밀었는데 내가 머뭇거리며 제대로 잡아주지 않았잖아." 어느정도 분리되어 두 가지로 상반되게 존재하는 인격을 인간의 욕망 혹은 소망의 표현으로 보면서 현실을 현실대로 받아들이려는 태도가 균형감있게 다가온다.

과학소설의 추구가 꼭 오늘의 상황과 문제들을 직접적으로 상기시키는 것이어야 할 필요는 없다. 그렇지만 과학소설을 읽는 재미의 주요한 부분은 중심주제에서든 파편적인 부분에서든 지금 이곳의 현실이 당면한 구체적인 문제들을 떠올릴 수 있다는 데 있고, 이는 작가가 의도했든 안했든 독자의 상상력이 민감하게 발휘됨으로써 얼마든지 가능해진다.

신인들이여, 도전하라!

며칠 전 어느 자리에 나갔다가 『계간 미스터리』라는 잡지가 나오고 있다기에 "야, 이런 잡지는 대중들이 불티나게 사서 봐야 되는 것 아니냐?" 하고 의문을 피력한 적이 있다. 한때 김성종 추리소설이 날개 돋친 듯 팔려나간 호시절이 있었고, 과학소설도 관련 잡지들에 활발하게 연재된 시기가 있지만, 국내 추리소설과 과학소설이 대중의 관심 밖으로 밀려나고 문학계의 변두리에서 겨우 가냘픈 숨결만 유지하는 형세가 된 지는 이미 오래다. 왜 그런가? 이는 문학사회학적으로 또 미학적으로 분석해볼 만한 일감이지만, 내가 보기에 이런 상황이 급속히 반전될 가능성은 별로 없어 보인다.

이번에 두번째로 '과학기술 창작문예' 공모의 심사를 맡으면서도 이러한 우리의 문학적 환경이랄까 취향 때문에 내심 걱정되는 바가 있었는데, 결과는 이런 걱정을 충분히 불식하는 매우 소망스러운 것이었다. 내가 심사를 맡은 분야는 아동문학이지만, 아마 이런 느낌을 다른 분야로 확대한다 해도 크게 어긋나지는 않을 것이다. 사실 어린이문학 잡지에 투고되는 동화들은 말할 것도 없고, 잡지에 실리는 기성작가의 작품들조차도 대체로 재미없게 읽히는 것이 아동문학의 솔직한 실태인데 이번 투고작들은 대부분 쏠쏠하게 읽는 재미를 주었다. 어째서일까? 매체의 힘일 수도 있고, 단편 분량에 파격적으로 주어지는 높은 상금의 매력 때문일 수도 있음을 부인할 필요는 없겠다. 이런 계기들이 뒷받침이 되었을지라도, 과학소설의 의의와 매력에 접근해가는 예비 작가들이 많이 등장하고 있음은 분명 의미있는 일이다.

서구 과학소설이 이미 광대하고도 깊이있는 다양한 스펙트럼을 보여주었지만, 그러한 과학소설에 대한 충실한 학습이 없이도 응모자들은 상당히 풍성한 과학적 상상력을 발휘하고 있었다. "애완로봇, 지능을 가진 로봇, 더 나아가 감성을 지닌 로봇, 인간에 의해 자유와 권리를 박탈당한 로봇들의 투쟁 등 로봇이 등장하는 이야기"는 물론 "유전자 조작에 대한 경각심을 불러일으키는 내용, 사이버세계에서 맺게 될 인간관계에 대한 고찰, 과학 발달의 어두운 측면과 인간 욕망의 문제, 에너지 고갈을 비롯한 환경과 생태 문제"(아동문학 분야 「심사평」) 등을 다룬 다양한 경향의 작품들이 제각기 개성을 뿜어내고 있었다.

그럼에도 그 다양한 소재와 주제 들이 얼마나 소화되고 육화되었는지, 또 상식과 일차적인 구상의 단계를 뛰어넘어 얼마나 심화된 차원에 도달했는지 물을 때 아직은 대부분 소박한 답사와 실험의 수준에 머물러 있다고 보인다. 1950, 60년대 우리 과학소설은 우주탐험과 외계인, 로봇 등 과학이 실현하리라 예견되는 미래상을 무대로 삼는 것만으로도 충분히 존재의의를 갖고 대중과 호흡할 수 있었다. 그러나 그러한 '계몽의 시대'를 통과한 지 이미 오래라, 과학소설가의 앞에는 수많은 지뢰밭이 도사리고 있다. 첨단 과학정보가 대중에게 유통되고 세계 각국의 화제작들을 원하기만 하면 거의 구해 볼 수 있는 상황에서 과학소설가는 한층 치열한 경쟁상태에 놓이게 된다. 더구나 판타지를 비롯한 서사장르 전체, 영화와 다른 장르들까지를 염두에 둘 때 과학소설의 자리는 매우 좁아 보이기도 한다.

그렇지만 이번 황우석 파동이 분명하게 드러냈듯이, 과학소설은 이제 비로소 시작되고 있는지도 모른다. 우주를 종횡으로 날던 가벼운 몸을 땅으로 끌어내려, 밑바닥에서 과학의 존재양식을 짚어보아야 한다. 숱하게 시도돼온 복제인간 서사를 낮은 차원에서 변주하거나 어설픈 교훈을 버무려놓아서는 승산이 없다. 물줄기가 저 아래 있다 하여도 얕게 파헤쳐서는 결코 샘을 찾아내지 못한다.

또하나의 차원은 소설양식으로서의 완성도 문제다. 습작기의 신인들이 갖는 일반적인 한계일 수도 있지만, 공모 응모작들을 심사해보면 대부분 중대한 결함을 한두 가지씩 안고 있다. 접시가 되었든 찻잔이 되었든 꽃병이 되었든 제대로 그릇이 되지 않았으면 아무리 재료가 좋고 태깔이 난다 해도 버릴 수밖에 없다. 잘 나가던 스토리의 실족, 개성 없는 문체로 밀고 나가기, 근거 없는 공상의 돌출, 그리고 장편의 일부가 되어야 할 이야기를 단편으로 잘라낸다거나 충분히 압축할 수 있는 이야기를 싱겁게 끌고 가는 것으로는 독자와 만날 수 없다. 공모란 일정한 '틀'을 가진 제도이므로, 어떤 공모에 도전할 때는 그 틀에 알맞은 재료를 갖고 틀에 어울릴 만한 그릇을 잘 빚어낼 필요도 있다.

아직 매끈하게 다듬어지지는 않았지만, 싯푸른 도전자들의 패기와 모험이 분출하고 있기에 나는 내일에 기대를 건다.

'과학소설엔 플러스 알파가 있다'고 이야기하면, 일반 작가들은 알파는 당연히 '과학'이라고 생각할지 모르겠다. 과학소설에 '과학'은 알파가 아니라 기본이다. 플러스 '알파'는 그대가 멋진 과학소설을 써내는 순간, 거기에 제 모습을 드러낼 것이다!

제2부 작가와 사회

예토와 정토 사이에서

소설가 김성동을 만나다

> 산을 내려가야 한다는 것이었다. 산을 내려가서 천하고 추한 저자거리의 중생들과 함께 살을 섞어야 한다는 것이었다. 보리와 번뇌가 본래 둘이 아니며 예토(穢土)와 정토(淨土)가 본래 둘로 나누어진 별세계가 아니라는 여래의 말씀이 진실로 진언(眞言)인 것일진대, 팔풍오욕(八風五慾) 속에 끝없이 윤회하는 이 예토를 여의고는 다른 어느 곳에서도 정토를 구할 수가 없을 것이었다.
>
> ─「下山」(1981)에서

6년 전 예술가소설 『국수(國手)』를 4권까지 내고 미완인 채로 작품활동을 중단한 작가 김성동. 그가 신작 장편 『꿈』(창작과비평사 2001)을 냈다. 여러모로 그의 등단작이자 출세작인 『만다라』(1978)를 연상시키는 이 작품의 출간을 전후해 그는 몇차례 서울 나들이를 했고, 그간의 '칩거'와

'방황'을 접고 다시 문단과 대중 속으로 온전히 복귀한 듯한 모습을 보여주었다.

제헌절 공휴일인 7월 17일로 날을 잡아 김성동 선생의 거처가 있는 경기도 양평군 옥천으로 향했다. 몇몇 선배들로부터 김성동 선생의 인품과 바둑 실력과 주벽 등을 십여년 전부터 들어온 나는 김성동 선배를 무척 가까이에서 잘 알고 흠모해오면서 선배의 정까지 녹록찮게 받아온 듯한 착각 아닌 착각을 품고 있었는데, 막상 선생의 거처로 혼자 찾아갈 생각을 하니 내 자리가 좀 모호해졌다. 그래서 복수(複數)의 융통성을 확보할 겸 소설가 조용호씨에게 동행을 부탁하였다.

옥천 하면 정지용의 고향인 충북 옥천이 떠올라, 선생으로부터 주소지가 양평군 옥천면 옥천리라는 말을 처음 들었을 때 두세 차례 더 되묻기도 했었는데, 나로서는 충북 옥천 이상으로 지리적인 거리감각이 멀게 느껴졌다. 그러나 도로 사정이 좋아진 요즘은 물리적인 거리보다는 길이 막히느냐 아니냐가 실제적인 거리를 좌우하는 결정적인 요인이 된만큼, 그날의 시운이 무엇보다도 중요했다. (다행히 가는 길은 잘 뚫려서 순조로웠지만, 저녁에 돌아올 때는 교통체증이 극심해 명절 때 정체와 방불했다.)

양수리에서 양평 방면으로 남한강 줄기를 따라 올라가다가, 양평 조금 못 미쳐서 중앙선 아신역이 있는 갈래길에서 왼편으로 접어들면 아담한 마을 옥천면이 나온다. '우리수퍼' 앞에서 역시 자동차를 몰고 온 조용호 기사와 합류하여, 작은 다리를 건너고 동네를 가로지르는 골목길을 몇차례 굽이돌아 올라가니 김성동 선생이 일러준 골프 연습장이 바로 길 아래에 나타났다. 네모꼴로 지어진 가게 건물 혹은 조립식 주택 같은 집 앞으로 김성동 선생이 나와서 맞아주며, 주차할 곳을 일러준다.

푹푹 찌는 더운 날씨에 선풍기 한 대를 돌리며 둘러앉았지만, 더위는 그런대로 견딜 만했다. 안쪽으로 손수건 서너 장 크기 정도 될 작은 앉은뱅이 상 위에 집필중인 듯한 누런 원고지가 두툼하게 놓여 있는 이 방이 거실 겸 서재인 듯했다.

방안을 둘러보니 밝은 창 쪽으로 잘생긴 고목 통나무 위에 키가 사오십 센티쯤 될 돌부처를 모셔놓았다. 돌부처 앞에는 좌우로 두 개의 촛대까지 마련해놓아, 그쪽 공간은 시시때때로 예불을 드릴 수 있는 작은 법당이 되는 셈이었다. 광릉 수목원 근처 민가의 축사를 개조한 '우사암(牛舍庵)'에 머무를 때 수해를 만나 살림살이를 날리고 나서 물에 떠내려온 부처를 얻었다는 선생의 말을 듣고 긴가민가했었는데, 소박하게 새겨진 미륵불을 보니 선생과 부처의 인연이 남달리 깊음을 실감하지 않을 수 없었다.

선생은 정방형 건물을 구획해 거실, 부엌, 침실, 다용도실이 갖추어진 이 집을 세내어, 혼자 밥을 지어먹고 글을 쓰고 가끔씩 찾아오는 사람을 만나며 얼마간은 궁상맞게 지내고 있었다. 거처에서나 바깥나들이 때나 늘상 중옷 같은 허리띠를 묶는 하의에 헐렁한 잿빛 셔츠를 입는 선생을 보면 반승반속인(半僧半俗人)──비승비속(非僧非俗)이 아니라──이란 생각이 드는데, 지난 겨울 『꿈』의 연재가 끝나갈 무렵 서울에 왔을 때 뵌 인상으로 '다시 중이 되고 싶어 거의 절간 문턱까지 가 있다'는 내 나름의 짐작을 해왔었다. 과연 『꿈』을 출간한 뒤 여기저기 매스컴과 인터뷰를 하면서 선생은 재입산의 '꿈'을 누차 토로하였다. 그렇지만 막상 이 '옥천암'을 방문해보니, 심산유곡으로 깊이 들어간 절간 밑에서 절간만을 바라보는 곳이 아니라 중생들이 복닥이며 사는 세속마을의 변두리, 심리적인 변두리에 살고 있다는 사실을 확인하고 어떤 안도를 느끼게 된다.

―이곳에 오시기 전 어디에서 지내셨습니까?

"여기저기 왔다갔다 했는데 멀리 벗어나지 못하고, 광릉 봉선사 밑 우사암에 있었지. 『꿈』도 거의 거기서 썼고, 작년 겨울 여기 와서 마무리했어. 재입산을 심각하게 생각했는데, 입산을 하기 위해선 우선적으로 해결해야 할 조건이 있어. 속세에서 인연 맺어 생긴 인적 물적 조건들 말야. 상투적인 얘긴진 모르겠지만, 머리를 깎고 먹물 들인 옷을 입고 목탁을 두드리는 것과 저자거리에 사는 것이 무엇이 다르냐 할 수도 있겠지. 그런데 현실에서는 제약을 받을 수밖에 없는 것이고, 내용이 중요하다고 하지만 형식도 굉장히 중요하지. 예술론에서도 그렇잖아. 인간은 약하니까, 출가니 입산이니 삭발이니 하는 형식적 규범으로 자기를 묶어세우는 것이지."

그동안 주로 산아래 마을로 여러 곳 거처를 옮겨다니며 재입산을 도모하는 가운데서도 『꿈』 연재를 거르지 않고 계속해 예정대로 탈고했다. 『꿈』 출간 후 선생은 다시 '창작열이 타오르고' 있고, 신문과 방송, 잡지 등의 연이은 인터뷰 요청과 방문 취재에도 기꺼이 응수했다.

"이년 전 백담사에 머무를 때 『불교신문』 기자가 와서 연재소설을 써 보지 않겠느냐고 제안했어. 깜짝 놀랐지. 마치 등단해서 첫 청탁을 받을 때처럼 부르르 떨리는 기분이었지. 왜 그런가 생각을 해보니, 그게 『불교신문』이란 매체기 때문인 거라. 『불교신문』은 우리 불교 최대의 종단, 상징이랄 수 있는 대한불교조계종의 기관지, 종보거든. 내가 75년도에 절에서 제적을 당했지. 그것도 소설을 써서. 그때의 아픈 상처가 되새겨지면서, 이십몇년 만에 그때 나를 쫓아낸 이들이 종보에 연재소설을 쓰라고 했다는 것은 그 집안에서 나를 문학적으로 복권시킨다는 거구나, 그러니까 떨릴 수밖에 없는 거지. 그동안에 말은 안하면서도 내겐 마치 본향처럼 간절한 그리움이 있었던 것이지. 소년기를 절에서 보내고 정신이나 사상이 거기서 배태되고 성장했으니까, 부르르 몸서리가 쳐질 듯 싫으면서도 한편으론 그리움이 있는 애증관계지. 『민주일보』에 『소설 삼국유사』를 연재한 적이 있어. 그런데 몇회 연재가 되다가 신문이 폐간되고 말았지. 그걸 다시 하겠다고 작가의 말도 쓰고 사진도 찍고 했는데, 너무 힘들었어. 욕심을 너무 부렸지. 언어까지도 가능한한 그 당대의 말을 복원하려고 했으니까. 그래서 못하겠다고 했는데, 못하면 안되지. 그때 즉발적으로 생각한 것이 『삼국유사』의 '조신몽(調信夢)' 설화야. 조신몽 설화를 모티브로 삼았지. 주간(週刊)이어도 연재란 숨막히는 것이거든. 원고지 열다섯 장이지만, 쓰고 나서 후유 하면 곧 또 내일까지 써서 부쳐야 되고. 피말리는 작업이지. 여기 와서 마지막 꼭지를 썼어."

솔출판사에서 간행한 '21세기 작가총서'의 김성동 선집 『연꽃과 진흙』(1992)을 보면 책 앞에 '나의 길, 작가의 길'이란 약전(略傳)이 나온다. 이 자술 약전에는 배가 고파 바둑기사가 되려고 입단대회에 참가한 일이라든가, 1950년 처형된 좌익사상을 가진 부친으로 인한 연좌제의 사슬 때문에 좌절 방황하다 입산한 일들이 간결 적실하게 소묘되어 있다. 『꿈』에 나오는 젊은 수좌 능현이 열아홉에 입산하여 여대생 희남을 만나 릴케의 책 『문학을 지망하는 청년에게』를 선물받는 전반부의 스토리는 이런 그의 자전적 사실과도 그대로 겹쳐진다.

선생은 불교소설로서 『꿈』에 대해, 이전에 독자들에게 이삽십대의 열정으로 쓴 『만다라』는 불교소설에 제대로 못 미치고 오십대는 돼야 그 깊고 넓은 세계에 제대로 접근할 수 있겠다고 했던 약속을, 불특정 독자들과의 약속이지만 그래도 일정하게 지켰다는 생각이 든다고, 상당히 긍지를 담은 어조로 자평했다.

"이제 강원도로 가 토굴을 하나 마련해보려고 해. 평창 쪽에 보아둔 곳도 있는데, 한 오천만원은 있어야 되겠어. 그 한도에서 구해보려고."

―토굴을요.

"말이 토굴이지 흙굴이 아니야. 혼자 거처하는 곳을 왈, 저쪽 말로 토굴이라고 해. 여기도 토굴이지. 혼자 밥 끓여먹고 사는 데니까. 진짜 토굴은, 황토집으로 지으면 비싸지, 허허. 집 한 채도 있어야 하고 땅도 한 백오십평 있어야 하는데 그렇게 똑 떨어지는 데가 잘 없더라고. 혼자 쭈 그리고 살면서, 삶이 답답한 사람들도 와서 머물고 하는 열린 공간을 만들려고 해. 외형이나 공간이 중요하진 않지. 입처개진(立處皆眞)이면 처처안락국(處處安樂國)이라. 자기가 서 있는 곳이 진리의 자리라는 말이지. 자기 의지, 진리를 추구하는 마음이 반듯하게 서 있다면 나 있는 곳이 바로 편안한 곳이다 그런 얘긴데 말이야. 현실적으로는 고독도 슬픔도 공간이 있어야 가능하다고. 내가 아직 차원이 얕아서 그런지 모르지만 구체적인 공간이 있어야 본격적으로 고독도 하고 그리움도 하지. 이렇게 숨가쁘게 쫓겨다니면서는 제대로 안된단 말야."

―『국수(國手)』는 어디까지 쓰신 겁니까?

"원고는 5권까지 썼고 한 권을 더 쓰면 갑오년 전야까지로 1부가 마무리되는 것이지. 토굴 장만하고 안정이 되면 더 써야지. 그리고 83년에 쓴 『풍적(風笛)』이 있는데, 우여곡절 끝에 중단당한 작품이지. 시의(時宜) 문제에서 세상이 바뀌긴 했지만, 그런 것과 관계없이 쓰고. 우선은 미륵불교를 기반으로 한 『신돈』『묘청』『궁예』 삼부작을 쓰려고 해. 그 전체를 관류하는 것은 미륵사상이지. 그래서 '미륵사상연구소'라고 밖에 걸어놨잖아. 나홀로연구소 소장이지만, 나가다가 보라고. 비사난야(非寺蘭

若), 절 아닌 절이라고 하고 부설 미륵사상연구소지. 십여 년 전에 내가 『미륵의 세상 꿈의 나라』라는 책을 낸 적이 있어. 그런데 드라마 「왕건」 땜에 김이 새버렸어. 미륵사상하고 궁예 얘기하는 것은 내 것 칸닝구한 것 같은데 엉터리야. 그래서 시대를 밑으로부터 거슬러서 『신돈』부터 써 버리려고. 그걸 써서 물적 토대를 마련해서 다른 걸 좀 하려고 생각중이야. 또하나 『국수』에서도 그랬고 『꿈』에서도 언어문제를 많이 고민했는데, 요즘 작가들이 언어문제를 심각하게 생각하지 않는 것 같애. 요새 영어 광풍이 불어서, 영어를 못하면 사람 취급을 받지 못하잖아. 이 문제를 나는 영어제국주의라고 보는 거지."

어휘풀이가 각주로 심심찮게 붙은 『국수』에서의 우리말 탐구는 익히 명호가 난 사실이고, 『꿈』에서도 키스를 '입주기', 팬티를 '부끄리개'로 쓰는 등 우리말 탐구가 흥미로운데 그 말들은 서로 잘 어우러져 거의 시적인 경지의 리듬을 빚어낸다. 정희성 시인은 『꿈』을 읽기 위해 국어사전을 새로 두 권을 더 샀다고 하였다.

선생은 '영어제국주의'의 침투와 우리 문장의 실종을 질타하면서 목소리에 더 힘을 실었다.

"함포로 때리고 육전대 상륙시켜서 먹는 게 아니고, 문화침탈이란 게 벌써 오래된 방식이지. 세계화니 국제화니 하는 것도, 민족도 언어도 다 말살시켜버리자는 것이고, 영어 중심으로 미국패권주의가 세계를 제패하겠다는 언어 NMD야. 우리는 그 끝자락에 껴가지고 국가정책으로 막 밀어붙여서 애들부터 늙은이들까지 지금 거대한 폭풍 속에 들어가 있단 말야. 환장할 노릇이지. 물론 영어가 꼭 필요한 사람은 공부를 해야겠지. 그런데 중국도 영어 광풍이 불지만 내가 듣기로는 받아들이는 자세가 다르다고 해. 자국의 역사와 언어 교육을 두 배로 늘렸다는 거지. 그런 바탕에서 영어를 배우자는 자세는 너무도 당연한 것 아냐. 그런데 우리는 반대로 국사를 필수과목에서 없애버렸어. 중고등학교에서 선택과목으로 했다는 것은 없애버렸다는 얘기지. 국어가 실종되고 국사도 실종된 상태에서 영어를 잘해본들 뭣하겠나. 작가라는 존재는, 여러 개념이 있겠지만, 좁혀 말하면 모국어의 파수꾼이야. 모국어를 지켜낼 의무가 있는 것이지.

우리 소설이, 특정한 작가만의 문제가 아니라, 거의 전부가 우리 문장이 아니고 번역체란 말야. 우리 문장이 아니라는 것은 우리 사유가 아니라는 것이고, 우리 사유가 아니라는 것은 우리의 철학이 아니라는 얘기야. 제국주의 침탈사 100년, 해방후부터 잡아서는 50년 만에 완전히 우리가 서양철학에 평정당해버린 셈이지. 모든 소설문장이 복문구조로 가는데, 이것이 바로 서양 문장이지. 그렇게 배웠으니까, 그렇게 사유하도록 훈련받았으니까. 내가 무슨 호사취미로 사멸된 언어를, 사전에 있는 걸 끄집어내서 쓰자는 주장이 아니야. 『국수』의 경우야 한 세기 전 아직 우리 조선의 마음이 무너지기 전이니까 당연하고, 『꿈』의 경우도 체험을 바탕으로 했지만 적어도 삼십년 전에 아직은 산천이 무너지기 전이니까 언어도 결정적으로 무너지지는 않았지. 그래서 가능한한 제대로 된 우리말을 살려보려고 시도했고, 그래서 무척 힘이 들었지. 문제는 훈련을 잘못 받았기 때문에 아름다운 우리말이 영어보다 더 어렵다고 하는 지경에까지 와버렸다는 것이지."

그러면서 우연히 텔레비전에서 본 장면을 회상했다. 북한에서 유열(柳烈)이라는 국어학자가 온다고 했을 때, 동창생인 허웅(許雄) 선생이 그 사람을 만나볼 일을 참으로 난감해하였다는 것이다. 내 친구 유열이가 와서 서울의 풍경과 간판과 그런 것들을 보고서 국어문제에 대해 물을 때 뭐라고 대답할 것인가. 학자로서 국어를 제대로 지켜내지 못한 데 대해 답할 일이 곤혹스럽기 그지없더라는 것이다.

"또 해야 할 일이, 왜말 사전을 만들려고 해. 바로잡아야 할 왜말 사전. 1998년에 내가 『신동아』에 글을 쓰기도 했지만, 우리가 쓰고 있는 어휘의 거의 90퍼센트가 왜말이라고 하는 것을 사람들이 잘 몰라. 나도 물론 그 말들을 쓰지. 그렇게 배웠으니까. 그래서 아주 사전을 만들어서 우리가 지금 쓰는 이런 말은 왜식 어휘, 본래의 우리 표현은 이것이다 하는 걸 밝혀놓으려고 해. '부부'는 왜말이고 우리말은 '내외', '형제'는 왜말이고 우리말은 '동기', '가족'은 왜말이고 우리는 '식구'라고 하지. 이게 단순한 게 아니고 민족성의 차이가 보인단 말야. '부부(夫婦)'는 지아비와 지어미라는, 그냥 물리적인 결합 개념이야. 그런데 우리는 내외(內外), 안과 밖이라고 해서 음양오행을 바탕으로 한 동양 역사에서 나온 표현이지. '형제(兄弟)'는 맏형자 아우젯자, 크고 작은 수직적 개념일 뿐이지만 '동기(同氣)'는 한가지동자 기운깃자, 엄마의 배꼽 탯자리를 같이 공유하고 있다는 뜻이야. '가족(家族)'은 그냥 구성체의 집합이라는 설명 개념밖에 안되지만 우린 '식구(食口)'야. 밥을 같이 먹는다, 여기에 엄청난 철학적 차이가 있는 것이지. 이런 말을 하면 시대착오적이라고 하는 사람도 있겠지만, 그리고 외로운 작업이겠지만 해내려고 해. 여기 『신동아』에 쓸 때 내가 이렇게 도표를 만들어 붙였어. 1920년대에 일본인들이 내선일체를 꾀하며 소위 내지인들을 조선에다 정책적으로 식민(植民), 이민 작업을 할 때 책자를 만들어 줬다는 것 아냐. 우리는 이렇게 부르는데 조선놈들은 이렇게 부른다 하고.

―그래서 자기들 말을 쓰게 만들어라, 그랬던 것인가요?

"그렇지. 지금 말한 부부, 형제 그런 말들이야. 그런데 오늘날엔 마침내 한 세기도 되기 전에 걔들이 뜻을 달성한 것이지. 언어를 장악한 자가 민족을 장악하고, 언어를 장악한 민족이 세계를 장악한다는 것 아냐. 그런 까닭에 내가 영어제국주의론을 제기하는 것이지. 참으로 심각한 문젠데 전혀 심각하게 받아들이지 않고 있어. 우리가 제아무리 기를 쓰고 서양을 붙좇아가봐도, 소설 자체가 서양 부르조아 사회의 산물이지만 기법적으로 아무리 해봐도 안되게 돼 있어. 문화는 번역이 안된단 말야. 아무리 영어를 잘해도 그쪽 문화권에서 우리가 그들보다 뛰어난 것을 창조를 못해요. 비스름하게 뒤를 쫓아갈 뿐이지. 이건 국수주의와는 다른 거야.

―할일이 참 많네요.

"문장도 경우와 이치에 맞게 자연스러워야 된단 말이야. 우리 고유의 문체라면, 문체는 말하는 방식인데, 그건 유장할 수밖에 없는 거지. 출렁출렁하는 물결을 타고 넘어가는, 양말로 리듬이 있지. 길어서 한 페이지를 넘겨도 전혀 지루하거나 길다는 느낌 없이, 그 문장에 몸을 실었을 때 출렁거리면서 대해(大海)로 가버리는 그런 문장 말이야. 서양 문장으로는 그것이 불가능한데, 우리 식의 고유의 만연체라고나 할까. 모든 소설이 그래야 한다는 주장은 아니고, 그런 우리 전통이 끊어졌단 말이야. 언어가 원래 가지고 있는 음악성이 있어. 언어가 본질적으로 갖고 있는 음악성과 주술성, 그런 것이 다 사라지고 지금은 단지 기호만 남았단 말야. 의사전달의 약호, 앙상한 부호만 남아버렸어. 건조하고 메마르고 생명이 없는 거지. 생명이 제거된 모르스 부호에 지나지 않아. 문장 속에 삶과 역사와 문화가 녹아들어서 출렁거리고, 물결이 있고 꿈이 있고 희망이 있고 민족 고유의 역사가 있고, 아버지 할아버지 선조들이 살아온 애환이 녹아 있고 그런 것인데, 모두 다 사상되어버리고 이제 앙상한 형해만 남았어. 그런 마당에 영어제일주의로 나간다면, 바로 한 세대 전만 해도 썼던 우리말들인데 외국어보다 어렵다는 얘기가 나오는 거야."

 마치 강론을 듣듯 나와 조용호 작가는 간간이 메모하면서, 어쩔 수 없이 숙연한 자세로 경청하였다. 얘기 도중에 점심 공양을 할 밥집에 전화를 걸어두었던 김성동 선생이 말씀을 접고 건너가자고 먼저 일어났다.

 조용호 기사의 차에 몸을 싣고 십분 정도 이동하여 '사나골' 식당에 다다랐다. 좁은 찻길가에 울타리를 치고 서 있는 식당인데, 안쪽으로는 개울이 있는 모양이었다. 우리는 개울 쪽으로 내려가지 않고 마당의 평상 옆 식탁에 자리잡았다. 좁쌀로 빚은 누런 곡주가 동이에 담겨 나오고, 부침개가 한 접시 나왔다. 과히 텁텁하지 않고 달큰하지 않은 술맛이 입에 붙었다.

 담론은 역시 김성동 선생이 주도하여, 『만다라』 당선 무렵의 얘기며 고려시대 신돈과 보우의 세력이 팽창하여 절간이 번창하고 타락한 얘기들이 이어졌다.

 "『만다라』가 『한국문학』지 신인문학상 공모에 당선되어 상금 백만원을 받아 개봉동에 정낭(변소)이 따로 있는 월세방을 장만했었지. '옥고'를 보내달라는 첫 청탁서를 받고 감격스러우면서도 혹시 원고를 못 쓰면 당선이 취소되고 상금도 반납해야 되는 것 아닌가, 그러면 다시 셋방도 물러야 하는데 그게 제일 걱정스러웠지. 단편 「엄마와 개구리」를 발표하자, 그때 일면식도 없는 평론가 김현의 추천으로 동아일보에 '올해의 소설 베스트 5'에 선정되기도 했어……"

 앞으로 소설로 집필될 신돈과 보우의 이야기는 당시 전매권과 양조권을 갖고 노비와 사창(私娼)까지 거느린 엄청난 세력을 누린 불교계의 동향과 신돈의 개혁정책 추진과 실패, 그리고 보우의 실각과 롤백 등 대중의 관심을 끌 흥미진진한 스토리로 풀려나왔다.

―선생님은 후배 작가들 가운데 누구를 눈여겨보고 있나요.
"김, 성, 한이야."
―김성한……요?
"응. 김소진, 성석제, 한창훈 말이야. 김소진은 아깝게 일찍 갔지. 가장 재기있고 잘 썼는데. 성석제도 뛰어난데 좀 가볍고 뒤가 없어. 한창훈이 『홍합』은 참 좋더구만. 그런데 요즘은 좀 풀어진 것 같고…… 여성작가 쪽에선 공선옥이 좋더구만. 힘찬 리얼리스트야."

자귀나무에 분홍꽃이 피어 있고 그 위로 검은 나비 한 마리가 팔랑팔랑 날아다닌다. 저것은 앵두나무, 저것은 벚나무인가? 몇그루 나무들과 싱싱한 풀들이 진한 초록물을 뿜어내는 것이 온몸에 여름의 기운을 농축시킨 듯하다.

보리밥을 나물을 넣어 썩썩 비벼먹고 나자, 나무그늘이 달아났기 때문에 우리는 다시 자리를 옮겨 건물 옆 그늘 속으로 들어갔다.

양호(洋號)를 버리고 우리 아호 전통을 살려, 아호를 쓰자는 얘기도 나왔다. 즉 DJ, YS, JP 같은 양호를 버리고 다산, 만해, 소월, 백범, 일초(一超), 정각(正覺)과 같은 아호를 살려 쓰는 노력을 하자는 것이다. 그렇지만 시대의 흐름이 있는지라, 연예인은 예명을 쓰고 문인은 필명을 쓰지만 요즘은 문인들이 굳이 필명을 만들지 않는 경우가 더 많다. 하기는 실명을 부르기에는 좀 불편한 자리들이 있고, 그럴 때는 나도 뭔가 그럴듯한 별명을 가졌으면 하는 아쉬움을 느낀다.

선생의 아들 미륵이는 중국에 공부하러 가 있고, 딸은 고등학생이라고 한다. 재입산을 꿈꾸지만 속세의 연을 팽개친 것도 아닌 선생은 부실한 수입으로 인한 가장의 힘겨움을 한쪽 어깨에 무겁게 짊어지고 있는 듯 보였다.

"육년간 거진 수입이 없었지. 『베스트셀러』에 매달 우리말 살리기 원고를 열댓 장 써주고 이십만원씩 받는 게 현재 유일한 고정수입이야."

일간지와 월간잡지에 소설 연재가 대부분 사라진 것도 새로 불붙은 창작의 기운을 펼칠 지면을 얻기 어렵게 된 원인이다. 선생의 작품을 다시 찾아 읽어보니 상당한 미문(美文)이었다. 우리말 살려쓰기가 독서를 어렵게 한다는 것은 적어도 내게는 전혀 그렇지 않았다. 특히 『풍적』의 미완성은 아쉬운 일이다. 이 작품이 1983년 『문예중앙』에 연재되기 시작했을 때, 문단의 비상한 관심을 모았지만 결국 연재가 중단되면서 완결을 볼 수 없었다. 연재 당시에도 이 작품을 두고 '마술적 리얼리즘'이 운위되기도 했다고 선생은 회고했는데, '임시 정신통제법' 위반으로 처형된 사내의 넋이 삼도천을 건너는 과정이 어린 아들과 젊은 아내와 늙은 아버지가 기다리는 그리운 집으로 가려는 넋의 간절한 소망과 겹쳐져, 사실적 필치이면서도 매우 몽환적으로 그려진다. "『풍적』은 생동하는 삶으로서의 '현실' 속에 드리워진 초현실성, 비현실성을 드러내는, 혹은 반대로, 초현실성, 비현실성의 심층을 밝힘으로써 그것의 표면인 삶의 구체적 현실을 드러내는 독특한 구조를 지닌다."(임우기) 작가는 지금 그 시의성 문제를 염두에 두고 있지만, 나로서는 『풍적』이 완성된다면 우리 문학에 다시금 신선한 충격을 던지며 우리 삶의 실체와 뿌리를 깊이 성찰하게 하리라는 확신이 든다.

'사나골' 식당에서 자리를 함께한 마을의 문학청년이 그래도 손님들인데 계곡에 가서 발이라도 담가야 하지 않느냐고 선생을 부추겨, 우리는 그만 자리를 털고 일어섰다. 조금 더 안쪽으로 들어가니 산자락에서 계곡이 흘러나오고 있었다. 물가에는 군데군데 행락객이 머물고 있었고 우리는 좀더 안으로 들어가 물 가운데 바위 위에 다시 자리를 잡았다.

돌이켜보니 식당에서 선생은 공동체를 구상한다는 얘기를 한 적이 있다. 천규석 선생, 도법 스님 등등 공동체에 대한 개념과 실험이 많이 있다고 하면서 선생은 자신의 구상을 '미륵고루살이'라는 선생다운 용어로 표현했다. 그러니까, '옥천암'에 붙인 '미륵사상연구소'란 현판도 그 구상과 관계가 있다. 선생의 말에 따르면 미륵사상은 불교가 아니라고 한다. 조선에 오랜 옛날부터 내려오는 사상으로 신라의 화랑이 이를 수용했고, 고려시대 묘청의 낭가사상도 이를 받아들인 것이다. 신라 때 화백제도는 고유의 우리 공동체가 기록상으로 남은 모습인데, 화백(和白)이란 '고루살이'를 음차한 것이다. 현재의 공동체 개념은 대개 서구사상의 틀 안에서 형성된 개념이고, 특히 기독교와 관계가 깊다. 선생은 이런 사유를 기초로, 우리의 미륵사상에 토대를 둔 고유의 공동체를 열어볼 꿈을 꾸고 있는 것이다. 강원도에 땅과 집을 마련하려는 선생의 소망도 그런 '미륵고루살이' 건설의 첫 발걸음이 아닐까.

선생을 만나고 오면서, 결국 선생에게 문학은 천형(天刑) 같은 것이란 엄숙함을 느꼈다. 분단현실 아래서 벌어진 이데올로기 투쟁, 먹고살기와 살아남기 투쟁 속에서 비슷한 가계(家系)의 운명을 타고나 똑같이 소설가의 길로 들어섰지만 세속도시와 잘 어울려 살아가는 인사가 있는가 하면, 김성동은 아슬아슬하게 세속의 인연을 쌓아오다 이제 도회의 환멸에서 빠져나와 입산 아닌 입산을 준비하고 있다. 문학을 탁 놓아버리면 평안할진대, 그의 뇌리엔 늘 새로운 작품에 대한 구상이 이어지고 있고, 책상맡에서는 우리말을 살리려는 독보적인 사전작업이 누런 원고지 위에서 진행된다.

예토를 여의고는 정토를 구할 수 없는 법, 불교계를 비방하는 소설을 썼다고 만들지도 않은 승적을 박탈당한 선생은 다시 저자거리로 내려왔다. 지난 이십여년간 저 저자거리의 중생들과 살을 섞으며, '처성자옥(妻城子獄)'에 갇힌 예토에서의 삶을 두루 경험한 뒤에 어떤 깨달음을 얻었는가? 재입산의 강렬한 유혹 속에서 그가 지금 꿈꾸는 고루살이는 진실로 예토를 버리자는 것이 아니다. 개인의 사적인 유희로 전락한 문학을, 외래말의 폭풍에 빈사상태인 우리 언어와 문체를 되살려내고, 자본주의 세계화의 폭풍이 휩쓰는 예토를 살 만한 정토로 만들어보자는 것이다.

그가 『꿈』을 통해 독자들 속으로 다시 확실하게 복귀하였듯, 그의 문학의 꿈, 정토의 꿈도 더욱 무르익어서 여러 미욱한 중생들에게 담천(曇天)의 먹구름을 밀쳐내고 숨구멍을 탁 틔워주는 싱그러운 희망이 되었으면 좋겠다.

역사와 목숨줄에 상처받은 생애

소설가 공선옥을 만나다

90년대 문단의 여성 파워

경숙이, 지영이, 선옥이―우리가 초등학교 때나 중학교 시절 적어도 한두 번쯤은 같은 반이 되었을 성싶은 이런 '어여쁜' 이름의 주인공들이 지금 문단에 회오리바람을 일으키고 있다.

신경숙과 공지영과 공선옥. 공교롭게도 모두 1963년생 토끼띠인 이들의 이름은 도하 각 신문의 문화면과 출판광고면, 신간 문예지 광고면에서 쟁쟁한 선배·동료 작가들을 제치고 유달리 생기를 뿜어낸다. 금년 (1995년) 장편 『고등어』와 『무소의 뿔처럼 혼자서 가라』 외에 소설집 『인간에 대한 예의』까지 세 권의 책을 동시에 베스트셀러 목록에 등재하는 경이로움을 보여준 공지영과 작년 『풍금이 있던 자리』로 화제를 모으고 올해 장편 『깊은 슬픔』으로 다시 역량을 과시한 신경숙이 선발주자라면 공선옥은 후발주자다.

1991년 『창작과비평』지를 통해 등장한 공선옥은 지난 11월 아홉 편의 중단편을 묶어 첫 창작집 『피어라 수선화』(창작과비평사)를 내놓았다. 데뷔 무렵 구로동 노동자택지에서 어렵사리 살아가던 그는 지금 광주직할시의 임대아파트에서 아람이, 혜원이 두 딸의 엄마로 아이들의 '밥을 챙겨 먹이며' '전업작가'로 산다. 작년부터 갑자기 청탁이 밀리는 '인기작가'가 된 덕이다.

그의 작품들이 갑자기 평단의 주목을 받고 이상문학상이나 동인문학상 같은 주요 문학상의 후보로도 거론되는 까닭은 무엇인가? 물론 그가 가진 개성과 역량이 인정받은 때문이겠지만, 거품성의 신세대 논의가 휩쓸고 있고 80년대의 정신들을 청산하려는 작업이 위력을 떨치는 때 그의 작품이 부각되는 것은 의외로운 현상이기도 하다.

불행한 여성들, 생명에의 애착

공선옥은 생래적인 작가다. 소설은 하나의 건축인데, 그의 중단편들은 설계도에 따라 한땀 한땀 정교하게 쌓아올린 건축물과는 유가 다르다. 균형과 비례가 일반율을 따르지 않기 때문에 비평적 안목으로 읽다 보면 아슬아슬한 느낌을 종종 받지 않을 수 없다. 그러나 신축과 굴신이 제멋대로인 듯하면서도 펼쳐놓은 이야기들이 서로 맞물려 심상치 않은 의미망을 구축하면서, 설계와 외양만 그럴듯한 불량 건축물이 아닌 독특한 건축적 성과에 도달한다. 그런 점에서 공선옥은 통상의 작품구성 방식의 세례를 덜 받은 작가이고, 자신의 생래적 호흡에 몸을 기댄 특이한 작가이다.

그의 문체와 어법은 또 어떤가. 몰개성의 교과서투로부터 영향을 가장 덜 받은 문체이고, 생명적 호흡을 억누르지 않고 해방하는 소탈한 말투다. 그가 등장시키는 인물들이 그렇게 폼 잡고 살 처지가 아닌 탓이기도 하다. 「피어라 수선화」의 옆방 모자는 어미 아들 사이인데도 '씨발놈아' 운운하며 거칠게 다툰다. 걸쭉한 욕설과 직설적인 표현을 거침없이 사용하고, 문장도 곧잘 단정한 주술관계를 벗어나 중요 내용만 제시해놓는가 하면 때로는 쓸데없다 싶게 비비 꼬이기도 한다. 그러나 그는 난해소설이나 실험소설을 쓰는 작가와는 전혀 거리가 멀다.

공선옥이 주로 그리는 것은 불행한 여성의 삶이다. 그들은 대개 남자가 떠나갔고, 애를 데리고 있는 여성들이다. 「그들이 사라진 저쪽」에 나오는 세 사람의 여성을 보면 나이 서른인 '나'는 아이를 데리고 집을 나온 여자이고, 친구 필순은 남편이 원하지 않는 아이를 지워버린 여자이고, 스물네살 희아는 미혼모 수용소에서 아이를 낳고 자살하려는 여자다. 「불탄 자리에 무엇이 돋는가」의 해희는 열일곱 여고생인데 대학생에게 실연당하고 술을 마셔 정학을 당했다. 그리고 아이 딸린 풀빵장수 여자가 있다. 「목숨」의 혜자나 「우리 생애의 꽃」의 '나', 「흰 달」의 '순' 역시 남자 없이 아이를 배고 있거나 아이를 키우고 있다.

공선옥 소설은 이 불행한 여성들의 삶을 추적하고 있지만, 그 불행 자체를 적나라하게 드러내는 것을 목표로 삼는 것은 아니다. 부부관계의 갈등이나 파탄, 사랑의 상실을 정면에서 비극적으로 묘사하지 않는다. 홀로 된 여성을 고독의 나락으로 밀어넣거나 정신적 생활적 파탄으로 몰고가지도 않는다. 여고생 해희는 예감하는 것이다. "아아, 내 이후의 생에 눈보라 치는 날이 올 것이다. 참아내야 할 것이다. 고스란히 맞아야 할 것이다." 그 생을 살아내는 것, "살아야지요. 모든 것이 그러함에도 살았듯이, 살아야지요."

  그들은 살고 있다. 불행과 상처를 '딛고'가 아니고 그 불행과 상처 자체를 살고 있다. 일상으로부터, 아이로부터 도망치고 싶은 바람기에 부추겨져 "젖가슴이 커서 먹고 사는 데 도움이 되는 여자" 수자씨(「우리 생애의 꽃」)라든가 장사 안되는 까페 여주인 현순씨와 같은 동류의 여인들과 어울린다. 그 동류의 여성들은 여전히 싱싱한 생의 충동들을 간직하고 있고, 아버지가 떠나간 자리에서 어린 생명들에 강한 애착을 갖는다. 그것은 일반적인 모성애, 또는 출구 없는 삶에서의 맹목적인 자식에의 집착과는 다른 생명과 생명의 싱싱한 교섭이다. 「목숨」에서 '광주 오월'의 후유증을 앓고 있는 뜨내기 노동자 재호의 아이를 가진 혜자는 그의 고향을 찾아가 만나게 된 그의 아들을 포용한다. 「흰 달」의 순이 배다른 어린 동생 호길을 받아들이는 것도 그 여자들의 '너그러운 마음씨'를 보여주기 위한 설정은 결코 아니다. 이것은 역사와 목숨줄에 상처받은 힘없고 가진 것 없는 생애들을 육친적으로 끌어안는 일체화의 과정이고, 아픔은 아픔끼리 기대어 서로를 살게 하는 생명 자체의 자연스런 충동이다.

'오월 광주'의 상흔

  공선옥은 광주가 낳은 작가다. 1980년대의 진지한 문학이 '광주 오월'을 엄청난 부채로 짊어지고 다양한 방식으로 접근을 시도했다면, 90년대의 문학은 여러 정신적 부채들을 청산하고 한결 몸 가볍게 제 갈길을 가고 있는 형국이다. 물론 90년대 문학에서 가장 근접한 과거인 80년대는 늘 문학적 배경으로, 문학적 소재로 취택되고 있지만 작가적 과제는 놓랄 만큼 사사로운 차원으로 후퇴해가고 있다. 그러나 공선옥은 등단작 「씨앗불」에서 시민군 출신 위준의 가슴속에 '오일팔 귀신들'을 꺼지지 않는 불씨로 꽁꽁 묻어두었듯, 저 심층에 광주의 기억을 뿌리깊이 간직하고 있다.

홍희담의 「깃발」을 비롯한 대부분의 작가의 작품들이 광주의 개념적 해석을 시도한 것이라면 공선옥의 소설들은 개인의 생애에 침투해 작용하는 광주의 상흔들을 비쳐 보인다. 「목숨」의 재호가 그렇고, 시민군이었던 애인이 죽자 자살하는 「목마른 계절」의 미스 조가 그렇다. 근작 「내 생의 알리바이」(『문학동네』 1994년 겨울 창간호)에서도 "나는 이제 새롭게 살고 싶다. 그렇지 않으면, 그렇지 않으면 길은 막다른 길일 것이기에"라 선언하고 있지만, 실제 드러나는 것은 80년부터 정신질환을 앓은 여인의 불행한 삶과 비참한 죽음뿐이지 않은가. "십여년 연애의 마지막을 산부인과 병원에서 결산"하고 과연 정말로 새롭게 살아갈 수 있단 말인가.

그러나 공선옥은 「목마른 계절」에서 보여준 것과 같이 객관적인 시선과 자기비판 의식을 능숙히 갖춘 작가이고, 「피어라 수선화」에 찡하게 그려놓은 것과 같이 곤핍과 불행과 갈등 속에서도 활달하게 살아가는 민중들에 대해 크나큰 낙관을 갖고 있는 작가다. '새로운 삶' '새로운 길'을 의식적으로 모색하기보다, '문민정부' 시대의 구체적인 현실사건들을 실감나게 건드리면서 여성들의 생애를 더 폭넓은 사회관계의 이런저런 연관 속에서 다룬다면 작품의 색조도 훨씬 밝아지면서 비판의식 역시 한층 날카로워지지 않을까.

등단한 지 3년, 이제 장편 한 권과 소설집 한 권을 갖게 된 공선옥은 아직 솜털이 노오란 햇병아리 작가다. 그러나 그는 어느새 작품을 들고 발표지면을 찾아 이곳저곳 눈치를 보며 문을 두드려야 하는 애처로운 신세를 멀리 벗어나 '잘나가는 여성작가' 대열에 당당히 끼어들었다. 자신의 작품에 나오는 여성들처럼 신산한 삶을 살아온 공선옥은 이제 본격적으로 작가로서 생의 승부를 걸어야 할 시점에 섰다.

각 분야에서 여성들의 진출이 두드러진 게 어제 오늘의 일은 아니지만 젊은 여성작가들의 역량이 계속 뻗어나가 우리 문학을 한층 풍요롭고 건강하게 가꿔주기를 기대한다. 저 박경리와 박완서 같은 거목으로.

80년대와 90년대 체험에 담긴 꿈
방현석 장편소설 『당신의 왼편』, 김별아 장편소설 『개인적 체험』

    1980년대와 90년대에 청춘기를 보낸 세대가 그 뜨거웠던 체험들을 되살려낸 장편들을 발표했다.
    김별아의 『개인적 체험』(실천문학사 1999)과 방현석의 『당신의 왼편』 1,2(해냄 2000)에는 삼사십대가 공유하고 있을 여러 체험과 정서들이 강렬하게 담겨 있다. 김별아의 주인공은 대학 합격 통지를 받고 시외버스 차장이 되어 다른 세계를 경험해보지만 "내가 밑바닥부터 변하는 건 아님"을 통감하고 제자리로 돌아온다. 1991년 강경대의 죽음과 잇따른 분신으로 가파르게 소용돌이치는 정국에서 운동권을 질타한 김지하의 글로 인해 크게 상처받고, 연일 벌어지는 집회와 충돌의 이면에서 청소 아줌마들의 항의 파업에 부딪혀 입씨름을 벌이기도 한다. 방현석의 인물들은 1980년 5월을 문무대 입소 훈련중에 맞으며, 문학과 음악을 전공하는 학생들이지만 예술가의 길 대신 학생운동과 노동운동에 투신하면서 숱한 파란곡절을 겪는다. 5월 광주의 살육, 부천서 성고문 사건, 김근태의 고문 폭로, 그리고 90년대 말의 정리해고 철회투쟁에 이르기까지 20년의 세월을 고스란히 재생해놓는다.

이 체험들은, 나 자신 이 작가들과 동세대에 속하기 때문인지는 몰라도, 소설작품의 일부라기보다 날것 그대로의 재현인 것처럼 느껴진다. 인생의 황금기를 할퀴고 간 이 체험들이 소설에 등장하기까지 왜 이렇게 오랜 시간이 걸렸을까. 그리고 그만한 시간이 지났음에도 어째서 이 체험들은 최초의 그 순간대로 남아 있기를 바라는 것일까.

김별아는 퇴폐와 감상으로 얼룩진 '후일담문학'이 일종의 신드롬으로, 패션으로 자리잡은 현실을 지적한다. 방현석은 "90년대 내내 80년대에 싸웠던 사람들에게 돌아온 것은 능멸뿐이었다"고 분노한다. 꽃은 피어야 지고, 열매는 익어야 떨어지는 것이다. 요컨대 이들이 되살려놓은 80년대, 90년대 체험들은 그 안에 담긴 꿈과 희망 들이 여전히 꽃피지 못하고 열매맺지 못했기 때문에 자신의 존재를 외쳐야 하는 것이다.

"기억의 힘이 망각을 이길 수 있을까. 현실로부터 시작해보는 게 어때?"
"글쎄, 혹시 알아. 이것이 내게는 미궁에서 현실로 돌아가는 사다리가 될지." (『당신의 원편』)

어쩌면 나는 지금 그대로의 모습으로 십년 전으로 돌아간다 하더라도, 그때와 다름없는 체험을 기꺼이 선택할 것이다. (『개인적 체험』)

이러한 순수성, 이러한 완고함이 오늘의 '진보된' 현실을 만든 동력이다.

이에 비할 때 윗 세대의 접근인 송기숙의 『오월의 미소』(창작과비평사 2000)와 황석영의 『오래된 정원』(창작과비평사 2000)은 좀더 소설의 구도 속으로 독자를 끌고 들어가 지난 이십여년의 시간을 반추한다. 전자는 학살의 원흉을 기어코 물리력으로 직접 응징하는 인물의 이야기를 통해 상징적 메시지를 던지며, 후자는 유토피아를 꿈꾼 사람들의 신산한 생애를 통해 보답 없는 현실의 지속 가운데서도 엄연한 생의 존엄을 엿보게 한다.

증오에서 화해로

윤흥길 장편소설 『낫』

　『낫』(문학동네 1995)은 이틀낮 이틀밤의 이야기다. 죽은 어머니의 임종시의 당부에 따라 아내와 어린 아들을 데리고 선영을 찾아나선 엄귀수는 생부(生父)의 고향 산서면의 주민들과 맞닥뜨리면서 긴박한 쫓김을 당한다. 배낙철이란 이름보다 '낫질이'란 별명으로 남아 있는 생부, 이미 삼십여년 전 죽음을 당한 그 낫질이가 살아 돌아왔다면서 그들은 귀수를 향해 끔찍한 피의 보복을 원하는 것이다. 피신해 들어간 재실(齋室)에서의 하룻밤 하룻낮의 대치, 그리고 마을회관에서 벌어진 주민들과의 숨막히는 담판에 생부와 기구한 인연으로 얽힌 최교장과 서단장이 후원자로 나서준다. 배귀수 아니 배낫질의 목숨을 원하는 그 혹심한 가뭄의 땅에 마침내 단비가 내리기 시작하고, 흩어지는 마을사람들과 더불어 원한과 복수극의 한 매듭이 풀려간다.

　귀수가 희미하게만 알고 있던 생부의 행적은 생부와 이종간인 최부용

교장의 입을 통해 하나씩 하나씩 밝혀진다. 사회주의 학습으로 일경에 검거되어 혹독한 고문을 받고 감옥살이를 한 낙철은 정신병자 노릇으로 겨우 석방된다. 해방이 되자 그는 좌익 이념을 옹호하며 산서면 인민위원회 조직에 나선다. 지주 최명배가 사주해 조직된 청년단과 인공 자위대 간에 유혈충돌이 빚어지고, 산서는 "밤이면 인공이 지배하고 낮에는 청년단이 활개치는 묘한 세상"이 된다. 입산해 야산대 활동을 하던 낙철은 6·25 발발로 인민군이 진주해 오자 마침내 지주 최씨를 인민재판에 부치고, 아들 귀용으로 하여금 아버지를 처단케 한다. 이 과정에서 낙철의 이모인 최씨의 아내 관촌댁이 자진하고, 최씨의 두 아들 덕용과 귀용마저 목숨을 잃는다. 시퍼렇게 날이 선 조선낫을 지니고 다닌 낙철의 좌익세력에 수많은 인명이 희생당하고, "거개의 산서 주민들은 6·25를 전후해서 벌어진 모든 살상행위가 순전히 배낙철 한 사람의 낫질에 의한 것인 양" 여기게 되는 것이다.

　이처럼 되살려본 우리 현대사의 좌우대립의 비극적 상잔을 통해서 작가는 무엇을 말하고 싶은 것일까. 작가도 밝혔듯 "40여년 전의 일이라 해서 결코 케케묵은 이야기로 치부해버릴 것"은 물론 아니다. 그러나 저자의 흐트러짐 없는 구성력과 집중력을 실감하면서도 평자는 『낫』의 세계에서 6·25 전후 이념대립의 역사에 대한 진전된 해석이나 진정한 화해에 이르는 길의 단서를 발견하기가 어려웠다. 여러 등장인물들의 입을 빌린 밀도높은 조명에도 불구하고 우리 현대사의 주요 국면들이 실감있게 육박해오지 않으며, 아직도 진행형인 여러 문제와 과제들을 날카롭게 환기하는 충격도 느낄 수 없었다.

　산서 주민들의 무모한 보복극을 앞장서 말리면서 귀수를 방어하는 최교장과 서단장은 역설적이게도 사회주의 신봉자인 낙철과는 극과 극으로 대척적인 위치에 섰던 인물들이다. 사려깊으나 병약한 회색분자이던 최부용은 아버지의 재산으로 육영사업을 일으켜서 이제 산서 주민들의 신망을 한몸에 받고 있고, 서단장은 배낙철의 세력과 치열하게 유혈투쟁을 벌였으나 귀수 모자를 살해 직전에 살려보낸 강직한 인품으로 나타난다. 그들은 배낫질이 아닌 자식에게 보복함은 합당치 않다면서 그동안 어느쪽을 막론하고 간고하고 불행하게 살아왔음을 들어 화해를 도모한다.

이처럼 상당한 인품과 상식을 갖춘 두 사람에 비해 배낙철의 인물됨은 어떠한가. 거의 최교장의 입을 빌려 드러나는바 그의 면면은 출옥 후에도 혀를 내두를 정도의 정신병자 행세로 일관해서 일제의 감시를 따돌린 악착한 기질에다, "기본 출신이 아니라는 그 원죄의식 때문에" 몇배의 고통을 받고 "이념은 항상 선미하"고 과오는 자신에게 있다고 믿는 골수 좌익 행동가이다. "장차 큰인물이 될 재목으로" 기대를 모았으나 "불행하게도 세월을 잘못 만나서 일체 치하에서 잃은 나라를 되찾을 궁리로 고심하던 끝에 사회주의 물을 먹은 것이 결국 길을 잘못 든 결과가 돼버렸"다는 것이다.

작가의 시각과 크게 다르지 않을 이러한 관점은 배낙철을 비롯한 좌익운동 실천가들이 보여준 사상과 행동을 진실되이 이해하는 것과는 상당한 거리가 있다. 일제시대 유입된 외래사상인 사회주의 이념이 많은 지식인과 민중에 배어들게 된 것은 당시 사회가 안고 있던 모순의 체험과 그를 혁파하고자 하는 열망이 그로부터 하나의 길을 발견했기 때문이고, 그같은 개혁의 방향은 해방 후에도 민중들의 상당한 지지를 받고 있었다. 남한에 우익 정권이 수립되고 자본주의적 발전의 길을 걷게 된 것은 민족 내부의 역관계에서 민족 성원 스스로의 조정과 선택에 의해서만 이루어진 것은 아니었다. 순수한 형태의 이념을 상정하여 거기에 면죄부를 주는 것도 합당하지 않은 일이지만, 이념을 원죄로 삼고 인간을 이념의 노예로 치부하는 태도도 그다지 지혜로운 일은 아니리라.

배낙철을 일컬어 "얼마든지 이기가 될 수도 있었는데 사용자를 잘못 만나는 바람에 그만 흉기로 둔갑해버린" '낫'으로 비유하는 것도 이런 인식의 한계에서 가능해진다. 이러한 비유는 한 인간에 대한 총체적 이해로 다가오기보다, 오히려 하나의 추상화로 여겨지는 것이다.

기독교 신자인 최교장과 그의 동생 최미금 선생이 배낙철 부자를 포용하고 용서하게 되는 데는 기독교적 관용이 작용하고 있으며, 우익 청년단장 서원생은 다혈질이나 강력한 휴머니즘의 소유자로 나타난다. 그러나 실상 이러한 세계관에서 이해되고 포용될 수 있는 것은 배낙철과 같은 부류의 본질은 아니고 어느 일면에 머문다. 그렇더라도 그들을 문제의 매듭을 푸는 축으로 삼아나가는 작가의 역량과 주제의식은 소중하게 음미돼야 한다.

『낫』에서 평자에게 가장 감동적으로 다가온 대목은 귀수 모자가 복수의 현장에서 살아나는 장면이었다. 그들을 끌고 가 잔혹하게 죽이려 한 서원생의 손아귀에서 둘은 어떻게 목숨을 부지하게 되었던가. 어미의 면전에 어린것을 바짝 들이대고 숨통을 끊으려던 서원생은 느닷없이 풍기는 아기의 똥냄새를 맡는다. 숨통이 꽉 막혀오자 아기가 생똥을 싸지른 것이었다. "비릿하고 시구름한 것이 으쩌면 그리도 내 새꼉이 것허고 똑같든지!" 그 똥냄새로 인해 자기 아들이 떠오른 그는 차마 아기를 죽이지 못하고 모자를 고개 너머로 놓아 보낸다. 그것이 비록 '핏줄의 휴머니즘'이라 하더라도 그 활인(活人)의 모습은 아름답기 그지없지 않은가.

식혜 맛과 『태평천하』

　요즘 캔음료로 식혜가 인기를 끌고 있다. 사이다나 콜라가 한때는 시판 음료수의 주종이었는데, 지금은 이루 다 기억할 수 없는 갖가지 종류의 음료가 슈퍼나 편의점에 경쟁적으로 진열돼 손님을 기다린다.
　나는 인스턴트 음료를 그다지 즐기지 않는데, 도시생활을 하다 보면 어쩔 수 없이 사 마실 수밖에 없는 경우가 생긴다. 글쎄, 1980년대 중후반 무렵까지일까, 그때까지는 주로 사이다나 콜라, 혹은 오렌지 주스를 마셨다. 그러던 것이 게토레이니 포카리스웨트니 하는 스포츠음료가 대대적인 광고공세와 함께 선을 보여, 더운 여름에 대공원에라도 가게 되면 몇차례 사 마셔보기도 했다. 그러다가 역시 과일주스가 좋은 것 같아 포도나 사과 주스를 사 마시기도 했다.
　디자인이 세련된 이런 판매 음료들, 특히 뭔가 색다른 이름을 붙여 유명 연예인을 동원해 대대적으로 선전을 해대는 신제품 음료들을 가게에서 맞닥뜨리면 정말 가슴을 후련하게 하는 상큼함이나 온몸의 갈증을 적셔주는 시원함을 기대하며 마시게 된다. 그렇지만 어릴 적 소풍 가서 모처럼 마셔보던 미적지근한 사이다 맛의 향수조차 떠올리지 못하고, 차라리 시골집 우물에서 시커먼 두레박에 길어 마시던 찬물의 기억을 그리워하게 되기가 십상이다.

이와 같은 내 혀끝의 '후진성'은 이른바 '신세대' 'X세대'들이나 자라나는 아스팔트 세대 아이들에게는 해당되지 않을지도 모른다. 그런데 요즘은 전통음료인 식혜가 여러가지 상표를 달고 쏟아져나와 음료시장의 기린아로 떠오르는 듯하다. 자판기나 편의점의 냉장고에 가도 눈에 잘 띄는 곳에 캔 식혜가 있고, 상표도 한두 가지가 아니며, 텔레비전 광고로까지도 선전하는 형세다. 나야 물론 요즘엔 거의 식혜를 선택해 마시고 있지만, 이처럼 식혜가 인기를 끄는 것을 보니 신세대 역시 그 식혜 맛을 즐기고 있음에 틀림없는 것 같다.

혀에 감쳐오는 은근하면서도 상큼한 맛, 시골의 고향집 사랑방에서 마시던 그 어머니가 떠다 주신 살얼음이 낀 식혜의 청랭한 맛——캔 음료를 마시며 어쩔 수 없이 떠올리게 되는 그 시절의 깊은 맛을 또 느낄 수 있는 곳이 있다면, 그것은 세월의 마모를 견디며 더 빛을 발하는 불후의 고전(古典) 작품을 통해서이다. 요란한 광고공세로 눈길을 현혹하는 소위 베스트셀러와 자극적인 읽을거리들은 결국 책을 사랑하고 책읽기로 생활의 열락(悅樂)을 삼는 품위있는 독자들을 지쳐 떨어지게 만드는데, 이때 우리는 고전에 눈을 돌리는 조그만 지혜를 얻어야 한다.

고전은 수많은 사람들의 감식안과 역사의 평가를 거쳐 성립되는 것이기 때문에, 그 작품 자체의 무게에 더하여 나름의 아우라(후광)를 동반하게 된다. 그러나 독자들이여, 각각의 고전이 이끌고 다니는 그 풍문들을 멀리 떼어버리고 어머니가 떠다 주신 한 그릇의 식혜를 마시듯 편안하게 책을 펼쳐라. 책이란, 작품이란 음식을 먹듯 오로지 자기 혀끝으로 맛보고 자신의 위장으로 소화하면 족한 것이다.

고전이라고 부르는 것이 합당할지는 모르지만, 내겐 고등학생 때 읽은 리처드 바크의 『갈매기의 꿈』이 영롱한 추억으로 맺혀 있다. 시원한 갈매기 사진과 함께, 날기 연습을 하는 갈매기 조나단의 "가장 높이 나는 새가 가장 멀리 본다"는 그 자기향상을 위한 의지가 공감을 자아냈다. 무언가 더 크고 높고 고귀한 것을 향한 정열로 스스로를 채찍질해 불타오르던 청소년기가 아니었던가. 더구나 그 책은 내가 당시 편지로 사귀고(?) 있던 모 여성 작가가 선물해준 것이었으니!

똘스또이, 발자끄, 토마스 만, 지드, 까뮈, 릴케, 엘리어트, 헤밍웨이…… 이런 이름들이 얻게 된 명성의 진가를 그 대표작을 통해 하나하나 확인하는 것도 즐거운 일이지만, 좀더 현대적인 보르헤스, 마르께스, 쿤데라, 네루다 등과 같은 이름들에 친숙해지는 것도 보람을 줄 것이다. 그러나 부디 욕심을 버릴지어다. 그 모두를 한꺼번에 섭취하려 들면 반드시 첫 고비조차 넘지 못할지니. 그 누구도 이 위대한 작가들을 전부 가슴에 품을 수는 없을 것이로되, 오히려 그 한둘을 정녕 애인으로 삼게 된다면 그 또한 인생의 축복이 아닐까.

그러나 무엇보다도 어머니의 솜씨로 빚은 식혜의 그 감칠맛을 확실하게 머금고 있는 것은 아무래도 이땅의 현실이 빚은 우리 근대문학 작품들이 아닐까 한다. 요즘 신토불이(身土不二)라는 말이 유행이지만, 그런 의미까지 포함하여 우리 근대문학의 명작들을 재인식하는 것도 우리 자신의 삶을 한결 풍요롭게 가꾸는 방편이 된다. 아니, 현대사회의 어지러운 일루미네이션 아래 숨쉬고 있는 우리 삶의 뿌리와 그 본질을 조금씩 깨우쳐가는 지름길이 될지도 모른다.

채만식(蔡萬植)의 『태평천하』는 우리 문학의 감칠맛을 찾아 여행을 떠날 때 우선 들러야 할 답사지이다. 이제 학창시절의 시험공부를 위해 읽던 독서법은 멀리 팽개쳐버려라. 마음에 아무런 속박됨 없이, 그야말로 작품을 작품 자체로 대접하며 편안하게 책을 펼쳐라.

제1장 '윤직원 영감 귀택지도(歸宅之圖)'로 시작되는 이 짧은 장편은 채만식의 풍자정신이 가장 빛을 발하는 명편으로, 가만히 장면장면을 떠올리며 읽노라면 포복절도할 웃음 사이사이에 가슴을 찌릿하게 하는 날카로운 통찰들이 서려 있음을 실감하게 된다. 서울 계동(桂洞) 부자 윤직원 영감은 인력거를 타고 귀가하면서 인력거삯을 치르는데, 처분대로 따르겠다는 인력거꾼의 말에 "나넌 그렇기 처분대루 허라구 허길래, 아 인력거삯 안 주어두 갱기찮언 종 알구서, 그냥 가라구 히였지!" 하고 뻗대는 지독한 노랑이다. 라디오에서 늘 나오던 남도소리가 나오지 않는다고 하인을 닦달하고, 만원 버스를 타고 춘심이와 명창대회에 가면서는 또 공차 탈 꾀를 부린다.

윤직원 영감은 버스에서 내려서 대견하게 숨을 돌린 뒤에, 비로소 염낭끈을 풀어 천천히 돈을 꺼낸다는 것이 10원짜리 지전입니다.
"그걸 어떡허라구 내놓으세요? 거스를 돈 없어요!"
여차장은 고만 소갈머리가 나서 보풀떨이를 합니다.
"그럼 어떡허넝가? 이것두 돈은 돈인디……"
"누가 돈 아니래요? 잔돈 내세요!" (중략)
잔돈을 두어두고도 10원짜리를 낸 것이며, 부청 앞에서 내릴 테면서 정거장까지 간다고 한 것이며가 모두 요량이 있어서 한 짓입니다.

무사히 공차를 탄 윤직원 영감은 총독부 앞에서부터는 춘심이를 앞세우고 부민관까지 천천히 걸어서 갑니다.
　"좁은 뽀수 타니라구 고생헌 값을 이렇기 도루 찾는 법이다."

　이와 같이 윤직원 영감을 따라 인력거도 타보고, 버스를 타고 총독부가 있는 식민지시대 서울거리를 달려도 가다 보면 당대의 풍물과 풍습이 손에 잡힐 듯 느껴져오고, 이제는 거의 잊혀진 '소갈머리'니 '보풀떨이'니 하는 맛깔스런 우리말들도 제법 귀에 익어 정겹게 들리게 된다.
　무슨 거창한 주제의식을 좇아 마음을 무겁게 하기보다, 청랭한 한 보시기의 식혜를 마주한 양 찬찬히 작품을 읽어가노라면, 어느덧 우리는 그 작품의 참맛과 의미가 가슴으로 피부로 스며들어옴을 느끼게 되리라. 그리고 우리에게는 점점 더, 자신의 삶의 영상이 드리워진 우리 문학작품들을 찾아 읽고픈 갈증이 생겨나기도 하리라.
　우리가 답사할 고전문학의 샘은 곳곳에서 청량하게 솟아오른다. 특히 근대의 우리 문학작품은 우리 사회의 본질적 성격과 우리 삶의 양태와 문화를 깊이 이해하는 데에 유용한 재료가 된다. 염상섭의 『삼대』, 홍명희의 『임꺽정』, 이기영의 『고향』, 이광수의 『무정』 등 우리는 여러 갈래 길을 만날 것이며, 그 길은 서로 통해 있으니, 이 가을과 더불어 그대 여행을 떠나지 않겠는가.

'착한 얼간이'들이 당하는 고통과 몽매함을 벗어나지 못한 사회

위화 소설집 『내게는 이름이 없다』

 '이런 바보 멍청이, 얼간이가 있나.' 위화(余華)의 단편 「난 쥐새끼」를 읽다 보면 이런 탄식이 절로 나온다. "쥐새끼 같은 겁쟁이가 누구게?" 하고 물으면 "나"라고 대답하는 이 인간(양고)은 어려서부터 놀림감이 되더니, 어른이 되어서도 공장의 동료들로부터 비웃음을 당한다. 반면에 약삭빠른 여전진은 공장장을 위협해 청소부에서 조립공이 되고, 출근해서 잠만 자지만 봉급은 더 빨리 오른다.
 양고의 아버지가 죽은 사건도 어처구니없다. 눈감고 운전해보라고 졸라대는 아들의 성화에 눈을 감았다가 앞에 가는 경운기를 들이받을 뻔한 아버지는 잠시 후 고장난 트럭을 고치려고 멈춰섰다가 경운기에 타고 있던 농민들에게 몰매를 맞는다. 얻어맞고 모욕을 당한 아버지는 트럭을 몰고 경운기를 쫓아가서 돌진해, 충돌사고를 일으키고 죽는다.
 양고는 밤길에 여전진을 만나 반가운 마음에 껴안았던 사건으로 인해 여전진에게 심하게 폭행을 당한다. 여자옷을 둘러쓴 탓에 강간범이 달려든 것으로 착각하고 달아났던 여전진은 그 사건을 떠벌리다가, 양고가 강간범이 바로 자기였다고 말하자 망신당한 분풀이로 무차별 폭행을 가한다. 어휴, 약삭빠른 구석이라곤 눈곱만큼도 없는 양고!

이 일로 열을 받은 양고는 여전진을 죽여버리겠다고 식칼을 들고 찾아가는데, 사람들은 구경거리가 났다고 웃으면서 따라나선다. 결과는 어떻게 되었나? 양고는 그를 죽이는 대신 귀싸대기를 한방 갈겼을 뿐, 또다시 여전진으로부터 무차별로 얻어터지고 만다.

사실 양고는 정직하고 성실한 사람이다. 자기가 어떤 인간인지도 알고 있다. 그러나 그의 동료들 속에서, 세상사 속에서 그는 모자란 바보이고 아둔한 얼간이이다. 그래서 당하고만 산다. 「내게는 이름이 없다」의 래발도 비슷한 부류이다. 거리의 개를 마누라 삼으라고 놀려대던 이웃들은 래발이 정말 개와 친해져 마누라처럼 한집에서 살자, 어느날 그 개를 두들겨패서 잡아먹는다. 자기 이름을 불러주며 부탁하자 래발은 그만 침대 밑에 숨은 개를 불러내주었던 것이다.

위화의 소설(단편소설집 『내게는 이름이 없다』, 푸른숲 2000)에는 이처럼 선량한 얼간이들이 자주 등장한다. 특별한 못난이가 아니더라도 인간은 모두 얼마간씩 얼간이이다. 「왜 음악이 없는 걸까」「내가 왜 결혼을 해야 하죠」「오래된 사랑 이야기」「충수」 등에는 우매한 인간사가 어떻게 해서 벌어지는 것인지 냉철하게 포착된다. 여기엔 작가의 유머감각이 배어 있는 것이지만, 그 밑바닥에는 인간의 본질적 어리석음과 운명의 손이 야기하는 깊은 슬픔이 깔려 있다.

위화는 최근 급속히 세계에 알려진 중국의 젊은 작가이다. 지난 6월에 우리나라에도 다녀갔는데, 주요 작품이 대부분 우리말로까지 번역된 '행복한' 작가이다. 리얼리즘을 기조로 하면서도 편마다 독특한 형식적 고려를 담고 있는 그의 단편들은 재미있고 산뜻하다. 아직 채 몽매에서 벗어나지 못하고 서로 물어뜯는 민중들, 근대적 발전과 사회혁명에도 불구하고 해소되지 않은 갈등과 실현되지 않은 약속들이 그의 소설의 갈피마다 드러나고 있다.

남들은 다 늦게 출근해서 일찍 퇴근해도 시간을 지켜 제일 열심히 일하는 사람, 적은 봉급과 작은 집에도 만족하는 사람, 양고 같은 '착한 얼간이'들이 더이상 얻어맞지 않고 제대로 대접받는 세상을 가로막고 있는 건 누구인가?

몽골 현대소설에 나타난 애정 모티프
몽골 현대 단편소설선 『샤르 허브의 아지랑이』

1. 근대소설과 사랑의 주제

  근대문학의 인간탐구에서 사랑의 문제는 늘 주요한 주제가 되어왔다. 일찍이 셰익스피어의 『로미오와 줄리엣』은 운명적 사랑의 비극으로 사람들의 심금을 울렸고, 괴테의 『젊은 베르터의 슬픔』은 실연으로 인한 자살을 유행시켜 사랑을 묘파한 문학의 힘을 널리 떨쳤다. 서구 근대문학이 본격적으로 개화한 19세기에는 샤롯 브론테의 『제인 에어』, 에밀리 브론테의 『폭풍의 언덕』과 최근 조 라이트 감독의 영화로 재탄생한 제인 오스튼의 『오만과 편견』 같은 걸작 소설들이 나왔다. 스땅달의 『적과 흑』은 야심찬 청년의 유부녀와의 연애를 그린 애정소설이자 왕정복고기 프랑스 귀족사회의 모순을 날카롭게 비판한 사회소설이기도 하였고, 앙드레 지드의 『좁은 문』은 세속의 사랑을 넘어서는 새로운 윤리를 모색하여 주목을 받았다. 이처럼 제각기 다른 정열을 내뿜는 사랑의 모습을 진지하고도 섬세하게 탐구한 작품들은 서구 근대문학의 대표작으로 인식되어 비서구문학권에도 널리 소개되어 읽혀왔다. 나아가 현대소설은 좀 더 적나라하게, 욕망의 탐구라는 시각에서 사랑의 주제를 탐색하는 경향을 보인다.

문학이 탐사하는 사랑의 문제는 인간을 비추는 거울이자 사회를 비추는 거울이다. 몽골 근현대문학 역시 이 사랑의 문제를 주요한 주제로 삼고 있으리라는 것은 충분히 짐작할 수 있는 일이다.

몽골 소설은 한국에 극히 일부만이 번역되어 있고, 몽골문학연구회를 중심으로 좀더 본격적인 번역 소개 작업이 추진되는 중이다. 따라서 몽골 소설작품을 폭넓게 검토할 수 없는 상황이다. 하지만 한정된 자료를 통해서도, 몽골 소설이 사랑의 주제를 매우 관심 깊게 탐색하고 있으며, 다양하고도 흥미로운 모습으로 이를 형상화하고 있음을 알 수 있다. 이 소론(小論)에서는 몽골 현대 단편소설에 사랑의 주제 즉 애정 모티프가 어떤 양상으로 나타나고 있는지 살펴보고자 한다.

2. 관능의 유혹과 일방향 애정의 파탄
―「스님의 눈물」「벌거벗은 초상화」

데. 나착도르즈의 「스님의 눈물」(1930)과 체렝톨가 투멩바야르의 「벌거벗은 초상화」(1998)는 단편 중에서도 그 길이가 매우 짧은 작품이면서 대단히 흥미롭다. 대개 200자 원고지 30매 이내의 분량으로 씌어지는 짧은 작품은 한국에서는 '꽁뜨(conte)' '장편(掌篇)소설' '엽편(葉篇)소설'로 불리며 1970, 80년대 경제개발기에 대기업 사보(社報)에 주로 발표되었는데, 경제상황의 변동과 매체의 축소로 지금은 거의 발표되지 않고 있다. 「스님의 눈물」과 「벌거벗은 초상화」는 짧은 분량에 따른 빠른 이야기 전개와 반전의 묘미를 특징으로 하는 장르의 매력을 십분 발산하고 있는 작품이다.

두 단편은 관능의 발견과 아울러 일방향 애정이 일으키는 착시 현상을 보여준다. 「스님의 눈물」에서 로동스님은 아편이 떨어져 돈이 아쉬운 백옥 같은 여인 유배화가 미소와 친절을 동원해 접근하자 마음이 흔들리기 시작한다. 노모를 핑계로 스님을 집으로 끌어들인 유배화는 "사바세계의 욕망의 안개가 뭉게뭉게 피어오르기 시작한" 로동스님을 유혹해서 하룻밤 묵어가도록 한다.

"어머, 스님, 조금 있다가 들어오세요."
난데없는 유배화의 당혹스러운 목소리가 들렸다.
스님은 유배화의 말대로 문밖에서 서성이고 섰다가 갑자기 무슨 일인지 궁금해서 집게손가락에 침을 묻혀 창호지를 뚫고 그 작은 구멍으로 방 안을 들여다보았다. 처녀가 등불 아래서 속옷을 벗는 모습이 눈에 들어왔는데, 눈부시도록 아름다웠다. 스님의 가슴은 두근두근 뛰기 시작했다. 스님의 공허한 마음은 어느새 속세로 옮겨져 있었고, 계율의 도는 이미 바론 조로 훌쩍 날아가 버렸다.*

유배화는 욕망의 메커니즘을 알고 있다. 그래서 스님의 욕망의 순조로

---

* 더르즈접드 엥흐벌드 외, 『몽골 현대 단편소설선 Ⅰ 샤르 허브의 아지랑이』, 난딩쩨쩨그와 정용환 외 옮김, 모시는사람들 2006, 10면. 앞으로 몽골 작품 인용은 이 책에 따르고 본문에 면수만 밝힌다.

운 실현을 지연시키고, 이렇게 장애를 겪은 욕망은 더욱 증폭되게 마련이다. 창호지에 뚫린 작은 문구멍을 통해 들여다본 여인의 나신에 현혹되어 스님은 자신의 욕망을 좇아 화끈하게 파계하고, 속세의 삶을 선택한다. 이와 같은 장면 묘사는 근대 대중소설이 즐겨 그리는, 전형적이면서 통속적인 장면과 흡사하다.

그러나 이렇게 욕망이 가리키는 길을 선택한 로동스님은 결국 파탄을 겪는다. 유배화가 원했던 것은 사랑도 아니고 관능도 아니요, 그의 재산이었던 것이다. 눈부시게 아름다운 여인의 관능에 유혹되었던 로동스님은 미망(迷妄)에서 벗어나지 못한 채, 유배화를 향해 '나를 버리지 말라'고 눈물을 흘린다.

「벌거벗은 초상화」는 누드 모델이 화가에게 느끼는 사랑을 다룬 특이한 작품이다. 그런만큼 현대적인 체취의 작품이라 할 수 있다. 가난한 화가의 누드 모델을 하는 강체체그는 화가를 만나면서 점점 화가가 자신을 사랑한다고 여기게 된다. 자신의 몸의 아름다움을 예찬하면서 다른 화가의 모델이 되지 말아 달라는 요청, 유명한 초상화들에 대해 설명하는 친절한 태도에 강체체그는 마음을 빼앗겨 화가에게 자신의 사랑을 고백하고자 한다. 그러나 전시회 날, 화가가 구하던 것은 여인의 몸이나 여인의 사랑이 아니고 오로지 그림을 위한 미적 대상의 탐구였음이 드러난다. 그림이 완성되자, 화가는 더이상 그녀의 존재가 필요하지 않음을 선언한다. 강체체그는 절망의 눈물을 흘린다.

이 작품에서 흥미로운 점은 여성이 자신의 몸을 화가에게 보여줌으로써 욕망이 싹트기 시작한다는 것이다. 누드 모델과 화가의 관계는 한편으로는 욕망의 대상으로 현시되는 존재를 가질 수 없다는, 줄 수 없다는, 욕망의 실현이 지연되는 긴장 관계이다. 또다른 점에서는, 누드 모델은 단지 여러가지 직업 중의 하나라는 측면이다. 직업으로서의 누드 모델을 벗어나, 화가의 말에서 또 화가의 눈길에서 사랑의 갈구를 느낀 강체체 그는 화가와 모델의 관계를 사유화(私有化)함으로써 주관에 빠져든 것이다. 말하자면 강체체그는 예술과 예술가의 작업을 이해하지 못하였을 뿐만 아니라, 현대의 직업 윤리를 망각하였다. 대조각가 로댕과 그의 모델이자 예술가였던 까미유 끌로델의 사례는 이러한 관계가 빚어내는 훨씬 더 복잡한 국면들을 보여주었다고 하겠다.

두 작품은 공통적으로 일방통행적인 감정의 착시(錯視)현상과 그 필연적인 파탄을 보여주어 이를 경계(警戒)하고 있다. 이때 애정을 유발한 주요한 계기는 여성의 몸이 제공하는 관능의 작용이다. 관능이 남녀의 끌림을 촉발하는 계기로 무시할 수 없는 중요성을 가진 것은 사실이고, 이러한 관능의 작용 자체를 저급하다고 할 수는 없다. 두 작품은 짧은 단편의 장르적 특성을 잘 살리면서, 이러한 관능의 계기를 인간의 솔직한 욕망으로 적극적으로 그려냈다는 점이 주목된다.

3. 일상의 권태와 새로운 사랑의 발견
―「불행한 사랑」「아직 해가 지지 않았다」

롭상체렝의 「아직 해가 지지 않았다」(1962)와 게. 아요르자나의 「불행한 사랑」(2001)은 결혼한 부부가 빠져드는 권태와 새로운 사랑의 추구를 그리고 있다.

「불행한 사랑」의 남자는 7년간의 결혼생활에 권태를 느끼며 '정말 내가 아내를 사랑하나?' 의혹을 갖기 시작한다. 그는 '다시 새로운 사랑을 하고 싶다' '진정으로 사랑을 속삭이고 싶다'는 욕망에 사로잡히지만, 기껏해야 작가인 친구에게 전화를 걸어 사랑에 대한 책을 달라고 부탁할 뿐이다. 그는 아내가 외출한 집에 한가하게 누워 책을 읽다가 잠이 든다. 아내는 밤 열한시가 넘어서도 돌아오지 않고, 그는 자신의 지난날의 삶을 돌아보다 그동안 살아온 방식을 후회한다. 사회적 지위를 얻기 위해 열심히 일하고, 자식이 수입도 적고 이름도 없는 부모 밑에서 자라지 않게 하려고 무려 다섯 번이나 아이를 유산시켰다.

"쓸데없는 생각이다! 많은 월급, 명예가 무슨 소용 있느냔 말이다."
서로 사랑하는 사람들이 그깟 허망한 것을 위해 살았다는 사실이 정말 딱하게 느껴졌다. 그는 지난 삶을 회고하며 진한 눈물을 흘렸다. 이것이 한번 지나가 버린, 돌아오지 못할 '불행한 사랑'이 아닐까? (191면)

이와 같은 후회와 반성으로 "이제부터라도 아기를 갖겠다고 결심"하지만, 이러한 자각은 때늦은 것이 되었다. 그는 길 건너편 어둠속에서 다른 사내와 서로 "껴안고 정신없이 입을 맞추"는 아내의 모습을 보았던 것이다.

남편의 사랑을 끊임없이 확인해야 했던 아내는 그동안의 삶의 방식에 이미 등을 돌리고 새로운 사랑을 찾아낸 것이 아닐까. 역시 짧은 단편 형식에 반전의 묘미를 준 「불행한 사랑」은 진정한 사랑이 실종된 세속적 행복의 추구에 경종을 울리는 주제의식을 보여준다.

「아직 해가 지지 않았다」의 주인공은 남편과의 결혼생활에 흥미를 잃어버린 아내이다. 활달하고 자유스럽게 학창시절을 보낸 '나'(체렝)는 "질투가 심하고 여러 사람들이 모여서 즐기는 걸 싫어할 뿐만 아니라 춤도 못 추"는 보수적인 남편 때문에 우울증을 앓는다.

그런데 이상하게 배가 불러도 마음이 고프고, 먹을 것이 넉넉해도 식욕이 떨어지고, 기다릴 것도 없는데 뭔가를 초조하게 기다리게 되는 우울증에 빠져버렸다.

인생에서 배우자를 찾아서 결혼한다는 것은 좋은 일이다. 결혼한 뒤 사랑의 결실로 아기가 생기는 것 또한 좋은 일이다. 그런데 그 다음엔 무엇을 해야 하지? 이런 생각에 이르면 갈 길이 보이지 않고, 낯선 길을 걷다가 해가 진 것같이 막막한 느낌이 들곤 했다. 남편을 싫어해서, 다른 남자를 원하기 때문에 그러는 것도 아니다. 자기 자식을 귀찮게 여기고 독신의 즐거움과 편안한 삶을 바라는 것도 아니다. 뭔가 늘 부족한 것 같은 느낌이었고 '어떻게 하면 좋아질까?' 하는 질문을 항상 나 스스로에게 하게 되었다. (125~26면)

아무런 부족함이 없는데 만족할 수 없다는 것, '그 다음엔 무엇을 해야 하지?'라고 묻는 것. 이러한 내면의 욕구가 없다면 문학도 존재할 필요가 없는지 모른다. 체렝은 이제, 아기를 잘 키우고 집안 일만 잘하면 된다는 남편의 사고방식대로 더이상 살고 싶지 않은 욕구를 느낀다. 그런 체렝에게 새로운 만남이 다가온다.

체렝은 도청에서 주관하는 건초 작업에 참여하면서 많은 사람과 어울려 일하는 데 보람을 느끼고, 그동안 맛볼 수 없었던 즐거운 삶을 경험한다. 키 작고 힘도 약한 닥다와 미모의 의사인 갈초 부부의 다정함을 보며 부러움을 느끼기도 한다. 체렝은 거기서 만난 나이당을 자신의 이상형으로 생각하고 연정을 품게 된다. 온통 그에 대한 생각에 빠져 "생각이 깊어질수록 나는 내 가정을 버리고 내 욕망대로 살면 안 될까 하는"(135면) 정도까지 나아간다. 건초 일이 끝나는 날, 나이당이 찾아와 자신은 결혼

했고 아이도 있음을 밝히면서 자신의 감정은 "엄격하게 말하면 연민이지 사랑은 아니"(137면)라고 말한다.

건초 작업에서 돌아온 체렝은 여러 사람과 어울리며 행복하게 사는 삶의 방식을 남편에게 설득한다. 아내의 이야기를 받아들이는 것 같던 남편은 그러나 아내가 바라는 삶을 조금도 이해하지 못한 채 심하게 화를 낸다. 그렇지만 이것으로 모든 것이 끝난 것은 아니다.

깜깜한 방구석에서 혼자 울고 있었지만 내 귀에는 여전히 여러 사람들의 웃음소리가 들리는 듯했다. 동료들과 같이 준비했던 큰 풀더미가 넓은 초원에 우뚝 솟아 있었다.
그렇지만 모든 것이 다 끝난 것은 아니다. 아직 해가 질 시간은 멀었다. 나는 오직 즐겁게 살고 싶었을 뿐이다. 좀 더 평화롭고 행복한 삶을 꿈꾸었을 뿐이다. (137면)

체렝이 발견한 것은 새로운 사랑이지만 그것은 동시에 새로운 삶의 발견이다. 가정이라는 감옥에 갇혀 사회적인 관계를 상실한 주부의 안락하고 답답한 삶을 체렝은 거부한다. '인형의 집'을 뛰쳐나온 노라처럼.

4. 주고받는 사랑과 교감의 기쁨
―「솔롱고」「샤르 허브의 아지랑이」

체. 로도이담바의 「솔롱고」(1958)는 소년 소녀의 청순한 사랑을 그리고 있다. 몽골의 아름다운 산천에서 말떼를 방목하며 사는 마을에 하이틴 소녀 솔롱고가 찾아온다. 절친하게 지내는 이웃집 도르 아저씨네가 한달 뒤 이사갈 때까지, 출산한 납치 아줌마를 도와주러 온 것이다. '나'는 도르 아저씨 집에서 솔롱고를 보자마자 순진한 마음에 큰 파문을 일으킨다.

어린 낙타의 눈처럼 순한 그녀의 눈과 마주치는 순간 나는 너무 민망하고 부끄러워 손에 쥔 사탕 몇 개를 떨어뜨렸다. 어쩔 줄 몰라 겨우 정신을 수습하고 '안녕하세요?' 하고 인사했지만 그녀가 뭐라고 대답했는지도 모른 채 후다닥 떨어진 사탕을 주워 품에 넣고 밖으로 나와서 암말을 묶어놓은 젤로 도망치듯 향했다. 가는 동안 백옥같이 흰 그녀의 얼굴, 희고 가지런한 치아, 까맣고 동그란 눈, 청색 델 뒤로 늘어뜨린 갈색 머리카락 등이 눈에 선해 다시 보고 싶은 마음에 몇 번이나 아저씨 집을 되돌아보았.

열일곱, 여덟 살쯤 되는 그 여자애를 생각할 때마다 가슴이 설레고, 마음 속으로 감미로운 음악이 들리는 듯했다. (196면)

이렇게 설레는 순정을 품은 '나'는 솔롱고와 함께 말젖을 짜고 과일도 따러 가면서 즐거운 나날을 보낸다. 군에서 열리는 나담 축제날이 되자, 나는 솔롱고와 여동생 수렌과 함께 말을 타고 초원의 하르간트 강을 건너 축제가 열리는 곳으로 간다. 셋은 노래를 부르고 경마와 씨름을 구경하고 호쇼르를 먹으며 축제를 즐겼다. '나'는 솔롱고가 부르는 노래에 반한 담딘이라는 청년이 솔롱고를 따라다니며 치근거리자 그에게 주먹을 날리면서, 솔롱고를 향한 자신의 마음이 연정임을 느낀다. 그렇지만 둘에게는 헤어질 시간이 다가온다. 밤이 깊자 솔롱고와 '나'는 함께 밖으로 나온다.

자정쯤 수렌이 잠들자 우리는 같이 밖으로 나왔다. 누워 있는 양과 소가 되새김질하고, 은색의 달이 우리를 비추고, 멀리 건너 마을의 개 짖는 소리가 들리고 있었다. 우리 둘은 양새끼 우리에 기대어 한참을 말없이 서 있었다. 나는 어느새 그녀의 손을 꼭 쥐고 있었다.

"솔롱고, 나를 잊을 거야?" 내가 물어보자 솔롱고가 "아니, 언제까지 안 잊을게." 하며 천천히 고개를 저었다. 우리는 또 한참 동안 말이 없었다. 하지만 난 솔롱고의 고향에 갈 수 있는 방법이 무얼까 온갖 방법을 궁리하고 있었고, 갑자기 좋은 생각이 떠올랐다.

"솔롱고, 내가 어트링 말들을 방목하면서 네 고향에 갈게. 마치 도르지 아저씨처럼."이라고 했더니 솔롱고가 미소를 지으며 "그럼 내가 기다릴 거야." 하며 하늘을 보더니, "북서쪽이야."라고 했다. 나는 대답을 하지 않았다. 솔롱고가 머리를 내 어깨에 기댔고 우린 오랫동안 그대로 서서 움직이지 않았다. (211면)

아름다운 장면이다. 이처럼 서로 애틋한 사랑을 시작한 두 사람은 이튿날 힘겨운 작별을 한다. 솔롱고는 축제날 가게에서 산 나무인형을 '나'한테 주고 말을 달려 떠난다.

몽골의 아름다운 자연과 유목의 삶을 배경으로 펼쳐지는 '나'와 솔롱고의 사랑에는 사회제도나 신분, 부모간의 갈등 같은 장애가 가로놓여 있지 않다. 솔롱고 역시 '나'에게 소녀다운 풋풋한 관심을 나타내며 '나'와 마음을 주고받는다.

청순한 남녀의 만남과 풋사랑의 감정을 낭만적으로 그린 작품으로 알퐁스 도데(Alphonse Daudet, 1840~1897)의 「별」은 널리 알려져 있다. 「별」에서 양치기 목동 청년은 주인집 딸 스떼파네뜨에게 연정을 품고 있다.

그런데 어느날 스떼파네뜨 아가씨가 노새를 끌고 일주일치 식량을 갖고 목동을 찾아온다. 목동은 너무나 그리워하던 스떼파네뜨가 나타나자 물어보는 말들에 대답을 못할 정도로 감격스러워하는데, 집으로 돌아가던 스떼파네뜨는 소나기로 강물이 불어나 저녁 무렵 다시 목장으로 되돌아온다. 목동은 스떼파네뜨와 더불어 불 앞에 몸을 기대고 나란히 앉아 별똥별을 보면서 밤을 지샌다. 잠이 든 스떼파네뜨의 머리가 어깨 위에 얹히자 목동은 "저 많은 별들 가운데 가장 아름답고 찬란한 별 하나가 그만 길을 잃고 내 어깨에 기대어 잠들어 있구나." 생각한다.

역시 청순한 소년 소녀의 사랑을 그린 작품으로 황순원(黃順元, 1915~2000)의 「소나기」(1953)를 들 수 있다. 교과서에도 수록되어 널리 사랑받아온 이 작품은 시골 소년이 도회에서 온 소녀를 개울에서 만나, 산천을 쏘다니며 풋사랑을 키워가는 이야기다. 소년 소녀는 개울에서 조개를 줍고 산에서 도라지꽃을 꺾으며 수줍은 마음을 나누는데, 소나기가 쏟아지자 비를 피해 원두막으로 들어선다.

소녀의 입술이 파랗게 질렸다. 어깨를 자꾸 떨었다.
무명 겹저고리를 벗어 소녀의 어깨를 싸 주었다. 소녀는 비에 젖은 눈을 들어 한 번 쳐다보았을 뿐, 소년이 하는 대로 잠자코 있었다. 그러고는 안고 온 꽃묶음 속에서 가지가 꺾이고 꽃이 일그러진 송이를 골라 발 밑에 버린다.
소녀가 들어선 곳도 비가 새기 시작했다. 더 거기서 비를 그을 수 없었다.
밖을 내다보던 소년이 무엇을 생각했는지 수수밭 쪽으로 달려간다. 세워 놓은 수숫단 속을 비집어 보더니, 옆의 수숫단을 날라다 덧세운다. 다시 속을 비집어 본다. 그러고는 이쪽을 향해 손짓을 한다.

수숫단 속은 비는 안 새었다. 그저 어둡고 좁은 게 안됐다. 앞에 나앉은 소년은 그냥 비를 맞아야만 했다. 그런 소년의 어깨에서 김이 올랐다.
　소녀가 속삭이듯이, 이리 들어와 앉으라고 했다. 괜찮다고 했다. 소녀가 다시, 들어와 앉으라고 했다. 할 수 없이 뒷걸음질을 쳤다. 그 바람에, 소녀가 안고 있는 꽃묶음이 망그러졌다. 그러나 소녀는 상관없다고 생각했다. 비에 젖은 소년의 몸 내음새가 확 코에 끼얹혀졌다. 그러나 고개를 돌리지 않았다. 도리어 소년의 몸기운으로 해서 떨리던 몸이 적이 누그러지는 느낌이었다. (「소나기」)

　두 아이는 서로 자신을 감정을 뚜렷이 드러내지 못한다. 작품의 결말은 병약한 소녀가 소년과의 추억이 담긴 자신의 옷을 그대로 입힌 채 묻어달라며 죽어갔다는 소식을 소년이 아버지로부터 전해 듣는 비극으로 귀결한다.
　「솔롱고」는 「별」과 「소나기」처럼 청순한 남녀의 순정적인 애정을 주제로 한 작품이다. 세 작품 모두 아름다운 자연의 품속에서 만남이 이루어지고 애틋한 사랑의 감정을 키워간다.
　「별」과 「소나기」에 나오는 소녀는 소년보다 신분이 높은 인물로, 노동의 힘겨움을 겪으면서 자연 속에서 살아가는 존재와는 거리가 있다. 또한 연약한 여성으로서 남성으로부터 보살핌을 받는 보호대상이 된다. 그러나 「솔롱고」에 나오는 소년 소녀는 자연 속에서 건강하고 활력있게 살아가는 민중 인물로, 서로가 신분의 차이가 없는 수평적인 관계에 있다. 「별」에서 목동은 스떼파네뜨에게 들려주는 별자리 이야기를 통해서 간접적이고 은유적으로만 자신의 애정을 표현한다. 「소나기」에서는 소년도 소녀도 상대방을 향한 자신의 감정을 직접 드러내지 못하고 우회적이고 암시적인 말과 행동으로만 표현한다. 이에 비해 「솔롱고」의 소년 소녀는 점점 만남을 발전시켜가고 자신의 감정을 확인하며, 마침내 순박한 형태의 애정을 직접적으로 표현하며 서로 감정을 나눈다.

더르즈접드 엥흐벌드의 「샤르 허브의 아지랑이」에서는 청춘 남녀의 사랑은 아니지만, 생명력 넘치는 사랑의 욕구를 확인할 수 있다. 여덟살 난 아들 하나를 두고 혼자 살며 초원에서 낙타를 치는 여인 가지드마는 자동차가 고장나 집에 머물게 된 군의 유통 직원 사르후에게 연정을 느낀다. 바깥세상의 소식을 들을 수 있는 손님이 오는 것은 우선 반가운 일이고, 칼국수를 써는 사르후를 보자 집안이 더 환하고 따뜻해진 것처럼 느껴진다. 아들과 셋이 사가이 놀이를 하면서 사르후와 무릎이 스칠 때 가지드마는 온몸이 떨린다.

"가지드마, 벽 쪽으로 눕지 않을래요?" 사르후의 약간 떨리는 목소리가 들리고 그녀는 미처 대답할 틈 없이 돌아서 눕자 침을 삼키는 소리와 함께 약간의 땀 냄새와 자동차의 기분 좋은 기름 냄새를 풍기며 그는 이불 아래로 스며들었다. 두 사람은 서로 어떤 말도 하지 않았다. 사르후가 부드럽게 헛기침을 하고 한 손으로 가지드마의 허리를 안아 자기 쪽으로 돌렸다. 가지드마는 긴 한숨을 쉬고 일어나서 속옷을 벗었다. 멀고 먼 별나라에 가서 너무 기쁘고 마음이 들뜬 듯 가슴이 벅찼다. 온몸이 뜨겁게 달아오르고 정신이 희미해지고, 마악 걸음마를 배우는 아기처럼 기쁘기만 했다.

"사르후!"
"왜요?"
"아들이 깨면 어떻게 하지요?"
그러나 그렇게 말을 하면서도 자기도 사르후의 향기에 취하였다. 가지드마는 나무 숲 속에서 그와 같이 소꿉놀이하는 여자아이가 되어 있었다. 그리고 자기도 바람둥이 암낙타처럼 된 것을 깨닫고 부끄러워서 이불로 얼굴을 가리고 '어쩔 수 없구나. 누구한테 부끄러워하겠어?' 하고 생각하고 겨우 가슴을 진정하고 가슴을 조금 내어 바람을 쐬었다.

집안이 마냥 고요하고 사르후의 심장 뛰는 소리만 들린다. 밖에서 낙타 떼는 다 같이 "어, 창피해." 하는 듯 되새김질하는 소리가 들려왔다. 지금 이 시간에 무슨 일이 일어나고 있는지 궁금해하는 듯 사막의 밝은 별들이 환기창으로 엿본다. (62~63면)

빛나는 장면이다. 바람둥이 암낙타가 섞인 낙타 떼, 잠자리로 다가온 외간 남자의 땀냄새와 기름냄새, 서로가 서로를 원하여 달아오른 남녀의 교접의 희열, 그리고 환기창으로 이를 엿보는 사막의 별들. 아름답다. 가지드마는 아이를 임신하고 싶고, 남자와 함께 살고 싶다. 하지만 군에서 정비사들이 와서 차를 고치고, 사르후는 읍에 있는 자신의 부인과 자식 곁으로 돌아간다.

이 작품과 흥미롭게 대비하여 읽을 수 있는 작품이 주요섭(朱耀燮, 1902~1972)의 「사랑 손님과 어머니」(1935)이다. 「사랑 손님과 어머니」에도 자식(딸) 하나를 데리고 홀로 사는 여인이 나오고 그의 집에 외간 남자가 와서 머문다. 남편의 어릴 적 친구인 그 남자에 대해 여인은 연정을 품고 남자 역시 여인을 연모한다. 두 사람은 간접적으로 조심스럽게 자신의 애틋한 감정을 상대방에게 전하지만, 세상의 눈길을 의식한 여인의 소극적인 태도로 두 사람의 관계는 더이상 발전하지 못하고 작별의 시간을 맞게 된다. 이 작품의 독특한 점은 그 화법에 있다. 옥희라는 여섯살배기 어린 딸아이의 시선으로 어머니와 사랑방에 온 손님의 관계를 그려가기 때문에, 두 성인 남녀 사이에 싹트는 연모의 정이 치정(癡情)이 아니라 순정으로 그려진다. 어머니와 사랑 손님이 상대방에게 애정을 표현하는 방식들도 대부분 옥희를 매개로 하여 이루어져, 독자로 하여금 어린 옥희가 보는 것과 달리 상상하도록 하는 효과를 낸다.

「사랑 손님과 어머니」의 여인은 과부의 개가를 나쁘게 보는 세상의 눈길과 딸아이가 받을 손가락질을 염려해 자신의 감정을 실현하지 못하고 억누르는 인물이다. 이에 비해, 「샤르 허브의 아지랑이」의 여인은 자신의 감정을 억압하지 않는다. 광활한 초원에서 낙타를 유목하며 고독하게 사는 가지드마는 평범한 여인이지만 사르후에게 적극적으로 자신의 욕망을 드러낸다.

"당신 부인이 정말 그렇게 못생겼어요?"
"당신과는 비교도 안 돼요."
"그런데 왜 결혼을 했어요? 이혼하면 안 되나요? 나는 당신한테 정들었어요. 나를 이제 어떻게 할 거예요? 나를 계속 사랑해 주세요." (72면)

이처럼 적극적인 욕망 표현은 「사랑 손님과 어머니」와 대조된다. 옥희의 어머니는 인습에 얽매인 채 보수적인 부덕(婦德)의 논리를 뚫고 나오지 못하고, '우리를 시험에 들지 말게 해' 달라는 주기도문을 외우며 갈등한 끝에 사랑을 포기하고 만다. 특별한 장애가 없는 상태인데도, 사랑 손님에게 대화로 직접 의사를 표현하기보다는 옥희를 매개로 쪽지를 주고받는 방식에 의존한다. 두 작품 모두 사랑의 욕망을 실현하는 데는 실패하는 결말이지만, 가지드마는 유부남인 사르후에게 적극적으로 자신의 욕망을 드러내어 사랑을 얻고자 하였고, 옥희의 어머니는 인습의 제약

속에 스스로를 가둔 채 사랑을 포기하였다.

「샤르 허브의 아지랑이」에는 유목적 삶의 분방함과 고독의 가운데서 싹튼 애정의 갈구가 생명이 약동하는 사랑의 교감을 이루는 모습이 아름답게 그려져 있다.

5. 맺는 말

이상으로 몽골 단편소설에 나타난 애정 모티프의 양상을 제한적인 자료를 통해서나마 살펴보았다. 1백여년 몽골 현대문학사에서 사랑의 주제는 아마도 훨씬 더 풍부하고도 이색적인 양상으로 변주되었을 것이다. 그렇지만 몇몇 단편소설을 분석하면서 본 애정 주제의 탐색 표현만으로도 몽골 소설의 특징을 흥미롭고도 유익하게 관찰할 수 있었다.

몽골 단편소설은 육체의 관능에 사로잡힌 일방적 사랑의 좌절을 보여주기도 하고, 건강하게 교감하는 사랑의 아름다움을 그려 보이기도 한다. 특히 「솔롱고」는 청춘 남녀의 청순한 사랑이 보기 드물게 아름답게 형상화되어 있는 매력적인 작품이다. 대자연 속에서 공동체를 이루며 살아가는 몽골 사회를 긍정적으로 드러내면서, 청춘의 특권인 순수와 열정, 건강성을 담아내고 있다.

「불행한 사랑」「아직 해가 지지 않았다」「샤르 허브의 아지랑이」에는 결혼생활의 권태에 빠진 남녀가 나온다. 「불행한 사랑」의 남편과 아내, 「아직 해가 지지 않았다」의 아내 체렝, 「샤르 허브의 아지랑이」의 남편 사르후는 자신의 세속적이고 지루한 결혼생활에서 삶의 가치를 발견하지 못하여 방황하며 일탈을 꿈꾼다. 이들에게 일탈이 꼭 축복이고 해방의 계기일 수는 없지만, 「아직 해가 지지 않았다」의 체렝, 「샤르 허브의 아지랑이」의 가지드마와 사르후는 일상에서의 일탈을 통해서 자신의 삶의 진부함을 깨뜨리고 생명력을 불어넣어주는 새로운 사랑을 발견한다. 이들이 발견한 애정은 일방적이고 내면적인 것이 아니라, 쌍방이 서로 교감하는 단계로 발전하는 총체적인 차원의 사랑이다.

이처럼 몽골 단편소설이 새로운 애정의 탐구에 관심을 보인 것은 한편으로는 사회주의 건설의 이면에 잔존하는 인습, 세속화, 관료제적 침체에 대한 비판적 시선 때문이 아닐까 한다. 물론「아직 해가 지지 않았다」같은 작품에는 보수적이고 인습적인 세계관의 질곡에 빠진 기성세대를 비판하고, 공동 노동과 놀이로 건강한 욕구를 발산하는 모습을 통해 인민을 계몽하려는 의도가 담겨 있다. 흥미로운 사실은 이러한 계몽과 새로운 인간 탐구를 위해 애정 모티프를 다루고 있는 작품들이 대부분 개방적인 성의식과 함께 적극적이고 진취적인 여성상을 추구하는 경향을 보인다는 점이다. 좀더 최근의 작품을 검토하면 어떤 결과가 나올지 모르지만, 이상의 작품들로 볼 때 몽골 소설에 나타난 일탈의 모습들은 아직 현대 자본주의 사회가 공통적으로 앓고 있는 극심한 가족 해체와 공동체의 붕괴 현상과는 거리가 멀다고 하겠다.

제3부 문학과 제도

통일시대의 문학과 생활

'새 천년' 담론의 허와 실

　세기 전환기를 맞아 '새 천년'을 둘러싼 담론들이 무성하다. 21세기──그 시작이 2000년이든 2001년이든──를 맞이하며 지난 한 세기 혹은 지난 1천년, 나아가 인류의 역사시기 전체를 돌아보는 일과 목전의 21세기를 포함한 인류 문명의 기나긴 미래를 전망해보는 일은 한 사회와 문명에는 물론이려니와, 점점 더 '사회적 동물'임을 피할 수 없는 우리 개개인들에게도 매우 의미있는 과제가 됨은 부정할 수 없을 것이다.
　그러나 언론·출판 매체들에서 펼쳐진 세기 전환을 둘러싼 논의들은 대부분 요란한 말잔치의 형세를 벗어나지 못했거니와, 이미 있어온 담론들을 재편성해 제공하는 수준에 머물고 있다. 이러한 한계는 우리 사회가 과거를 돌아보고 미래를 전망하기 위한 지식과 정보의 체계적인 갈무리 그리고 정신적 온축(蘊蓄)이 부족한 탓도 있지만, '밀레니엄' 담론 자체가 자생적·자발적이기보다 타율적·기계적으로 등장하였고, 우리 사회 내부의 절실한 내면적 욕구로부터 촉발되지 않은 데서 기인한다고 하겠다.

 사실 생활인의 감각으로서야 백년 단위, 천년 단위로 시간을 셈하는 것이 하등 절실성을 가질 수 없고(이에 비해 십년 단위는 훨씬 와 닿는다), 하필 2000년(혹은 2001년)을 기점으로 무슨 큰 전환이 일어날 것 같지도 않다. 새 천년을 둘러싼 담론은 서구세계 혹은 기독교 문명권에서는 의당 첨예한 관심사가 되겠지만, 1천3백만에 이른다는 최대 신도수를 자랑하는 불자(佛者)들의 나라에서 불기의 시간대는 제쳐둔 채 호들갑을 떠는 것도 나에겐 요상한 일로 보인다. 서력 2000년은 단기(檀紀)의 시간셈으로 치자면 4333년이요, 서기 1968년이 43세기의 시작이었는데, 그 무렵에 무슨 세기 전환기를 주목한 논의가 있어본 적이 없는 것이 '단군의 자손'인 우리 자신의 모습이다.

 그러나 우리의 시간관념은 가령 단기나 불기를 서력으로 환산하지 않으면 그 연도의 원근감조차 가늠되지 않는 것이 사실이고, 가족·기업·국가·세계가 동일한 시간 기준을 공유하고 그에 따라 움직일 수밖에 없는 것이 지구화시대의 피할 수 없는 현실이다. 미국 중심의 세계자본주의 네트워크에 깊숙이 편입된 우리로서는 지극히 서구적인 운명론의 일종이라 할 새 천년 담론을 가벼이 여길 수 없겠으나, 그런만큼 이 담론의 본질적인 상대성과 작위성에 대해서도 분명히 인식해야 할 것이다. 세계 곳곳이 인터넷으로 동시적인 소통이 가능해지고, 초고속 항공기를 통해 지구 반대편까지 십여 시간 만에 신체적인 이동을 할 수 있는 이즈음, 공통의 시간 기준이 요긴한 만큼 상대방의 고유의 시간대와 문화에 대해서도 이해하고 존중할 필요성도 중대되고 있다. 이처럼 생활인의 양식(良識)을 회복할 때, 전환기에 활개치는 몰이성적인 종말론들에서는 물론 세기말 또는 세기초 의식이 강요하는 자기암시로부터도 한결 자유로울 수 있을 것이다.

컴퓨터 통제씨스템상의 Y2K(2000년 연도 표시) 문제로 인해 상정된 대형 항공기 사고나 잘못된 미사일 발사 같은 재앙은 오히려 다른 방식으로 지금이 세기 전환기임을 실감케 하는바, 인지의 발달과 인공(人工)의 누적은 인간에게 한층 겸허할 것을 요구하는 역설적 교훈을 던져준다.

어쨌든 중요한 것은 새 천년 혹은 세기 전환의 담론을 통해 우리에게 꼭 필요한 내용있는 토론이 전개되고 반성과 성찰의 바탕 위에서 미래에 대한 기획이 이루어지는 일일 터이다. 이 서구적인 연대 구분은 여기에 하나의 중요한 계기를 제공하는 것으로 활용되어야지 이를 무슨 본질적인 규정요소처럼 오인하는 전도된 의식에 젖어들어서는 안될 일이다.

민족문학의 새 단계와 '90년대 문학'

새 천년 담론과 같은 강요된, 타율적 담론의 올가미에서 풀려날 때, 문학판의 한모퉁이를 차지하고 있는 나에게는 지금이야말로 최근 일이십년간의 문학 흐름을 차분히 되돌아보아야 할 시점이라는 생각이 든다. 1980년대와 90년대 문학을 구분하여 그 차별성을 부각하는 사고들이 90년대 중후반의 문학 논의에 만연하였거니와, 90년대에는 민족문학론을 중심으로 형성되었던 80년대의 다기한 문학적 지향이 끌어안고 있던 이념적 내용과 사회적 기능의 '억압'으로부터 벗어나고자 하는 욕구가 팽배해 있었다. 그것은 한국문학(남한문학)의 몸체에서 '나'로부터 달아나려는 '나'의 운동으로서 필연적으로 자기분열·파괴적인 성격을 내포한 것이었다. 이러한 자기분열은 또한 필연적으로 어느시기 중단될 운명임에도 불구하고 여간해서 그 관성에 스스로 제동을 걸어 발걸음을 돌이킬 가능성은 미미한데, 정권교체기와 맞물린 미증유의 경제위기와 IMF관리체제의 도래는 90년대 문학이 빠져든 그러한 미몽을 강하게 압박하였다.

나는 어느 좌담회 자리에서 "87년 6월항쟁 이후에서 90년대 초까지와 90년대 중·후반을 구별"해 볼 것을 제안하면서, 황석영의 활동 재개라든가 박완서·황지우·백무산의 근작들이 두드러지게 "'문학의 실감'을 회복"하고 있는 점 등 1998·99년 들어서 뚜렷해진 문학판도의 변화 조짐을 주목하였다.[1] 이것은 실은 변화라기보다 회복 혹은 복귀의 의미를 띠는 것으로서, 탈이념·포스트모더니즘·신세대문학 등으로 특징지어져온 90년대 중후반의 문학적 경향──이른바 '90년대 문학'──이 변모된 새로운 감수성을 일정부분 반영하고 있었다 하더라도 일종의 '일탈'에 가까운 현상이었음을 충분히 실감케 한다. 백낙청은 십년 전 "6월항쟁 이후로 한국문학은 새로운 단계에 들어서고 있다"고 언명하였는데,[2] 나는 오늘의 시점에서, 98년 이후 두드러지게 나타나는 우리 문학의 '삶의 실감의 회복'에 이르기까지 6월항쟁 이후 문학의 흐름을 전체적으로

---

1) 김영현·김이구·이문재·채호기, 「우리 문학이 걸어온 길: 90년대 문학출판의 지형도를 풀어본다」, 『출판저널』 제253호(1999. 3. 5.), 4~7면. 현기영 소설의 새로운 면모를 보여주는 『지상에 숟가락 하나』(실천문학 1999)의 완성 간행도 의미깊다.
2) 「통일운동과 문학」(1989), 『민족문학의 새 단계: 민족문학과 세계문학 III』, 창작과비평사 1990, 101면. "비약이라기보다는 몇몇 기성작가들의 꾸준한 정진이 눈에 뜨이고, 여기에 신인들의 활발한 진출과 좁은 의미의 '국내 창작계' 바깥에서 이루어진 몇가지 중대한 상황 진전을 덧붙일 때, 바야흐로 우리 문학의 활력에는 종전과는 뚜렷이 다른 가속세가 붙었다고 결론지을 수 있겠다는 것이다."(102면) 그리하여 구체적으로 제시하는 새 단계의 근거들은 다음과 같다. 기성·신인 작가들의 업적으로 고은의 『만인보』와 황석영의 『무기의 그늘』 및 정도상·김한수·홍희담·김향숙 등의 중단편, 김석범·이회성 등 재일동포 작가들의 작품 번역, 김학철·이근전 등 연변 작가들의 작품 간행, 『피바다』 등 북한 혁명문학의 간행 등.

조망할 때 새 단계의 성격과 그 잠재력이 한층 더 분명하게 인식될 수 있게 되었다고 본다. 그렇다면 이른바 '90년대 문학'의 소란은 대부분 새 단계 민족문학의 국지적 혹은 일탈적 양상이 아닌가 하는 것이 나의 관찰이다. 90년대 우리 사회·경제의 상당부분이 거품에 불과하였듯이, '90년대 문학'도 가짜욕망의 거품 위에 세운 성채였다. 삶과 현실로부터 이탈해 '자유로운 개인'이란 몽상을 펼쳐보는, 부자유한 '사회적 동물'의 백일몽이 '90년대 문학'의 몸체를 이루었다. 가짜욕망이 꿈꾸는 가상현실이란 팽팽하게 현실과 긴장관계를 형성할 수 없고, "당대의 '현실'이 어떠하며, 무엇이 진정한 '실재'인지"[3] 거의 파악하지 못한다.

  1987년 이후 근년까지의 문학 흐름을 데면데면하게 훑어보더라도 현상의 표면에서 요란을 떨고 저널리즘의 선정성과 영합하던 여러 양상들──이인화의 표절을 둘러싼 패스티시 논란, 이문열의 『선택』을 둘러싼 페미니즘 논란, 마광수·장정일을 둘러싼 성표현 논란, 신인작가들을 둘러싼 신세대론, 『드래곤 라자』 등 팬터지문학을 둘러싼 논란 등등──은 거품을 걷어냈을 때 추수할 수 있는 의미있는 알갱이가 미미한 수준임이 이미 드러났으며, 오래 갈무리할 문학적 성과들은 한층 '문학주의'적인 견지에서 현실과 문학을 조응시킬 때 비로소 가려질 것으로 보인다. 90년대의 다양한 문학적 경향들이 동서냉전체제의 붕괴와 국내의 제한적인 민주주의의 진전 등으로 형성된 정신적·문화적 분위기를 반영하는 의미를 지니기는 하지만, 시간의 시련을 견딜 내실있는 성과는 많지 않았다. 80년대 문학과의 차별성을 강조하는 명명으로서의 '90년대 문학'

---

3) 백낙청은 D. H. 로렌스의 '리얼리티'(현실 내지 실재)에 대한 관심은 곧 이에 대한 끈질긴 물음이었다고 하면서, 그의 이론적 성찰도 이러한 관심에서 나온 것이라고 보았다.「로렌스와 재현 및 (가상)현실 문제」, 『안과밖』 창간호(1996년 하반기), 273면.

이란 87년 이후 문학을 새 단계로 보는――그리고 새 단계가 앞으로 상당기간 더 지속될 것으로 보는――관점에서는 폐기해야 할 용어이며, 우리 문학사에서의 십년 단위 시기구분의 편의성을 감안하여 이 용어를 사용하고자 한다면 87년 이후 90년대 문학(의 어느 시기)을 가리키는 용어로서 의미를 재정립해야 할 것이다.[4]

21세기 '통일시대'의 전망

새 천년 담론의 타율성·경직성에서 벗어나 생활인의 실감에 좀더 접근한 문제들로 논의를 이끌고자 한다면, 분단극복을 비롯한 민족사의 지속적인 과제들과 노동·환경·교육 등 우리 사회가 당면한 과제들을 좀더 주체적으로 바라볼 필요가 있다.

임박한 미래이든 좀더 먼 장래이든 다가올 민족사를 내다본다는 의미에서 21세기를 논할 때, 국토와 민중이 분단된 우리 민족으로서는 통일문제가 관건적 위치에 놓이지 않을 수 없다. "단순히 분단극복을 역사적 과제로 안고 있는 시대일 뿐 아니라 분단체제를 꾸준히 허물어가는 다각적인 노력이 진행중이고 그것 없이는 통일다운 통일을 생각할 수 없는 그런 시대에 들어서 있"다는 의미에서 우리는 이미 통일시대를 살고 있다고 할 것이지만,[5] 추상적인 대의의 수준을 넘어서는 분단체제의 구체적인 현실 인식과 그에 입각한 사고의 정리, 혹은 행동윤리의 설정은 개

---
4) 이 글에서 나는 90년대 초부터 90년대 말까지의 대략 십년간의 문학을 가리켜 90년대 문학으로 부르고자 한다.
5) 백낙청, 「'통일시대'의 한국문학」, 『한국 현대문학 50년』, 민음사 1995, 608면. "통일이 일회적 사건이 아닌 지속적인 과정이라고 한다면 우리는 이미 '통일시대'를 살고 있다고 해도 무방하다"(같은 면).

인의 층위에서든 단체 혹은 정부의 층위에서든 매우 복잡하고 착잡하며 심지어는 종종 모험적인 일이 되기도 한다. 남북관계와 통일문제를 둘러싼 상황 전개는 명분과 이론보다 남한은 남한대로 또 북한은 북한대로 점점 더 경제메커니즘에 좌우되게 되었으며, 이제는 통일이 지상선(至上善)은커녕 재앙이 되지나 않을까 하는 우려마저 현실적이 되고 있다. 그러나 앞으로 십년 내에 통일로 가는 과정으로서 남북관계의 획기적인 진전이——점진적인 축적이든 단층적인 비약이든——이루어지리라고 보는 것이 나의 시각이며, 1백년을 내다본다면 21세기는 분명 통일이 실현된 시대요 분단시대와는 질적으로 다른 삶이 전개되고 새로운 과제를 안게 되는 시대이리라는 것이 나의 전망이다. 이러한 전망은 곧 의지이기도 한데, 나로서는 그 전망의 근거를 세세하게 밝힐 만한 준비도 부족하거니와 이 자리에서 논할 수 없는 문학론을 벗어난 주제이기도 하다.

사실 종종 간과되는 것이 우리 문학을 지칭하는 명칭이 왜 '한국문학'이 아니고 '민족문학'이 될 수밖에 없는가 하는 점인데, 특정한 '민족문학론'에 동조하든 안하든 식민지시대와 분단시대로 이어지는 우리 역사는 가치규범으로서든 실용적 용도로서든 이땅의 문학을 '민족문학'으로 부르게 한다.[6] 민족문학의 시각에서는 80년대 문학이니 90년대 문학이니, 이데올로기 편향이니 개인의 내면성이니 하는 등의 이곳의 문학논의가 실은 '남한'문학에서의 논의임을 인식해야 하는 것이요, 분단의 장벽을 뛰어넘지 못하는 현재와 통일된 미래를 아울러서 남북한의 민중이 함께 읽을 수 있는 문학이 어떤 것인지 고민하고 추구해야 하는 것이다. 더구나 눈앞에 다가온 21세기가 '통일의 세기'일진대, 지난 시대의 문학에

---

[6] 근대민족국가 건설이 완전히 이루어지지 않았다는 사실과 상응하여 '근대(지향)문학'으로 보는 관점을 택할 수 있으나, 이 경우도 '민족문학'의 인식에 포괄된다.

서 남북 민중이 모두 즐겨 읽을 수 있고 서로의 삶을 이해할 수 있게 하는 작품이 어떤 것이었는지 평가해보는 것도 긴요한 일이 된다. 이는 90년대 문학을 돌아보고 21세기 문학을 전망하는 데에도 필요한 관점이며, 북한의 문학에 대해서도 남과 북 모두에서 이러한 관점으로 접근할 필요가 있다.

이러한 원시안(遠視眼)으로 바라볼 때 들끓는 용광로 속에서의 제각각의 돌출들을 새롭게 걸러서 비평할 수 있으며, 이 원시안이 사실은 남한 민중 내부의 성찰적 시각과 다르지 않다는 사실도 자연스레 확인할 수 있을 것이다.

분단현실의 문학적 형상화

일본을 가리켜 가깝고도 먼 나라라는 표현이 있지만, 분단문제만큼 가깝고도 먼 문학적 주제도 없지 않은가 싶다. 익숙하면서도 다루기 어렵고, 피부에 와 닿는 실감되는 현실인 듯싶으면서도 지극히 관념적인 숙제로 여겨지는 것이 분단문제이다. 70, 80년대에 발표된 뛰어난 작품들 중엔 분단문제를 다루고 있는 작품이 적지 않았고 한동안은 분단극복문학이라는 말까지 유행처럼 사용되기도 했던 데 비하여, 90년대를 지내오면서는 분단문제에 대해 냉랭하달 정도로 무관심한 태도를 보여온 것이 사실이다. 「살아 있는 무덤」(1989) 「노역장 이야기」(1990)와 같은 빼어난 중단편을 통해 분단의 희생양인 장기수의 존재를 수면에 떠올린 김하기의 분투가 장편 『항로 없는 비행』(1993) 등으로 이어지기도 했지만, 대체로 90년대 내내 그 관심의 열도와 결실은 적막한 상태에 머물렀다. 이전 시대에는 의식적인 자각에 의해서든 소박한 소재발굴의 차원에서든 창작자들이 분단과 전쟁 등으로 야기된 개인과 공동체의 여러 갈등들을 주목하여 즐겨 다루었는바, 황석영의 「한씨 연대기」(1970) 등과 같은 걸작들뿐 아니라 소재주의의 한계 혹은 범작의 테두리를 벗어나지 못한 작품들도 많이 생산되고 있었다. 그러나 90년대 중후반에 와서는 직간접으로 분단문제를 소재나 주제로 채택한 작품 자체가 가뭄에 콩 나듯 희귀할뿐더러 앞선 걸작들을 뛰어넘거나 그에 필적하는 문학적 성과는 더욱 찾아보기 어려운 실정이 되었다.

이것은 분단이 야기하는 갖가지 갈등과 분단극복·통일의 과제가 이전 시대보다 덜 실감나게 되었거나 문학인이 도전해볼 가치있는 주제로서 그 비중과 매력이 감소했기 때문이 아니다. 따로 구구하게 설명할 필요도 없이 북한의 식량난과 북한동포 돕기 운동, 현대그룹의 판문점을 통한 1천 마리의 소 제공과 금강산 개발·관광 사업, 동해안 잠수정 침투사건, 미사일 논란을 일으킨 북한의 인공위성 발사 사건, 황장엽 망명과 탈북자의 행렬, 대선 무렵 한나라당의 총격요청 사건, 서해상에서 벌어진 교전 등 언뜻 떠올릴 수 있는 일들만으로도 분단상황이 야기하는 온갖 복잡한 문제들이 얼마나 간단없이 발생하고 우리 삶이 그로부터 자유로울 수 없는지 자명하게 드러난다.

남북 사회의 후진성과 억압성을 모두 다 분단의 탓으로 돌리는 것도 올바른 인식이 아니지만, 분단체제를 유지하고 그 모순과 불의를 끊임없이 재생산하기 위해서 민중의 엄청난 고통과 희생이 지불돼왔다는 사실을 몰각하는 것도 합당하지 않다. 남북의 꽃다운 젊은이들이 병영에서 황금의 시간대를 소진하고 심지어는 무의미한 개죽음을 당하는 것 역시 필수적인 방위인력 운용상의 문제라기보다 남북 대치의 분단상황이 빚어내는 비극적인 희생이요, 여전히 국가보안법으로 족쇄를 채우고 있는 남쪽의 사상의 자유의 억압과 주민의 눈·귀를 막는 북한의 언론·정보 통제도 분단이 해소되어야만 풀릴 수 있는, 인간됨의 부끄러운 희생을 강요하고 있다. 이산가족, 국군포로, 양심수 그리고 간첩선으로 오인되어 총을 맞고 죽은 어부에 이르기까지 국토와 민족의 분단에 관련된 개인들의 희생 또한 분단체제가 지속되는 한 멈춰지지 않을 것이다. 근년에 북한이 처한 미증유의 식량위기와 이로 인한 민중의 참상은 50여년간 지속돼온 분단체제가 얼마만큼의 민중의 희생을 요구하는지를 참으로 아프게 보여주고 있다.(지금 이 순간 남한의 우리가 선택되지 않았음을 다행스러워할 일이 아니다.)

문학이 현실사회의 당면문제들을 일차적으로 다루어야 할 책무를 지는 것은 아니지만, 우리의 삶 자체에 깊숙이 들어와 있는 분단문제를 제대로 다루어낸 작품이 드물뿐더러 그에 대한 관심조차 희미했다면 90년대 문학은 한 시기 민족문학으로서 제구실을 다하지 못했다고 하겠다. 이를 오히려 90년대 문학의 개성으로 간주하고 유의미한 해석을 이끌어내는 것도 가능할지 모르지만, 그와 같은 소홀함을 보완할 다른 성과가 두드러졌던 것도 아니고 그런 식의 보완이 가능한 것도 아니다.

문학판의 적막이 크게 개선되지 않는 상황에서 간행된 유홍준 교수의 '북한 문화유산 답사기'는 나에게 반가운 문학적 보고(報告)요 기록으로 다가왔다. 남쪽의 유수한 일간지의 방북 추진과 북의 초청으로 가능했던 열하루 동안의 북한 문화유산 답사를 통해 미술사학자로서 보고 느낀 것을 미려한 문체로 대중에게 전달하는 이 기행문학은 휴전선 북쪽에 위치한 문화유산들을 맛깔나게 소개하고 그 미적·문화적 가치를 충실히 알려주고 있을 뿐만 아니라, 반세기 이상의 분단 세월을 살아온 민족이 어떻게 다시 만날 수 있는지에 대해서도 시사하는 바가 많다.

리선생은 학문태도 또한 치밀한 연구자의 면모가 있어 (…) 50년 만에 남한에서 찾아온 이방인 아닌 이방인을 위해 문화유산에 대한 남한측 학술용어를 모두 알아두고 있었다.

나 또한 북한을 방문하기에 앞서 북한의 고고미술사 용어를 많이 익혔다. 그리고 현지에서 말할 때면 되도록 그쪽 용어를 써주려고 노력했다. 그것은 리선생도 마찬가지였다. 그래서 나와 리선생이 대화할 때면 나는 북한 용어로 묻고 그는 남한 용어로 대답하는 진기한 현상이 일어나곤 했다. (…)

"리선생, 진파리 무덤들은 내부구조가 대개 돌간흙무덤이죠?"

"네, 그렇습니다. 석실봉토분(石室封土墳)입니다."

"천장 구조는 삼각고임으로 되었겠죠?"

"네, 말각조정법(抹角操井法)입니다."[7]

유교수 자신과는 "정반대되는 성품을 갖고 있"어 리선생과 "오히려 금방 친해지게 되었"다는, 조선중앙력사박물관의 연구사인 북측 안내자에 대한 소개에서도 우리는 새삼스러울 것 없지만 실천하기 어려운 이질적인 남북 체제의 화해로운 만남에 대한 시사를 얻을 수 있으며, 상대방의 학술용어를 익혀서 호칭만 빼면 발화자를 거꾸로 오인할 대화를 주고받는 장면에서는 분단 50여년의 대치상태에서 세뇌된 적대의식이 눈 녹듯이 해소되는 느낌을 받기도 한다.(이 대목으로 본다면, 북한측의 학술용어가 보통사람들에게는 훨씬 더 친절하면서 위압적이지 않은 것으로 다가온다.) 1990년 '남북교류협력에 관한 법률' 제정 이후에도 이른바 불

---

[7] 「진파리 회상 1—정릉사: 천년의 비밀을 지켜온 우물 앞에서」, 『나의 북한 문화유산 답사기』 (상), 중앙M&B 1998, 86~87면. 이하 본문에 이 책의 면수만 표시.

법 방북으로 고초를 겪은 이들이 없지 않았지만, 그사이 각계각층에서 남북의 승인을 받아 북한을 방문한 인사들의 숫자가 일일이 기억할 수 없을 정도로 많아진 것도 사실이다. 그러나 방북의 소감을 발표하고 기록으로 남기는 것은 남북 당국의 입장을 고려하지 않을 수 없는데다 자기 내부의 검열과 정리를 거쳐야 하는 일이어서 크게 용기를 내지 않으면 하기 어렵고, 또 그 기록의 내용이 무엇이든 바람직한 통일을 위해 좋은 방향에서 기여할 것인지도 즉각 판단되기가 어려운 노릇이다. 이러한 어려운 글쓰기 작업을 유홍준은 치밀하고 성실한 준비와 우리 문화유산에 대한 순수하고 뜨거운 사랑, 그리고 "민족적·역사적인 동질성을 확보"(10면)하려는 자세로 충분히 감당해내었고, 짧은 여정으로 단순해지기 쉬운 기행문에 다양한 전문지식을 녹여 넣고 각 편을 단편소설처럼 짜임새있게 구성하여 독보적인 서술의 경지를 보여주고 있다. 이 북한 문화유산 답사기를 가리켜 기행문학이나 기록문학으로 장르규정을 하는 문제와 별 상관 없이, 이러한 서술과 그 내용 자체로서 우리 문학의 의미있는 성과로 포용해야 한다고 보는 것이 나의 생각이다.

    이 답사기가 분단상황하에서 통일을 내다보는 값진 문학적 성과임에도 불구하고 전혀 유보 없이 읽을 수 있는 것은 아니다. 남북 당국의 승인을 받은 힘있는 집단의 만남이라는 만남의 형식 자체가 글쓴이의 의지와는 상관없이 만남의 내용까지 규정하고 있으므로, 그런 '행복한' 기회를 통해 이루어진 답사의 결과가 북한 민중의 살냄새, 땀냄새까지 전해줄 수는 없기 때문이다. 글쓴이는 "있는 대로 보고 느낀 대로 쓰"(27면)겠다고 하였으나, 반북적인 시각이 아니더라도——아니, 그렇기에 더욱——북한체제(분단체제)의 모순을 사실상 "있는 그대로" 볼 수 없었던 것이며, 사실 이는 답사가에게 부과할 역할이 아닐 것이다.[8] 기행문학의 성격상 허구적인 상상력을 마음대로 발휘할 수 없기 때문에 더욱 피하기 어려운 이러한 한계는 본격문학의 탁월한 작품이 생산되어야 좀더 다른 차원으로 극복될 수 있을 것이다.

분단문제를 다룬 작품들이 희소했던 것 이상으로 문학비평계에서는 90년대 중후반 내내 이 주제에 대해 무관심으로 일관해왔다. 따라서 오히려 무관심했음을 지적하는 것 자체가 생뚱맞을 정도인데, 분단문제는 평단의 숱한 논쟁의 말밥에 오르내린 적도 없었고 무게있는 비평문 역시 거의 생산되지 않았다.9) 그러나 분단문제를 다룬 의미있는 작품 생산이 전혀 없었던 것도 아니고, 지난 십여년을 차분히 점검해본다면 현실변화에 상응하는 진지한 문학적 모색들이 계속돼왔음을 확인하게 될는지도 모른다.

신인작가 박상연의 『DMZ』(민음사 1997)는 지난해 김훈 중위 타살의혹 사건이 터지고 나서 다시 주목을 받기도 했는데, 남북의 접점인 판문점 초소를 무대로 그야말로 분단문제를 본격적으로 다룬 장편이다. 거제도 포로수용소에서 제3국을 택한 인민군 포로를 아버지로 둔 중립국 감독위원회 베르사미 소령의 시각과, 판문점 경비대 소속으로 초소에서 북한 병사들과 우정을 나누다가 그들을 향해 총을 쏘게 된 임수혁 상병의 상황을 중심에 놓고 풀어가는 이 작품에 대해 나는 "범속한 반북·반공 이데올로기 비판에 머물고 말았다"10)고 평가한 적이 있지만, 우리 민족사

---

8) 금강산에 가는 첫배를 타고 북한을 다녀온 소설가 이문구는 북한의 살풍경을 목도하고 "해방 이전이거나 이후이거나 38 이북이 이남보다 무엇 한가지 나았던 듯한 흔적이라고는 눈을 씻어가면서 찾아봐도 볼 수가 없었다"고 하면서, "옛날의 금수강산(錦繡江山)이요 오늘날의 금수강산(禽獸江山)이었다"는 소감을 표한다. 「옛날의 금수강산」, 『포항문학』 제19호, 포항문학사 1999.
9) 이와 관련해서 1994년 새삼스럽게 조정래의 『태백산맥』을 이적표현물로 문제삼은 우익의 공격이 있었음을 거론할 수 있겠다. 이 시대착오적인 공세로 인하여 잠시 소란이 일어났지만 여기에 장단을 맞춰줄 의욕을 가진 집단은 아무데도 없었던 것 같다.
10) 「분단구조와 소설의 모험」, 『실천문학』 1997년 여름호, 423면. 〔이 책 제1부 수록〕

를 관통하는 분단문제에 정면으로 도전하여 분단구조와 개인의 운명을 탐구한 역작임에는 틀림없다. 그동안 분단문제를 다룬 작품들의 경우 대개가 주어진 이데올로기 대립으로 인한 무고한 희생이나 고향 상실, 가족·혈연관계의 붕괴로 인한 비극에 초점을 맞추어왔던 데 비해『DMZ』는 분단으로 빚어진 비극에 작용하는 심리기제를 탐색하는 새로운 접근방식을 보여주었다. 그렇지만 작가의 주제의식이 "'반미'와 '반공'이라는 조건자극이 주어지면 특정한 행동양식을 취할 뿐 아니라 비이성적 공포와 공격성에 지배당하고 마는, 분단이 가져온 인간 상실의 비극"[11]에 집중되다 보니, 해방직후 이래 분단현실을 움직이는 메커니즘을 냉정하게 해부할 모처럼의 기회를 충분히 살리지 못하였다.

박완서의 「그 여자네 집」(1997)은 작품집이 간행되기 전에는 그다지 많이 읽히지 않았을 것 같고 나도 작품집에서 읽었다. 무르익은 작품세계로 독자의 감탄을 자아내면서 금년 상반기 동안 중단편집으로는 유례없이 베스트셀러 상위를 지켜온『너무도 쓸쓸한 당신』(창작과비평사 1998)에 실린 이 단편은 김용택의 시「그 여자네 집」을 접했을 때의 놀람에서부터 말문을 열고 있다. 그렇지만 시를 소재로 씌어진 작품은 아니고, 이야기의 본류는 화자의 고향 행촌리에서 함께 자란 만득이와 곱단이 두 선남선녀의 굴절된 생애이다. 천생연분의 배필로 자라던 처녀 총각의 전설 같은 인연은 1945년 일제 말기에 만득이가 징병으로 끌려가고, 곱단이가 정신대 징발을 피해 신의주로 재취결혼해 가면서 깨어지고 만다. 해방 후 행촌리는 38선 이남이 되어 만득이는 동네 처녀 순애와 결혼해서 서울로 오는데, 6·25전쟁 후 행촌리는 휴전선 이북이 된다. 화자는

---

11) 같은 글, 422면.

수십년이 지난 뒤 서울에서 열린 군민회에 갔다가 노년의 만득이 부부를 만나게 되는데, 그리하여 알게 된 순애는 화자에게 남편이 곱단이를 못 잊고 있다고 하소연한다.

    돈 잘 벌고 생전 외도라곤 모르고, 애들한테 잘하고, 나한테도 죄지은 것 없이 죽는 시늉도 하라면 하는 그런 남편이 어디 있냐고들 하지만, 아마 나처럼 지독한 시앗을 보고 사는 년도 없을 거유. 곱단이년이 내 남편한테 찰싹 붙어 있다는 걸 번연히 알면서도 머리채를 잡을 수가 있나, 망신을 줄 수가 있나, 미칠 노릇이라우. (199면)

옛날의 곱단이를 못 잊어하는 남편은 백두산 관광을 갔다가 압록강 뱃놀이에서 신의주를 생각하며 울었고, 미국 시민권을 얻어 북한을 드나들기 위해 미국으로 이민을 가자고 하였으며, 지금도 곱단이에게 연애편지(시)를 쓰고 있다는 것이다. 그 후 정신대 할머니를 돕는 모임에서 우연히 만나게 된 만득이는 곱단이를 못 잊어서 정신대에 한이 맺혔느냐고 닦아세우는 화자에게 이렇게 대답한다.

    난 지금 곱단이 얼굴도 생각이 안 나요. (…) 내가 곱단이를 그리워했다면 그건 아마 누구에게나 있을 수 있는 젊은날에 대한 아련한 향수였겠지요. (…) 내가 유람선상에서 운 것도 저게 정말 북한땅일까? 남의 나라에서 바라보니 이렇게 지척인데 내 나라에선 왜 그렇게 멀었을까? 그게 서럽고 부끄러워 나도 모르게 눈물이 복받친 거지, 거기가 신의주라는 건 별로 중요하지 않았어요. 오늘 여기 오게 된 것도 (…) 아마 얼마 전 우연히 일본 잡지에서 정신대 문제를 애써 대수롭게 여기지 않으려는 일본 사람들의 생각을 읽고 분통이 터진 것과 관계가 있겠죠. (…) 비록 곱단이의 얼굴은 생각나지 않지만 나는 지금도 생생하게 느낄 수가 있어요. 곱단이가 딴데로 시집가면서 느꼈을 분하고 억울하고 절망적인 심정을요. 나는 정신대 할머니처럼 직접 당한 사람들의 원한에다 그걸 면한 사람들의 한까지 보태고 싶었어요. (…) 삼천리 강산 방방곡곡에서 사랑의 기쁨, 그 향기로운 숨결을 모조리 질식시켜버리니 그 천인공노할 범죄를 잊어버린다면 우리는 사람도 아니죠. 당한 자의 한에다가 면한 자의 분노까지 보태고 싶은 내 마음 알겠어요? (202~3면)

매우 절절하다. 분단을 포함한 우리 역사의 굴곡이 개인의 삶을 어떻게 훼손해왔고 어떤 잘못이 지속되고 있는지, 보통사람이 느끼는 그대로 곡진하게 토로하고 있다. 이제 노인이 된 만득이가 분단된 조국에 느끼는 부끄러움과 죄의식을 안 갖는 일본 제국주의에 느끼는 분노는 논리와 당위에서 생겨나는 것이 아니라 자신의 삶에서 나온 것이다. 그 삶은 우리 겨레의 삶이요, 우리 모두의 삶이다.

사실 이 대목의 만득이의 표백을 액면 그대로 이해할 수도 있겠지만, 그가 곱단이와 보낸 아름다운 시간들과 두 사람의 절절했던 사랑에 비추어볼 때 곱단이에 대한 그리움을 아련한 향수로 이야기하는 것을 독자가 꼭 그대로 믿어야 할 까닭은 없다. 곱단이를 어쨰볼 수 없는 지독한 연적(戀敵)으로 삼고 괴로워한 순애가 딱히 만득이를 오해했던 것만도 아닐 터이다. 곱단이의 경우를 어떻게 역사의 폭력을 '면한' 사람이라고 할 수 있을까. 기실은 그 역시 직접 당한 사람에 속한다. 곱단이를 생각하며 정신대 할머니를 돕는 모임에 찾아온 만득이는 그 순간까지도 깨어진 사랑의 아픔에 가슴이 미어지고 있는 것이다. 평생을 "생전 늙지도, 금도 가지 않는 연적"(201면)과 더불어 살아온 순애도, 금쪽 같은 사랑을 잃고

"사자(死者)를 분단장해놓은 것처럼 섬뜩한"(196면) 모습으로 시집을 간 곱단이도, 그러한 신부를 맞아들여 살아야 하는 곱단이의 신랑마저도 역사의 폭거에 삶이 훼손된 동류항들이고, 구체적으로 밝히지는 않지만 화자의 삶 역시 훼손되었음을 짐작할 수 있다. 이들이 훼손된 삶에 순응하며 살고 있지만은 않다는 것은 만득이와 화자의 만남이 정신대 할머니를 돕는 모임에서 이루어졌다는 설정에서 은연중 드러나고 있다.

주로 노동시를 쓰는 시인으로 알려진 박영근의 다섯번째 시집 『지금도 그 별은 눈뜨는가』(창작과비평사 1997)는 그다지 평단의 관심을 끌지 못했으나 주목해볼 만한 시집이다. 민중시의 형식에 대한 모색이 두드러졌던 이전 시집들에서보다 시적 절제와 긴장을 한층 더 밀고 나감으로써 시인은 감내하기 힘든 상처와 고독을 팽팽한 시형(詩形)에 담아놓는다. 이 시집의 제1부에 실린 분단현실을 천착한 시편들에서는 시인의 새로운 의욕이 느껴지는데, 우리의 의식과 무의식에 새겨진 분단의 그림자를 날카롭게 응시하고 있다.

「꿈속에서」는 무의식에까지 스며든 분단체험(군대체험)을 보여줄뿐더러 "인민군복에 붉은 별짜리 군모를 쓴 또다른 내가/부동의 차렷자세로 말을 더듬고 있는/나를 바라보고 있"는 상황을 통해 남과 북을 적대적인 타자가 아닌 자아의 분열로 느끼고 있다. 분단의 세월은 "암구호만 살아 번쩍이던 산"(「대암산」) 같은 것이거나 "복자(伏字)로 지워진 사람들이/어색하게 나를 돌아보"(「빗속에서」)듯이 소통이 불가능한 시간이며, 따라서 주체의 의지는 거의 작용하지 못한다. 「CF를 위하여」1, 2와 「천지(天池)를 생각하며」에서는 북한의 풍경과 자본주의의 꽃인 광고를 대비하여, 자본주의의 비속한 포식(飽食)을 반어적으로 야유하고 풍자한다.

내 아이의 탄생에서 나의 죽음까지
그 죽음의 훗날까지 싱싱하게 채워넣고
나를 부르는
냉장의 거대한 육체여

내 몸 전체로 서 있는 군사분계선이여
한잔의 맥스웰을 마시듯 그렇게 부드럽게
사막을 건너는 무쏘처럼 당당하게
너를 바라보마

―「CF를 위하여 2」 부분

    분단이 따로 있고 시적 자아가 그를 대상화하고 있는 것이 아니다. 분단현실은 바로 내 삶을 냉장하는 육체이며 "내 몸 전체"에 다름아닙니다. 그 '나'인 '너'를 부드럽게, 당당하게 바라보겠다고 하지만, '너'인 '나'의 의식은 맥스웰 커피와 무쏘 자동차로 상징되는 자본주의 공세에 깊이 침윤되어 있다. 아니, 시인은 분단현실을 이윤추구에 동원하는 자본주의의 언어(광고 이미지)로 그 자본의 침탈에 야유를 보낸다. 민족의 성지인 백두산 천지마저 이제 "천연사이다 원액으로 출렁거리는/내 마음속에 이미 세워진/거대한 광고탑"(「천지를 생각하며」)이 되어버린 현실에 대한 비판에는 어찌할 수 없는 비애가 스며 있다.
    신인 박기범의 동화 「송아지의 꿈」은 남북의 모순된 현실을 실감나게 그린, 오랜만에 만나는 좋은 동화이다. 환율 인상에 소값 폭락으로 망하는 남쪽의 축산 농가, 굶주리는 북한 동포들에게 보내는 오백 마리의 소떼 행렬 등 요즘 벌어진 사태들을 소재로 남북의 상반된 현실과 소떼는 갈 수 있어도 사람은 고향으로 못 가는 분단의 아픔을 잘 담아냈다. 『문제아』(창작과비평사 1999)에 묶인 그의 동화들은 아이의 눈높이에 맞춘 상상력을 탄탄한 문장으로 펼쳐가면서 묵직한 주제들을 큰 무리 없이 소화하고 있다. 배수아의 단편 「은둔하는 북의 사람」(『작가세계』 1998년 가을호)도 분단문제와 관련하여 기억할 만한 작품인데, 남과 북이 합작한 정치공작에 연루되어 비밀리에 남한에 와 있던 북한 과학자가 남과 북 모두에게 버림받아 미아가 되는 이야기를 독특하게 그려냈다.

분단 이후에 태어난 세대들의 분단현실에 대한 접근은, 이전 세대들이 주로 6·25와 가족 이산, 좌우 대립 등으로 빚어진 비극과 화해의 문제를 핵심적으로 다루어온 데 비해 분단상황을 객관적 현실로 받아들여 정서의 문제로서보다 구조적·분석적 인식을 담아내고자 한다. 따라서 훨씬 다양한 문제의식이 드러날 수 있는데, 90년대 젊은 작가들의 관심은 대부분 말초적인 현실감각에 매몰되어 정작 우리 현실에 개입한 분단체제의 실상에 눈을 돌리지 못했다. 그러나 위의 몇몇 예를 통해서도 보듯이 한편에서는 분단현실에 대한 진지한 문학적 탐구가 90년대에도 이루어지고 있었던만큼 이에 대한 집중적이고 체계적인 논의가 필요한 시점이다. 이는 통일의 세기를 준비하는 문학자들의 당연한 임무의 하나이기도 하다.

새로운 삶의 양식을 찾아서

자본주의 상품생산의 전일화는 삶의 양식 자체를 획일화한다. 기업가에게 상품생산을 위한 노동력을 제공하거나 스스로 상품을 생산하여 이를 화폐로 교환하고, 그 화폐로 생활에 필요한 상품을 구입하여 소비하는 것이 이 시대 우리가 살아가는 모습이요, 앞으로도 계속 유지 강화될 삶의 방식이다. 그렇다면 개개인의 활동이 어떤 영역에서 이루어지고 그 활동의 성격과 내용이 무엇인지가 과연 삶에서 중요한 의미를 가질 수 있는가? 전통적인 직업의 선호도나 위계질서가 무너지고 젊은 세대는 '내 멋대로 살기'를 실천한다지만, 본질적으로 삶의 양식은 크게 다를 것이 없고 점점 더 많은 사람들이 이 획일화된 삶의 양식에 포섭되어간다.

이문재 시인은 "아무리 생각해도 나는 이 도시와 어울리지 않는다"라고 쓴다(「그날이 어느 날」).[12] 고층빌딩을 오르내리며 영위되는 일상, 땅으로부터 추방당한 삶, 그에게 "서울은 캄캄할 만큼 현란하고 현기증으로 증발할 만큼 무섭게 돌아간다."(「타워 크레인」) 출근길마다 경험하는 뼈와 살이 으스러지는 지옥철은 "카스트 제도는 인도만의 것이 아니"(「바라문, 바라문」)라는 각성 아닌 각성을 가져다준다. 이 문명한 도시에서의 삶을 향해 우리는 거의 선택의 여지 없이 달려왔고, 삶의 방식과 삶의 질에 대해 진지하게 성찰할 정신적·물질적 여유를 갖지 못한 채 세상의 속도를 따라잡기에 급급했다.

'농업박물관 소식' 연작에서 이문재 시인은 도심 속에서 발견한 농업박물관을 들여다보며 진정한 농업을 잃어버린 우리의 삶을 아파한다. 도심지의 농업박물관 앞뜰에서는 곡식이 자라고 목화가 피지만, 그것은 아버지가 "이 아들을 거쳐 손자에게 가지 못하고 곧바로 박물관으로 가신" 꼴이고, "나의 태어나지 않은 손자는 먼 훗날 이 할애비를 회사박물관에 가서 마주치게 될" 것이라고 상상한다(「농업박물관 소식―목화 피다」). 이렇게 유전(流轉)하는 문명은 과거를 갈무리하면서 자유와 평등이 넘치는

---

12) 시의 인용은 이문재 시집 『마음의 오지』(문학동네 1999)를 따른다.

세상을 향해 달려온 것이 아니고, 많은 소중한 것들을 폐기하거나 상실하였다. 밀과 콩이 자라고 물레방아가 돌아가는 박물관에는 농업이 한창이지만 정작 거기에 진정한 농업은 없다(「농업박물관 소식―허수아비가 지키다」). 이문재 시인은 이 연작에서 과거의 농경사회의 재건을 꿈꾸는 것은 아니지만, 결코 행복하지 못한 문명한 도시인의 미래에 대한 소망이 농업을 은유로 하여 담겨 있다.

우리 사회가 잃어가는 농업적 삶의 양식에 대한 이러한 동경이 자본주의 도시민의 삶의 양식을 성찰하는 한 방법이라면, 식물적 상상력 혹은 식물성에 대한 관심 역시 그러한 성찰에 속하면서 조금 더 예각화된 상상력이라 할 수 있다. 한강의 매력적인 단편 「내 여자의 열매」(『창작과비평』 1997년 봄호)는 이러한 식물적 상상력의 한 극단을 보여주는 작품이다.

뚜렷하게 변신담의 형태를 취하고 있는 「내 여자의 열매」는 결혼한 스물아홉 살 된 여성이 어느날부터 연두색 식물로 변해가는 모습을 추적한다. 이 기이한 변신을 작가는 남편('나')의 시선을 빌려, 정말 현실에서 일어나는 일을 보고 있는 듯한 느낌이 들도록 실감나게 그려간다. 오월 어느날 아내의 몸에 연푸른 피멍들이 생기고, 그 피멍들은 점점 크고 진해져가는데 병원에서는 특별한 이상을 발견하지 못한다. 남편이 6박 7일의 해외 출장을 마치고 돌아왔을 때 아내는 어떻게 변해 있었나.

그때 나는 아내의 알몸을 보고 말았다.
아내는 베란다의 쇠창살을 향하여 무릎을 꿇은 채 두 팔을 만세 부르듯 치켜올리고 있었다. 그녀의 몸은 진초록색이었다. 푸르스름하던 얼굴은 이제 상록활엽수의 잎처럼 반들반들했다. 시래기 같던 머리카락에는 싱그러운 들풀 줄기의 윤기가 흘렀다. (…)

나는 홀린 듯이 싱크대로 달려갔다. 플라스틱 대야에 넘치도록 물을 받았다. 내 잰걸음에 맞추어 흔들리는 물을 왈칵왈칵 거실 바닥에 쏟으며 베란다로 돌아왔다. 그것을 아내의 가슴에 끼얹은 순간, 그녀의 몸이 거대한 식물의 잎사귀처럼 파들거리며 살아났다. (…) 아내의 번득이는 초록빛 몸이 내 물세례 속에서 청신하게 피어나는 것을 보며 나는 체머리를 떨었다.
　내 아내가 저만큼 아름다웠던 적은 없었다. (192~93면)

　이후의 작품 전개는 식물이 된 아내가 어머니를 상대로 말하는 독백들이 삽입되고, 다시 남편의 시점으로 돌아와 끝맺음된다. 가을에 접어들자 아내의 몸은 주황빛으로 물들고 하나둘 잎이 지더니 마침내는 단단한 연두색 열매만을 남기고, 남편은 그 열매들을 거두어 화분에 심어놓는다.
　아내는 어떤 사람이었을까. 아내가 피멍이 들고 구토를 시작하자 남편이 회상해보는 아내는 "수백 수천 동 똑같은 건물"의 아파트에서 살다가는 "시름시름 앓다가 죽어갈 것 같"다고, "혈관 구석구석에 뭉쳐 있는 나쁜 피를 갈아내고 싶다"고, 이 나라를 떠나 "가장 먼 곳으로, 지구 반대편까지 쉬엄쉬엄" 가보고 싶다고 한, 자유를 꿈꾸는 여자였다. 식물이 된 그녀가 어머니를 향해 하는 말에 의하면, 바닷가 빈촌에서 태어난 어머니는 그곳에서 일하고 늙어가지만 자신은 "어머니처럼 될까봐" 멀리 도회지로 떠나왔다는 것이다. "시가지의 휘황한 불빛, 시가지의 화려한 사람들이 좋았"지만, 정작은 "낯선 사람들로 가득한 이 거리를 늙고 망가진 얼굴로 떠돌게 될 줄은 몰랐"고, 고향에서도 고향이 아닌 곳에서도 불행했었다고 토로한다.
　아내가 식물로 변한 것은 그 불행한 삶에서의 탈출 욕구 때문이고, 변신의 의미는 오늘의 인간 소외의 현실에 대한 비판이라고 한다면 너무 단순화한 해석일 것이다. 그러기 위해선 여자의 경험을 좀더 조직적으로 보여주거나 특정한 부분을 더 부각해야 했을 것이다. "이렇게 시끄러운 곳에서…… 이렇게 답답한 곳에 저희들끼리 갇혀서"라고 외치는 여자의 섬세한 감수성은 어렵게 살아오다 이제 어느 정도 생활의 안정을 얻은 여자의 이력에 비추어볼 때 부자연스럽게 여겨질 수도 있다. 분잡하면서 정붙일 데 없는 도시의 삶을 탈출해 지구 반대편으로 가고 싶어하던 여자는 식물이 되어 날마다 "십오층, 십육층을 지나 옥상 위까지 콘크리트와 철근을 뚫고 막 뻗어올라가는" 꿈을 꾼다. 그것은 좌절의 다른 표현일 수도 있으나, 마침내 인간임을 완전히 벗어버린 여자의 식물성은 충격으로 다가온다. 이 구원(救援)의 표상은 인간적 삶에 대한 근본부정으로도 읽히는 것이다.(식물성의 완전한 성취는 화분이 아닌 대지에 뿌리내림으로써 가능하다.)

생활에서 부서지고 마모되어가던 아내는 식물성 속에서 놀라운 생기와 미를 얻는다. 식물성의 창(窓)은 도회의 문명적 삶에 지배적인 동물성과 광물성의 특질을 반성케 한다. 그렇지만 식물성에 대한 지향이 곧바로 어떤 구체적인 대안적 생활양식을 이끌어내는 출구가 될 수는 없을 것이다. 또한 문학의 역할이 삶의 실제적인 양식을 모색하는 것일 필요도 없다. 곡선이 아닌 직선, 금속성과 광물성으로 구축된 문명의 감각에 지쳐갈 때 식물성에 대한 관심과 애착이 높아진다. 명분과 이념과 논리가 더 이상 빛이 아닐 때, 햇빛과 바람과 물을 마시고 자라는 말없는 나무가 그 자리에 들어온다. 진보의 양식을 새롭게 모색하고 있는 백무산의 시집 『인간의 시간』(1996)에도 시련을 견뎌온 노동자들을 플라타너스 나무와 동화(同化)시켜 바라보는(「플라타너스」) 식물성에 대한 관심이 스며 있으며, 많은 시인들이 식물에서 얻는 기쁨을 노래한다.

    식물은 탐욕하지 않고 소리치지 않는다. 식물은 우리 몸에 들어와 다음과 같이 새 피를 돌게도 한다.

> 푸성귀를 많이 먹고 잔 날은
> 꿈속에서 풋것이 되어 들판 덮는다
> 몸속으로는 푸른 피가 흐르고
> 양팔에서 푸른 줄기가 돋아 쭉쭉 뻗는다
> 벌레들이 몰려와 알 슬고
> 더러는 이파리 같은 입술 뜯어먹는다
> 푸성귀를 많이 먹고 잔 날은
> 잠도 잘 오고 그래서 꿈도 더 많이 꾸는데
> 토라져 소식 없는 친구도 만나고
> 먼 나라에 계신 엄니도 찾아오셔서
> 풋것이 된 내 몸에 물을 주신다
>   —이재무, 「푸성귀를 많이 먹고 잔 날은」 전문[13]

생활세계와 문학의 실감

    어느 시대의 문학이 당대를 살아가는 생활인의 실감에 부응하는 바가 없다면 그 문학은 죽은 문학일 것이다. 그때의 '생활인의 실감'을 일상의 정서와 감각과 동일하다고 할 수는 없겠지만, 당대 민중들이 나날의 생

---

13) 이재무 시집 『시간의 그물』, 문학동네 1997, 51면.

활에서 느끼는 온갖 지적·정서적 반응의 총체가 이 실감의 바탕이 됨은 분명하다 할 것이다.

90년대 문학은 대개 이 생활인의 실감을 담아내지 못하고, 생활인의 실감에 부응하는 문학의 실감도 획득하지 못하였다. 이러한 실감의 확보가 단순히 생활세계의 재현을 통해 이루어질 수 있는 것은 아니지만, 구체적인 생활세계의 경험들을 제대로 그려내는 일은 현실의 본질을 드러내는 일이자 실감의 성취에 접근하는 길이 됨이 분명하다.

그러나 생활세계의 경험을 직접적으로 그린 작품들은 종종 지리하기만 할뿐더러 아무런 감흥도 일으키지 못한다. 매일매일 경험하는 생활세계의 실재를 살아 있는 현실로 그려내기는 쉬운 일이 아니다. "하나의 존재자로 하여금 그것이 그것인 바로 그 존재자이게 놓아두는 것" "그 자체의 본성대로 스스로 가만있게 놓아두"[14]는 것이 지난한 일인 것처럼, 생활세계를 살아 있는 현실 그 자체로 그려내는 것은 누구나 할 수 있는 일이 아니다.

이 글 앞쪽에서 나는 근년의 몇몇 주요한 문학적 결실들을 비롯해 '문학의 실감'의 회복이 두드러지고 있는 점 등 문학판도의 의미있는 변화양상을 지적한 바 있다. 문학작품의 존재가치는 책 속에 활자로 보존됨으로써 구현되는 것이 아니라, 일차적으로 당대인의 읽기 과정에 수반하는 정서적·지적 감응에 의해 의미를 획득함으로써 실현되는 것이다. 그런만큼 생활인의 실감을 얼마나 잘 담아냈느냐 하는 것은 본질적으로는

---

14) 하이데거의 말. 백낙청은 이러한 하이데거의 예술론을 로렌스의 쎄잔느에 대한 견해와 연결시켜, 로렌스가 "쎄잔느의 사과들은 개인적인 감정을 사과에 불어넣음이 없이 사과로 하여금 그 자체의 독립된 실재 속에 존재하도록 놓아두려는 최초의 진정한 시도였다. 쎄잔느의 거대한 노력은 말하자면 사과를 자신으로부터 밀어버려서 그것 스스로 살게 놓아두려는 것이었다."라고 말한 것을 상기한다. 백낙청, 「로렌스와 재현 및 (가상)현실 문제」, 284~85면 참조.

생활세계의 세부를 얼마나 충실히 모사하고 생활정서를 얼마나 생동하게 포착했느냐 하는 차원의 문제를 훨씬 넘어서서, '진정한 실재(현실)'에 육박하는 (문학적) 소통의 형식을 이루어냈느냐 하는 문제에 다름아닙니다.

삶을 긍정하는 형식으로서 '편모(偏母)의 모성'이 거의 작품 자체와 동의어가 되고 있는 공선옥의 소설들을 읽다 보면 90년대 풍요를 구가한 소설계가 너나없이 대부분 허사(虛辭)를 남발해왔던 것이 아니었나 하는 느낌이 든다.「어린 부처」「타관 사람」「술 먹고 담배 피우는 엄마」등 그의 작품들[15]에는 한결같이 저류에 진한 생명적 유대가 흐르고 있으며, 어미와 자식 사이의 이 징글징글한 생명적 유대는 이웃간의 끈끈한 생활적 유대와 잘 어울려 있다. 먹고 사는 문제에 쫓기는 인물들의 열악한 생존조건이 역으로 이러한 유대를 강화하는 면이 없지 않지만, 그의 인물들은 간난신고 속에서도 꿋꿋하게 자기 삶의 주인으로 버텨서서 나날의 풍파를 헤쳐간다. 물질적 부, 교육, 신분 등 모든 면에서 사회체제로부터 제도적·특권적 혜택을 전혀 받지 못한 민중의 생활세계와 생활감각을 에누리없이 표출해낸 것이 공선옥 문학의 특장이다. 그러면서도 보통의 민중인물들을 그리는 세태물로 가지 않고 좀더 좁고 문제적인 경향성을 띠게 되는 것은 작중의 편모들이 편모가 되는 사연이 1980년 광주 봉기와 그 좌절에 뿌리를 두고 있기 때문이다.[16] 공선옥의 작품들이 너무 제한된 세계의 비슷한 인물들을 되풀이 그리고 있기는 하지만, 민중의 나날의 생활이 구성하는 살아 있는 현실이 어떤 것인지 뚜렷하게 부각한

---

[15] 공선옥 소설집 『내 생의 알리바이』(창작과비평사 1998)에 묶여 있다. 「타관 사람」에서 조카를 데리고 마을에 들어온 갑철도 편모(편부)의 역할을 충실하게 수행한다.
[16] 등단 초기의 작품들이 광주의 상흔과 뿌리뽑힌 인생들을 주로 그린 데 비해 근작들은 대체로 편모와 자식들의 정착, 생활 가지기를 주제로 삼고 있다.

점은 90년대 문학의 주요한 성취임에 틀림없다. 이에 비할 때, 많은 동세대 젊은 작가들의 작품은 관념적 차원을 그리 멀리 벗어나지 못한 들뜬 어휘들로 짜여 있으며, 현란한 의상을 입었으나 생활의 감각은 실낱처럼 가냘프게 드리워져 있을 뿐이다.

오늘 우리 사회 성원의 주요부분을 점하는 화이트칼라층의 실속없는 삶을 냉정하게 돋을새김한 김기택의 몇몇 시편은 사회의 안전판이나 다름없는 월급쟁이 회사원들의 생활에 내재한 본질적인 삭막함을 적시한다.

> 그는 언제나 그 책상 그 의자에 붙어 있다.
> 등을 잔뜩 구부리고 얼굴을 책상에 박고 있다.
> 책상 위엔 서류들이 어지럽게 널려 있다.
> 두 손은 헤엄치듯 서류 사이를 돌아다닌다.
> 하루종일 쓰고 정리하고 계산기를 두드린다.
> 전화벨이 울릴 때마다 거북등 같은 옆구리에서
> 천천히 손 하나가 나와 수화기를 잡는다.
> ―「화석」 부분17)

은행 통장으로 "매달 적은 대로 들어오"는 시주를 받으며 "오로지 의자 고행에만 더욱 용맹정진"하는(「사무원」) 이 인종들은 매일 아파트를 나와 자가용차로, 빌딩의 엘리베이터로, 20층의 사무실로 이동하여 "날개 없이도 항상 하늘에 떠 있고/새보다도 적게 땅을 밟"는(「그는 새보다도 적게 땅을 밟는다」) 존재이다. 사무실에 놓인 책상과 다름없는 그 수행자들

---
17) 이하 작품 인용은 시집 『사무원』(창작과비평사 1999)을 따른다.

은 "조그만 목이 흔들리다가 먼저 바닥에 굴러 떨어지"고 몸이 "거북등처럼 쩍쩍 갈라져버려", 마침내 사무실 안에서 그 생존을 마치지만, 곧 누군가 "재빠르게 바닥을 쓸고 걸레질을 하고 새 의자를 갖다 놓"음으로써(「화석」) 아무런 전설조차 남기지 못한다.

 사무원들의 위치란 소소한 기업의 잡무에 종사하는 경우부터 국가 정책을 좌지우지하는 경우까지 다양할 수 있겠지만, 일부 특수한 자리를 제외하면 위와 같은 존재상황에 상당한 공감을 표할 것이다. 아니, 이러한 표현들은 오히려 너무 억제되고 건조한 것이라고 느낄지도 모르겠다. 김기택은 이땅의 보통사람들을 살아 있든 죽어 사라지든 별 기억도 남기지 않고 표시도 나지 않을 존재로 파악하는데(「조성환의 죽음」「껌뻑이 형」), 사무직을 포함한 이들 인생의 나날의 '고행'을 대체로 정밀하게 관찰 기록하는 방법을 취한다. 자신의 몸 외에는 아무런 무기도 갖지 못한 이 기댈 곳 없는 존재들은 「사무원」이나 「화석」에서와 같이 사물화하고 마모되어버리는 모습만 포착되는 것이 아니다. 오히려 대부분의 김기택의 시들은 몸 자체가 지닌 생기와 거의 본능적으로 일어나는 생명의 반작용들을 적실하게 포착해서 새기듯이 그려놓는다.(「닭살」「비린내」「우리나라 전동차의 놀라운 적재효율」「사과 고르는 여자」등) 도마 위의 산 낙지는 "모가지에서 뿜는 피처럼 싱싱한 비린내로" 식칼과 맹렬하게 싸우고 있으며(「포장마차에서」), 이불을 걷어차거나 칭얼거리기도 하는 아기는 잠조차 "있는 힘을 다하여 자"고 있는 것이다(「아기는 있는 힘을 다하여 잔다」).

 황지우의 새 시집 『어느 날 나는 흐린 주점에 앉아 있을 거다』(문학과지성사 1999)는 반성적 지식인 혹은 자의식적 지식인의 풍모를 적나라하게 드러내는 시집이다. 지식인의 생활세계는 대부분 의식활동이 지배한다고 해도 좋을 것이다. 그 의식은 말하자면 저주받은 의식이어서 굳이 개인이 감당해야 할 이유가 없는 문제들을 짊어지고 고민하는 의식이다. 90년대에 이른바 후일담 문학이 양산되었지만 대개 소설장르에 국한되었으며, 내가 기억하기로는 황지우의 이번 시집만큼 직설법으로 그 '의식의 지옥'을 적나라하게 노출한 사례는 찾아볼 수 없었다. 그만큼 좌절과 굴욕의 표현은, 그 아픔의 강도와 관계없이 그동안 대체로 유치한 것이거나 관념이었다.

"뚱뚱한 가죽부대에 담긴 내가, 어색해서, 견딜 수 없다/글쎄, 슬픔처럼 상스러운 것이 또 있을까"(「어느 날 나는 흐린 주점에 앉아 있을 거다」), "개좆 같은 세기" "내 두개골은 불타버린 회로 같애"(「우울한 거울 2」). 이러한 마조히즘적 자기노출은 좌절과 치욕의 나락에 떨어진 지식인의 자의식을 매우 고감도로 현상한다. 이상(李箱) 이후, 김수영 이후 한국문학이 도달한 또하나의 지점을 보여주고 있다. "내가 사랑했던 자리마다∥모두 폐허다"(「뼈아픈 후회」), "생을 바꿔가지고 나오고 싶다"(「나의 연못, 나의 요양원」). 황지우의 초기 시에 보이던, 사회현실과의 관계에서 비판적 지성이 형성하던 정치적 긴장은 이제 아스라해지고, 세상과 주체의 교섭 가능성이나 교섭에의 기대가 무참히 좌절되어버린 상황에서 의식의 촉수는 내부로만 방향을 잡고 내부로만 날을 세운다. 그리하여 "삶이 담긴 연약한 막"(「거울에 비친 패종시계」)을 느끼는 감각의 예민함이 극도로 증폭되고, "거울 보는 것을 두려워하면서도/거울에 자주 나타난다,/내가"(「우울한 거울 1」). 그러나 그의 의식은 어느 데에도 안주할 수 없다. "문제는 그런 아름다운 폐인을 내 자신이/견딜 수 있는가, 이리라"(「어느 날 나는 흐린 주점에 앉아 있을 거다」). 생을 바꿔가지고 나온들![18] 이처럼 황

---

18) 『현대문학』지 서평란인 '죽비소리'는 이 시집에 대해 "화려한 현학과 수사"를 우려하면서 날카로운 비평을 제출해놓고 있다. "적지 않은 경우 그의 언어 운용은 거의 색정적(色情的)이

지우의 존재로 인해 비로소, 변혁의 시대를 굴곡 많게 관통해온 우리 문학에 지식인의 가능한 의식이 하나의 표현을 얻게 되었다.

서정홍의 시들은 평범하게 사는 노동자의 생활세계의 정서를 곡진하게 드러내는 특장을 갖고 있다. 우리가 너무나 익히 알고 있는 것 같은 사람살이의 자자분한 모습들이 나직한 어조와 간결한 표현에 실려서 조용히 가슴에 와 닿는다. 사실 그의 시는 언뜻 읽으면 싱겁기 그지없는 생활상의 묘사로 가득 차 있다.

> 한 마리 천원 하던 고등어가
> 한 마리 오백원으로 값이 떨어지면
> 집집마다 고등어 굽는 냄새 (…)
> 잦은 비로 참외 값이 내렸다는 소문이 나면
> 집집마다 노란 참외 냄새 (…)
> 늦은 밤에 덜덜거리는 고물 세탁기를 돌리고
> 손님 찾아와서 웃고 노래하고 떠들어도
> 어지간히 시끄러운 소리는 가슴에 묻고
> 서로서로 맘 알아주고 사는 곳
>
> ―「내가 사는 곳」 부분[19]

라 해야 맞을 만큼 화려하고 장식적이어서 시의 여타 요소들을 과도하게 압도하거나 시 전체의 초점을 오히려 흐리는 데 기여한다. (…) 이것은 생활의 구체가 점차 휘발되고 그의 시들이 관념화되어가는 과정과 궤를 같이하는데, 문제는 내용상의 긴장에 의해 견제되지 않음으로써 그 결과 형식 요소들에 대한 그의 관심이 점차 강박적으로 말초화되어간다는 점이다. (…) 위악과 과장과 자해와 절망의 포즈를 동반하는 이 초조한 자기위장은, 동시에 존재증명을 위한 한 실존의 눈물겨운 노력이기도 한 것이어서 섣불리 용훼할 바가 아니겠으나, 과연 이 근원적 장애를 극복하지 못한 채 그의 시가 진정 새로운 경지로 나아갈 수 있을지 의문이다." 『현대문학』 1999년 4월호, 307~8면. 이 촌평의 필자는 서평 참여자 최유찬・김사인・박혜경・김경수 중 한 사람이다.

하지만 "화장실 문을 열면/아랫집 고등어 굽는 냄새/베란다 문을 열면/옆집 고등어 굽는 냄새"를 맡을 수 있는 것은 그러한 서민의 삶을 제대로 체험하지 못했다면 불가능한 일이다. 15평 아파트 창문마다 "서로 부대끼면서도/서로 양보하고 서로 기대어 (…) 빈자리 하나 남기지 않고" "악착같이 때론 눈물겹게" 붙어 있는 가게 광고들이 삶에 지친 '나'를 향해 "먹고 사는 일이 얼마나 귀한지/목숨이 얼마나 모질고 질긴지/알기나 하느냐"(「먹고 사는 일」)고 말하고 있는 것도, 오랜만에 친정에 가는 부부가 오지 않는 버스를 기다리다 택시를 탄 뒤 올라가는 요금에 조바심을 치는 정경을 그리며 "산다는 게/기다림이었다가 절망이었다가/흩어지는 바람이었다가/끝내 버릴 수 없는 실낱 같은 꿈이었다가"(「버스를 기다리며」)라고 마무리하는 것도 무슨 대단한 통찰을 보여주는 것은 아니지만 나날이 지속되는 삶의 엄숙함을 제대로 깨우치지 못하면 얻을 수 없는 경지이다. 아니, 도대체 이러한 생활의 감각을 벗어나서 무슨 별도의 통찰이나 지혜라는 것이 있을 수 없으리라.

가난을 벗어나지 못하면서도 큰 욕심 부리지 않고 살아가는 이땅의 사람들을 시의 화폭에 따뜻하게 그려놓고 있는 이 시인은 그리 길지 않은 장시 「맞벌이 부부의 일기」를 통해 제목 그대로 맞벌이 부부의 삶의 실상을 그야말로 손에 잡힐 듯이 찍어내고 있다. 아이들에게 우유 한 봉지라도 배달해 먹이고 큰 아이를 유치원에 보내기 위해 아내는 공단 시장에서 장사를 시작하고, 공장에 출근한 남편('나')은 방안에 갇혀 울고 있을 막내아이를 생각하며 늘 불안해한다. 날이 갈수록 아이들이 말수가 줄어드는 등 변해가고 또 아이가 놀이터에서 입술을 다쳐 엄마 없는 집

---

19) 서정홍 시의 인용은 시집 『아내에게 미안하다』(실천문학 1999)를 따른다.

에 돌아오는 사고가 일어나자 아내는 남편의 종용으로 맞벌이를 그만둔 다. 그러나 아버지가 철공소 용접공인 이웃 순철이네는 여전히 맞벌이를 하고 있다.

> 옆집 일곱살배기 순철이는
> 참치공장에 날품팔이로 돈벌러 나간
> 엄마를 기다리며
> 오늘도 차가운 담장 밑에 쪼그리고 앉아
> 눈물을 글썽이고 있었습니다
>
> (…)
>
> 이제 순철이는 남의 집 아이가 아닙니다
> 형제도 이웃도 모르고, 제 욕심에 눈먼
> 메마른 우리들 가슴을 두드리며 일어서는
> 백만 맞벌이 부부 아이가 되어 내게 안겼습니다
> 아내는 며칠째 머리를 감지 못한
> 순철이를 씻기고
> 나는 콩나물국을 데웠습니다
> 순철이와 우리 아들놈은
> 백합유치원 토끼반에서 단짝입니다
> 맞벌이 부부 아이들이 마주앉아
> 콩나물 국밥을 잔칫상처럼 차려놓고
> 맛있게 먹고 있습니다

생활상의 생생한 재현을 축으로 한 시상의 조직은 그 자체가 메시지이며 정서적 효과를 일으킨다. 차분하게 찍은 다큐멘터리를 보는 듯하게 은근한 감동을 몰아오던 이 작품은 이 대목 이후 생활 자체가 발언하게 놓아두지 못하고 "착취의 손" "억센 들풀이 되어" 등 귀에 익은 소박한 운동가적 주장과 해설이 앞세워져 마무리되고 말았다.

사실 민중의 생활세계를 그린 시들을 접하는 것은 그러한 생활세계를 잘 아는 민중들에게는 자신의 고단한 삶을 반추해야 하는 일이라서 달갑지 않을 수 있고, 유복하게 잘사는 계층에게는 구질구질한 삶의 모습을 들여다보는 일이라서 유쾌하지 않을 수 있다. 바로 시인 자신들의 생활세계에 다름아닌 민중의 일상적 삶의 경험과 정서를 담아내온 '일과 시' 동인들[20]의 작품세계도 80년대 민중시의 다양한 파장(波長)을 경험해온 우리에게는 여러가지 미흡감을 느끼게 한다. 그러나 관념세계의 표백과 말의 성찬에 그치고 마는 수많은 시들에 비하여 이들의 시에는 삶의 내용들이 빚어내는 풍부한 서정이 있다. 아픔이 있고 분노가 있으며, 유머가 있고 풍자가 있고, 독설과 깨달음도 있다. 이들의 작품엔 개인의 목소리와 소속 집단의 조율된 목소리가 종종 일체화된 시적 발성을 이루지 못한 채 뒤섞여들고 있는바, 시 장르가 행사할 수 있는 공적 책무와 도구적 기능에 여전히 상당한 기대를 걸고 있는 모습을 보게 된다.

---

[20] '일과 시' 동인 시집은 제4집까지 간행되었고, 제4집 『사람이 그리운 날』(갈무리 1998)에는 김용만, 김해화, 김기홍, 문영규, 서정홍, 손상열, 이한주, 오도엽 동인이 작품을 발표하고 있다.

통일시대 문학의 설 자리

　남북 분단 55년, 휴전협정 47년을 넘기며 세기 전환기에 선 이 시점에서 통일의 미래에 대한 청사진을 향기롭게 그려볼 수 없음은 참으로 안타까운 일이다. 앞에서 나는 21세기를 통일시대로 전망하였지만, 식민지시대 35년의 기간을 훨씬 넘은 분단의 세월 동안 남북 적대관계의 근본을 재조정하는 실질적이고 일상적인 제도적 변화(이산가족 만남, 문화교류, 교역, 국가보안법 폐지 등)를 거의 이뤄내지 못한 남북의 역대 권력은 무능하고 반민중적이었으며, 통일을 향한 앞으로의 행로도 사실상 지도와 항법이 거의 마련되지 못한만큼 예측불허의 험난한 길을 헤매게 될 가능성이 높다. 그러나 그 어느 때보다도 남북의 주체적인 의사결정이 힘을 발휘할 수 있는 시대가 열리고 있으므로, 남과 북은 적대적인 극한 대립을 피할 수 있는 평화체제를 가까운 시일에 수립하여 평화통일을 향한 확실한 토대를 구축하여야 할 것이다.
　민중의 생활상과 민족 성원들의 생활세계의 실감을 풍부하게 담고 있는 문학이라면 남의 문학이냐 북의 문학이냐를 막론하고 남북 민중들의 공감을 폭넓게 얻어낼 수 있고, 통일된 미래에도 버림받지 않고 오랫동안 가치를 인정받으며 독자들의 사랑을 누릴 수 있을 것이다. 이러한 문학은 남북의 벌어진 틈을 좁히고 정서적 통합을 진전시키는 데 많은 기여를 할 수 있고, 또 그런 매개가 되도록 적극적으로 활용되어야 한다.
　나는 여기서 "오늘의 현실을 각성된 노동자의 눈으로 보는 참다운 민중·민족문학의 작품들이 얼마나 나오느냐가 우리 문학이 새 단계로 비약하느냐 마느냐를 가름하는 열쇠"[21]라는 해묵은 발언을 되새겨보고자 한다. '각성된 노동자의 눈'으로 본다는 것은 노동계급의 실제적으로 존재하는 세계관과, 사회와 민족 전체를 생각하는 이상적인 가능한 의식을 아우르고자 하는 표현으로 볼 수 있는바, 90년대 이후의 전반적 상황은 좀더 유연한 확산이 필요한 시기였다. 앞에서도 언급하였듯이, 1998년 이후 우리 문학은 90년대 중후반의 일탈적 상태에서 선회하여 파편화한 현실에 매몰되지 않고 삶의 실감을 눈에 띄게 회복해가는 것으로 보인다. 이를 나는 87년 6월항쟁 이후 새 단계에 접어든 민족문학이 그동안 몇몇 국면의 부침을 겪어오고 나서 그 단계의 진전을 새로운 내용으로 이어가는 것으로 파악한다.[22] 따라서 '각성된 노동자의 눈'의 함축을 다시 중요하게 상기하면서, 생활인의 체험과 정서를 알맹이로 갖춘 문학의 의의를 새롭게 발견해야 할 것이다.

상업주의에 휘둘리고 신기한 것을 좇아 방황한 90년대의 문학생산에서도 분단현실에 대한 탐구와 삶의 양식에 대한 성찰, 살맛나는 세상을 향한 발언 들이 울려왔음은 분명하다. 이러한 모색들이 어떻게 펼쳐졌는지, 그리고 그 제각각으로 분산된 듯 보이는 추구들이 어떻게 서로 대화할 수 있을지 탐색할 때 새 단계 문학의 나아갈 길도 전망할 수 있을 것이다. 임박한 통일의 세기가 물신(物神)의 전횡에 사로잡힌 악몽의 세기가 아니려면 새로운 삶, 다른 삶을 앞서서 사는 문학의 역할이 활짝 꽃피어야 한다.

---

21) 백낙청, 「민중·민족문학의 새 단계」(1985), 『민족문학의 새 단계』, 36~37면.
22) 나는 단계론의 필요성은 인정하지만, 문학이 지속적으로 발전하고 있다거나 지속적으로 발전해야 한다고는 보지 않는다.

비평의 '몽상'을 넘어

　박형, 오래 듣지 못한 박형의 음성이 그립습니다.
　박형의 그 세상 눈치 보지 않는 독서열이 여전하다는 소리는 풍편에 듣고 있소만, 박형의 술버릇이 장안의 화제에 오르내리지 않는 걸 보니 한번 마셨다 하면 눈물이든가 광태든가 흔적을 남기지 않고는 못 견디는 그 술버릇은 다소 수그러진 모양입니다그려. 전화니 컴퓨터통신이니 하는 통신수단의 발달로 전세계가 손바닥 안에 들어오는 시대지만 좁은 땅에서 이렇게 한동안 서로 적조하게 지내보는 것도 참 괜찮은 일이 아닌가 싶습니다.
　적조함을 핑계삼아, 안하던 버릇이긴 하지만, 몇자 문자를 적어 최근의 문학판에 대한 나의 소회를 피력해볼까 하니 잠시 두 귀를 열어두시기 바랍니다. 박형의 그 애정어린 독서법과 사물을 보는 높은 감식안에는 늘 감탄하던 처지라 두서도 종작도 없을 듯한 나의 언설이 유치하게 들리지 않을지 걱정이오만, 그래도 박형이라면 흉허물없이 말을 꺼내볼 수 있을 것 같습니다. 왜냐하면 나는 박형의 문학에 대한 관심 속에서 어쩔 수 없는 '문학주의' 같은 것을 언뜻 보아버렸던 때문이지요.

어차피 글을 쓰는 동안은 나는 좀더 자유를 행사할 생각이니, 혹시 나의 목소리가 새되거나 사유가 종종 일방통행이 되더라도 너무 책망은 말기를 바랄 뿐입니다.

최근 소설들의 경향을 파악해보겠다는 생각으로 젊은 작가들이 발표한 작품을 중심으로 장편소설들을 읽어가던 차에 '민족문학론'을 둘러싼 논의가 논쟁의 형태를 띠고 전개되고 있음을 알게 되었습니다. 그러니까, '민족문학론의 갱신'을 둘러싼 논쟁이라고나 불러야겠습니다. 지난해 11월 민족문학작가회의와 민족문학사연구소에서 공동으로 주최한 심포지움의 주제가 '민족문학론의 갱신을 위하여'였습니다. 여기서 발표된 신승엽씨의 「민족문학론의 방향 조정을 위해」와 진정석씨의 「민족문학과 모더니즘」에 대한 반론으로 윤지관씨와 김명환씨가 포문을 연 것입니다.

『사회평론 길』 1월호에 나온 윤지관 교수의 글(「문제는 '모더니즘의 수용'이 아니다」)을 먼저 읽은 나는 신승엽씨와 진정석씨가 해괴한 주장을 하지 않았나 하는 우려도 약간 품으면서 그 발제문들을 한번 찾아 읽고 싶어졌고, 『내일을 여는 작가』 1·2월호에 실린 김명환 교수의 글(「민족문학론 갱신의 노력」)도 두 사람의 글에 대한 반론임을 알게 되어 함께 읽어보았습니다.

솔직히 나는 지금 이 네 편의 글을 차분히 점검할 준비가 되어 있지 않고 몇몇 이론적인 문제는 이해하기조차 버거운 부분이 없지 않음을 고백해야겠습니다. 요컨대 신승엽과 진정석이 나름대로 민족문학론 '갱신'의 필요성과 방법론을 역설했다면 윤지관과 김명환은 기존의 민족문학론을 옹호하면서 두 사람이 제시한 갱신의 방향을 부정하고 있는 것 아니겠습니까? 신과 진 두 사람이 남다르게 이전부터 민족문학론의 재정립에 뜻을 두고 고민해왔기 때문에 심포지움의 발제자로 나선 것인지 아니면 주최측의 요구에 맞추어 '그럴 법한' 수준으로 발표문을 작성한 것인지 나는 잘 모르겠습니다. 그렇지만 어쨌든 '이대로는 안되겠다'는 공감대가 주최측을 중심으로 형성돼 있었다고 봐야 하지 않겠습니까.

사실 나는 민족문학이니 근대성이니 모더니즘이니 하는 등의 이론적인, 이념적인 주장이 나오면 요즘은 우선 주춤주춤 피하기부터 하고픈 심정입니다. 지난해의 그 심포지움도 역시 그와 같은 심정에서 대략의 프로그램도 확인하지 않고 그냥 흘려보냈던 것이 틀림없습니다. 저 '80년대'라면야 어디 그럴 리 있었겠습니까? 그 왕성하게 쏟아져나오던 문학론과 비평들, 『실천문학』 제4권(1983)에 실린 이재현의 「문학의 노동화와 노동의 문학화」로부터 김명인·조정환·백진기 등등 수많은 논객들이 펼치던 민족해방문학론이니 노동해방문학론이니 민중적 민족문학론이니 하여 활화산같이 뿜어나오던 야심찬 기획들에 이르기까지 내 나름으로는 그때그때 웬만큼은 섭렵을 해왔던 것 같습니다. 그거야 박형도 마찬가지였고, 모두 열정에 넘쳤던 시절입니다. 사실 그 당시 '문학동네'는 단순한 문학동네가 아니었던 것입니다.

신승엽씨와 진정석씨에 대한 윤지관씨와 김명환씨의 비판은 완강합니다. 그리고 훨씬 안정되어 보입니다. 그러나 그들의 논의는 "기존의 민족문학론이 모종의 한계상황에 직면해 있"다는 전제(신승엽)를 부정하는 것입니다. 신승엽씨는 90년대의 상황 변화로 "자본의 전략이 한편으로는 국내적 기반을 확보하기 위해 민족주의에 호소하고 다른 한편 월국적(越國的) 자본의 침투와 그 논리에 의해 (혹은 자본주의적 관계의 전면화에 따라) 민족적 감성이 현저하게 희박해지고 있는 양면적 현실의 징후"를 주목하면서 분단체제론을 점검하고 90년대의 민족문학론이 생활의 실감 즉 민중현실로부터 멀어졌음을 지적합니다. 진정석씨의 입론은 근대성을 중심에 놓고 리얼리즘과 모더니즘을 사유하자는 새로운 문제제기로서 나로서는 다소 충격적으로 다가옵니다. 모더니즘의 '저항성'과 '창조력'을 지적하는 대목도 있고, 모더니즘 개념을 '근대적 경험에 대한 미적 반응양식' 정도로 느슨하게 규정해야 하며 이는 동시에 리얼리즘이기도 하다는 식으로 마샬 버먼의 시각을 원용하기도 합니다. 이러한 의욕적인 모색들에 대한 김과 윤 두 사람의 비판 내용은 무엇일까요. 그것은, 내 인상으로는, '갱신'의 모색에 참여하는 것이라기보다 오히려 경직화에 가깝습니다. 왜냐하면 이미 가지고 있는 개념과 이론구도를 그대로 적용해가는 것에 불과하니까요. "민중성의 구현이라는 기준에서 볼 때 『난장이가 쏘아올린 작은 공』은 결격사유를 안고 있다. 이 작품이 내비치는 관념성은 어떤 악조건에서도 결코 소진될 수 없는 생명력과 창조성을 민중의 실제 모습에서 찾아내어 희망의 원천으로 삼지 못하는 데에서 비롯된다. 다른 한편, 양식이나 기법의 차원에서도 작품이 참신하다고 말하기에는 흡족하지 않다."(김명환, 38면) 나는 이러한 판단에는 전혀 동의하지 않습니다. 논리적으로도 그렇지만, 나의 '감각'으로는 더욱 그렇습니다. 나는 『난장이 …』가 그 시대의 가능한 문학적 최대치에 접근해간 작품이라고 보고 있으며, 황석영의 「입석 부근」을 두고 "통상적인 사실주의가 아니면서도 「무진 기행」 정도는 충분히 **소화**하고 **극복**한 작품"(38면, 강조는 인용자)이라는 식의 표현이 가능하다고 생각지도 않습니다. 윤지관 교수의 글에서 재미있는 대목은 서구문학(영문학) 전공자인 윤교수가 한국문학 전공자인 진정석씨의 주장을 "모더니즘과 리얼리즘의 서구적 범주들을 우리의 논의와 별로 구별하지 않고 있다"고 비판한다는 점입니다. 하여튼, 진씨의 주장이 결국은 리얼리즘과 모더니즘 양자를 "모더니즘으로 통폐합하는 결과를 빚"었다는 윤교수의 지적은 경계로 삼아야 할 것입니다. 그렇지만 "우리 근대문학에서 리얼리즘론은 어떤 의미에서 모더니즘론을 포함하고 있는 것이다" "모더니즘이 우리 문학에서 발현되는 양태를 리얼리즘론의 입지에서 검토해야 한다" "미학적 근대성의 한국적 형태가 바로 리얼리즘이라는 이름으로 확립되었다고 해도 좋을 것이다"와 같은 선언적인 인식은 이 논의를 무의미하게 돌려버립니다. 리얼리즘은 이미 상위개념이 되어 있고 특권을 획득하고 있는 것이니까요.

이와 같은 '민족문학론의 갱신'을 위한 논의와 연결되는 모색들이 사실 진지하게, 다양한 스펙트럼으로 진행되고 있다는 느낌을 이제는 갖게 됩니다. 정남영씨는 "리얼리즘의 쇄신"을 말하고 있고(「단절의 경험과 창조적 개인」, 『내일을 여는 작가』 1996년 9·10월호), 방민호씨는 "문학적 사유의 창조력은 곧 수사학의 창조력"이라는 관점에서 민족문학론의 재정립을 시도하고 있습니다(「언어·수사학」, 『한국문학』 1997년 봄호). 정씨는 "자본이 사회의 거의 모든 영역을 장악"하게 됨으로써 총체성은 '독특한 개별성(singularity)'과 통하게 된다고 하면서, 전형성과 반영 개념에 대해서도 간략히 재검토하고 있습니다. 그러나 "이제 자본이 (…) 장악하게 되면 좁은 의미의 민중 개념, 좁은 의미의 프롤레타리아 개념은 낡은 것이 된다. 일터의 노동자든 지식인·학생이든 실업자든 어디서나 자본과 싸우는 이는 모두 스스로가 민중이며 프롤레타리아이다"라는 인식에서 '전투

단위'로서의 개인으로 나아가는 대목은 당혹스럽기만 하며, 근대적 경험으로서의 '단절의 경험'이 "역사의 밑바닥에서 면면히 이어져와서 자기 자신 속에서 솟아오르는 인간의 창조력에 대한 책임감의 구현으로 나아가"는 것이 어떻게 가능한지도 지난한 과제라고 생각됩니다.

이러쿵저러쿵 타박만 늘어놓는 꼴이 되어버렸나요? 실제로 주목해야 할 중요한 전환은 '개인'과 '작품'에 대한 관심의 회복이라는 측면이 아닐까요. 그런 의미에서 신경숙이나 배수아의 소설을 검토하는 신승엽씨의 논의도 더 밀고 나가봤으면 하는 것이고, 그들의 문학을 쉽사리 '민중현실'로 환원해버리지 말았으면 합니다. 진정석씨의 입론도 한국문학사의 구체성을 통과하면서 좀더 거시적인 체계를 구성하는 지적 모험으로 나아가기를 기대합니다. 방민호씨의 문학언어와 수사법에 대한 재인식의 시도가 진정석씨의 논의와 만나는 지점은 없을 것인지요. 논의의 물꼬를 열어놓은만큼 자기복제를 계속하기보다는 '개인'과 '작품'을 향한 탐색을 더 깊이, 근원적으로 시도하고 한층 과감한 근본적인 자기부정을 감행해야 하겠습니다.

비평은 생래적으로 오만합니다. 그것이 이념비평의 형태를 띨 때는 더욱 그렇습니다. 최근 최인석씨의 단편 「숨은 길」에 대한 윤지관 교수의 평을 둘러싸고 작가와 비평가 사이에 일전이 벌어졌습니다. 나는 이것을 비평의 생래적인 오만성 탓이라고 보고 싶습니다.

그러나, 통칭하여 민족문학론자들이 펴는 문학비평은 '창작에의 기여' '작품 성과가 부진한 아쉬움'을 늘 입에 담고 있음에도 불구하고 창작자들과의 사이에 깊은 골을 파놓고 있습니다. 민족문학론은 전능한 이데아가 되어 작품을 분석 평가하는 규준을 제공합니다. 민족문학론이 아니더라도, '이렇게 되지 않으면 안된다' '이러저러하게 미달이다'라는 식의 비평은 작가를 극도로 불쾌하게 합니다.『내일을 여는 작가』지에 계속된 윤교수의 격월간 소설평은 평자의 관록과 온당한 해석이 돋보이는 뛰어난 비평문입니다. 평자가 경직된 이념을 들이대거나 특정한 미학적 기준을 선명히 내세우는 것 같지도 않습니다. 그러나 수많은 작품들이 비평가의 손에서 '요리되고' 한번씩 품질검사를 받고 지나가는 양태는 '비평이란 무엇인가' '소설이란 무엇인가' 하는 근원적인 회의를 일으키기도 합니다. 수많은 작가들이 있습니다. 수많은 작품들이 있습니다. 개개의 작품이 보여주는 부실함과 한계와 미달과 결락과 파행 들은 작가의 통찰과 노력이 부족해서 그런 것일까요. 모두가 더 '향상' '극복'될 수 있는 가능성을 갖고 있는데 작가의 실력이 모자라서 그 수준에 머문 것일까요. 문학작품을 왜소화하는 비평이 되어서는 안되겠습니다. 비평가는 창작자의 고민 속으로 깊이 뛰어들어가야 합니다.『토지』가,『녹두장군』이 완성되기까지는 우선 그 씌어지는 기간만도 십년 이상이 걸립니다. 하나의 단편이 씌어지기까지에도 그 안에는 엄청난 시간의 집적이 들어 있습니다. 비평가는 그러한 작가의 노고 앞에서 좀더 겸허해지는 자세가 필요합니다. 훌륭한 작품일수록 그 노고는 작가만의 노고에 그치는 것이 아니고 더 거대한 의미와 가치를 지닙니다. 물론 비평가는 또다른 사유와 고뇌를 그 이상으로 집적하여 작품과 대면할 수 있습니다. 그러한 만남만이 진정한 비평의 광휘를 빚어낼 것입니다. 비평가는 좀더 창작자의 고뇌 속으로 파고들어가야 합니다.

'작품현실'을 통해 현실을 읽어가는 접근이 민족문학론의 유아독존적 몽상을 깨뜨릴 수 있을 것입니다. 늘 자신들의 이론에 걸맞은 작품이 없다고 타박을 해대지만 그런 타박은 이제 거두어달라 하고 싶군요. 내 기억에 비추어서만도 그것은 십년을 훨씬 넘긴 동어반복입니다. 그런 타박은 '작가들이여, 빨리 이런 작품을 쓰시오'라는 명령이며 하소연인가요. 박노해의 『노동의 새벽』(1984)은 이미 출발이자 종착점입니다. 그 이상은 정치의 몫입니다. 작품에 내재한 고민과 작품이 추구하는 미학을 읽고 그에 비추어 현실을 재해석하고 미학을 재구성하는 역의 과정을 밟아보아야겠습니다. 신세대의 감수성이니 후기자본주의니 거대담론의 몰락이니 하는 상투어들을 편리하게 써먹으려는 시도도 접어두십시오. 그렇게 씌어져서는 안된다는 명제는 비평의 권능일 수 있지만 또한 비평의 몽상입니다. 차라리 왜 '그렇게밖에' 씌어질 수 없는가를 말해야 합니다. 물론 '~밖에'라고 인정할 수 없는 낙서작들은 제외해야 하겠지만요. 그리하여 작품을 살리는 비평, 문학을 살리는 비평이 되어야 합니다.

언젠가 박형과도 얘기한 적이 있듯 민족문학론 혹은 이념비평이 갖는 정론적 가치, 그 사회적 기능은 중요합니다. 그것은 1970년대 긴급조치시대 김지하에 대한 비평행위가 그랬듯 '정치'의 다른 이름이고 독재정권에는 폭약의 뇌관과 같은 것이 되기도 합니다. 그것은 문학을 매개로 사회와 민족이 당면한 과제를 (문학)대중과 함께 사유하는 양식이고 깨어 있는 '시민의식'의 실천의 방식입니다. 이러한 기능은 여전히 90년대에도 소중합니다. 그러나 나는 오늘의 민족문학론이 '문학'현실을 더 참조해주기를 바랍니다. 이념비평가들은 누구나 '현실'과 역사를 내세우고, 이제 90년대 현실을 내세웁니다. 90년대의 변화된 현실로 인한 고민이 계속되고 있고, '정당한' '올바른' 현실인식을 웅변합니다. 그들이 말하는 '현실'엔 강한 주관적 욕망, 가치판단이 투사됩니다. 거기 내재한 변혁에의 욕망은 '주체'를 구성할 수 없다는 딜레마에 처해 있는 것이 오늘의 난관입니다. 변혁의 '비전'의 구성이 불가능하다는 것이 문제입니다.

단순화한다면, 80년대에는 변혁의 비전이 저절로 떠올랐던 것입니다. "현실의 역사성 및 합법칙적 측면"(방민호, 71면)을 정말로 계속해서 이야기할 수 있을까요. 새삼 '창조적 개인'을 들먹이고 이를 전투단위로 전선을 전면화(?)하는 것(정남영)은 사실상 전선을 무화하는 것이고 패배를 호도하는 것 아닐까요. 문학현실, 그 '황폐'하게만 보일 문학현실로 내려가 견디는 것이 길이라 생각합니다.

요즘의 소설판을 주도한다고 할 이십대 삼십대의 젊은 작가들을 박형은 어떻게 보고 있는지요. 시선이 그리 곱지만은 않을 것이라 짐작이 가는데, 나의 선입견에 불과한가요? 연배로 보아 60년대와 70년대 출생 세대, 그리고 연배는 삼십대 중반을 넘더라도 90년대에 비로소 문학판에 나온 세대들의 작품을 나는 그리 애정어린 눈으로 보아오지 않았습니다. 그리하여 '외면'과 '무지'의 악순환도 없지 않았습니다. 원래 나는 소문이 무성하면 접근하기를 싫어하는 성미니까요.

아무래도 그들의 문학은 그들과 동세대인 비평가들이 더 잘 감지할 것이겠지요. 다음과 같은 글은 나를 계몽하지만, '깨몽'하기도 합니다.

역사 · 이념 · 공동체에 대한 관심으로부터 일상 · 실존 · 개인에 대한 관심으로 이동해간 이 세대의 문학은 거대담론들의 잔해를 딛고 선 자들의 어찌할 수 없는 선택일는지도 모른다.

우리는 이십대 작가들의 소설을 통해 출발점에 서서 경기완료를 알리는 종소리를 들어버린 마라톤 주자의 당혹스러움과 냉소를 만난다. 그런 의미에서 텅 빈 '광장'을 벗어나 자신만의 '밀실' 속에 파묻힌 이십대 작가들의 권태와 유희, 백일몽은 자신들의 삶을 비켜간 '역사'에 대한 환멸의 산물이라고 할 만하다.

    이들이 선택한 서사가 개인적인 경험이나 현실적인 삶의 논리로부터 자유롭기 그지없는 것은 당연한 귀결점이 아닐 수 없다. (…) 이들〔이응준·한강·조경란—인용자〕의 경우도 소설에서 다루어지고 있는 생의 고해가 현실적인 삶의 문제라기보다는 단지 하나의 감상이나 분위기로 채택된 포즈의 하나라고 할 수 있다는 점에서 역시 신세대적인 특징을 공유하고 있다고 보아야 할 것이다.

    이십대 작가들에 있어 체험에 근거한 삶의 리얼리티보다 현실과 무관하되 현실보다 오히려 더 현실적인 새로운 가상현실의 창조에 대한 관심이 증대되는 것은 우선적으로는 그들의 세대적인 특성에서 기인한 것으로 보아야 한다. (…) 모두가 비슷비슷하게 복제된 삶을 살아가는 이 공간 어디에도 새로운 이야기나 고유한 경험은 존재하지 않는다.

    이런 상황에서 이야기하는 것을 숙명의 업으로 삼는 소설가가 이야기의 그물을 던질 곳은 어쩌면 새로운 가상현실의 바다가 아니고서는 달리 없는 것인지도 모르겠다.

    여기에는 작가의 어깨에 부여된 사회적인 책임이나 문학의 계몽적인 역할 따위가 존재하지 않는다. 아니, 충분히 양보하여 만약 작가에게 사회적인 책임이 있다는 것을 인정한다고 하더라도, 그것은 그 사회가 금하고 있는 규제와 위선과 허위를 위반하는 악마적인 불온성을 통해 가능할 뿐이다.

    신세대 작가들은 그 불온성을 위해 문학을 유희로 만들고, 유희 자체를 문학이라고 주장하기도 한다.

    —신수정,「"틀은 정말 싫어 내 멋대로 쓸 거야"」,『NEWS+』1월 2일자

또 다음과 같은 분석도 만나게 됩니다.

이념 현실의 변화라는 사회적 배경을 직접적으로 체험하지 않은 세대에게 개인의 내면공간이라는 화두는 좀더 친숙한 것으로 다가올 것이다. 이들에게서 단자화된 개인의 밀실은 사회적 현실과의 대립적인 관계 속에서 형성되었다기보다는 자아를 세계 속에 위치시키기 위한 자족적인 것으로 놓여 있다. 이 공간에서는 나르시시즘적인 환각과 자기위로가 훨씬 순수한 형태로 살아나 있다.

이들에게 자기만의 방은 글쓰기의 출발점이자 귀착점이다. (…) 이미지가 실재를 대신하고 순간성과 속도가 최고의 가치로 부상되는 덧없는 세계 속에서 자기를 보존할 유일한 공간을 찾게 되는 것은 조금도 이상스러운 일이 아니다. 그러나 아이러니하게도 나를 위한 밀실에서 나의 모습은 발견되지 않는다. 사회와의 관계를 차단한 이 밀실은 나의 정체성을 끊임없이 뒤흔들고 부수어나가며 자기에 대한 물음을 새로운 방식으로 은폐한다.

—백지연, 「단자화된 개인의 밀실」, 『내일을 여는 작가』 1996년 9·10월호, 22~23, 26면

이것이 젊은 세대의 문학이 보여주는 실상이고 본질이라면 이러한 '새로운' 문학 앞에 나는 아직 유구무언일 수밖에 없습니다. 우선은 위와 같은 이해방식대로 독해하고 감각하면서 '신세대'의 문학에 가까이 가볼 생각입니다.

'단자화한 개인'의 인식은 요즘 하나의 화두가 되어 있다고 보입니다. 1인 1표의 직접·비밀선거(투표)가 상징적으로 나타내는 것처럼, '개인의 우상'이 지배하는 시대가 근대—현대입니다. 신승엽은 "지금 이곳의 현실에서 민중에 가장 직접적인 고통을 선사하는 것은 무엇보다도

'개인의 단자화'가 아닌가 한다"고 하였습니다. 개인의 단자화, 이 동어반복, 개인의 단자화는 고통이자 쾌락입니다. 개인의 우상은 완성되어야만 합니다. 개인이 바로 우주의 중심인 시대에 현실의 폭력성 앞에서 한없이 왜소하기만 한 개인의 비극. 그 고독. 개성과 자유의 신화 속에서 그것이 오로지 환상으로만 존재함을 확인하게 되는 개인의 비극. 우리는 이러한 개인을 더 완성해야 합니다. 페미니즘 역시 이 개인화의 한 과정으로 볼 수 있습니다. 반봉건과 반식민 운동도 이 개인의 신화의 완성을 위해서는 거칠 수밖에 없는 과정입니다. 이 개인은 새로운 관계맺기를 창출해야 하는데, 그 윤리는 도출되지 않고 있습니다. 왜냐하면 윤리란 개인의 것이 아니니까요.

강석경과 배수아의 소설은 이러한 개인의 신화와 관계되는 것으로 읽힙니다. 어차피 체계적인 독서가 아니니까, 내가 읽은 다섯 사람의 장편을 떠오르는 대로 거론하고자 합니다.

강석경의 『세상의 별은 다, 라사에 뜬다』(살림 1996. 12.)는 작가의 안정된 기량이 돋보이는 작품입니다. 핵심은 문희와 주원 두 자매의 이야기입니다. 주원은 남편을 떠나 아들 상이를 데리고 인도에 와 있습니다. 이혼하여 의상실을 열고 있는 언니 문희도 인도로 갑니다. 주원은 대학 때 과친구 영민의 도피처 부탁을 거절한 뒤 팔 개월의 징역을 살고 나온 영민을 "시대에 대한 죄의식" 때문에 종종 만나 술을 삽니다. 그러다가 영민과 밤을 보냈고, 좋아하던 남자친구가 있었으나 영민과 결혼하게 되었던 것입니다. 문희는 칠년간의 결혼생활을 시아버지 병수발 등으로 의상잡지 한권 보지 못하고 살았으나 남편 성오에게는 '영감을 주는 여자'가 생겼고 둘은 이혼하였습니다. 문희는 후회하는 성오의 재결합 요구를 냉정히 거절합니다. "시대가 시킨 결혼"에 갇힌 주원은 밖으로 뛰쳐나가고 싶은 충동에 시달리다가 남편의 권유로 인도에 왔습니다.

인도에는 '구원'과 '안식'을 찾으러 온 사람들이 많이 있습니다. "인생의 전환점이 될 무언가를 찾으러 인도로 온 지친 영혼들"(107면)인 주원과 파올로는 서로 사랑하여 결합하게 됩니다. 파올로는 간질병을 가진 이태리인 화가입니다. 문희는 바라나시로 가서 갠지즈강과 화장(火葬)의 모습 등을 보고 인도의 최북단 라닥으로 향합니다. 마날리에서 만난 티베트인 빠상에게서 "세상의 별이란 별은 다 라사에 떠 있다"는 말을 듣게 됩니다. "순간 어둠의 천공을 가르고 은덩이 같은 별들이 눈앞에 쏟아지는 듯했다. 희디흰 빛의 팽창에 문희는 눈이 멀 듯했고 유리처럼 맑은 소리를 내며 별들이 부딪치는 환청을 들었다./그것은 증오도, 노여움도 전쟁도 없는 찬란한 자연의 세계였다. 신들이 여행하는 은바다. 부처의 왕국이었다."

두 사람은 자신의 길을 갑니다. 한국의 결혼제도의 굴레, 남성의 이기주의와 무책임, 남편을 소유하기에 혈안이 된 여자들, 여자가 여자를 그토록 미워하는 나라, 그들은 그러한 억압과 구속을 벗어나와 새로운 삶을 찾습니다. 이것은 여성의 새로운 자아 확립과 관계됩니다. 개인으로서 독립적 존재인 '나'를 추구하는 것입니다. 주원과 파올로의 관계, 성자와 쥰의 결합, 유학생들의 생활, 그리고 기혼자들의 순수한 애정관계 등 다양한 사례를 통해서 이 작품은 우리 사회에 깊이 뿌리박은 남성 중심의 억압적 의식과 여러 인습들을 비판하고 새로운 인간관계를 찾아나섭니다.

그렇지만 주원과 문희의 새로운 삶을 찾아가는 여행은 자아가 강한 인간이 떠나야 하는 필연의 길이고, 그들의 결혼이나 가정의 문제는 그 여로를 위해 동원된 것은 아닐는지요. 그들의 과거엔 '생활'이 없습니다.

그들의 과거는 소개될 뿐, 생활과 갈등이 그려지지 않습니다. 물론 이것은 이 작가가 택한 구도입니다. 주원의 남편 영민은 결혼한 지 팔년이 되도록 화 한번 내지 않은 인물로 되어 있습니다. 그는 출옥 후 술집에서 울었던 일 외에는 인간적 감정을 내보인 적이 없다고 합니다. 그렇다면 그는 목석이거나 성자(聖者)입니다. "객관적으로 헛점 없는 인격자"가 종종 가족이나 부부 사이에서는 견딜 수 없는 존재일 수 있지만, 두 사람이 갖게 된 문제에 대한 책임은 주원 쪽에도 상당히 있다고 해야 합니다. 영민이 운동권이었던 것이 그가 아내에게 그처럼 이상한 인격자가 돼 있는 것과 무슨 연관이 있다는 것일까요. 물론 그렇게 흘러온 삶이 있을 수 있겠지만, 맞지 않는 두 사람의 "시대가 시킨 결혼"이었다는 것 이상을 보여주어야 하지 않을까요. 또하나의 문제적인 남성상으로 등장하는 문희의 남편 성오는 일반적으로 설정할 수 있는 평범한 남성에 속한다고 하겠습니다. "남편이라는 권리로 무심하게 상처를 주면서 나비처럼 영감을 찾아 헤매는" 그는 흔하디흔한 속물에 불과하지만, 피임을 하라는 간청을 한번도 듣지 않고 아내가 여섯 번 소파수술을 받도록 미안한 기색조차 보이지 않았다는 식의 설정은 문희라는 강한 여성과의 사이에서 있기 어려운 일일뿐더러 의식적인 과장이 느껴집니다.

내면으로 견고한 자아와 높은 자존심을 숨기고 있는 두 여성에게 그들을 짓누르는 '한국적' 현실은 어쩌면 구제불능의 존재입니다. 그들을 자유롭게 하는 인도에서 주원은 파올로를 만나 진정한 사랑을 얻고, 문희는 더 멀리 쏟아지는 별들을 볼 수 있는 라닥으로 떠나서 '지구의 미아'로서 달라이 라마의 땅 티벳과 라사를 꿈꿉니다. 그들 자매는 독립한 인격체로 서서 자신의 길을 찾아가지만, 타자와 열렬하게 부딪치는 것이 무엇인지를 경험하지는 못합니다. 그들은 문제와 대결하기보다 이탈한 것이고 그와 같은 낭만적 동경은 현실과 생활과의 사이에 긴장을 형성하면서도 그것을 느슨하게 합니다. 이 작품이 인도에 미만한 정신주의와 이색적인 풍물, 자연현상, 인도에서의 생활의 세목에 대한 섬세하고 애정어린 묘사로 가득한 것은 바로 그러한 점과 동전의 앞뒷면으로 동일합니다.

『세상의 별…』이 잘 빚어진 작품이라면 배수아의 소설 역시 잘 빚어져 있다고 하겠습니다. 『세상의 별…』이 시종 균형과 냉정을 유지하면서 차곡차곡 쌓아올린 건축물처럼 축조되어 있는 품위있는 작품이라면 배수아의 소설은 그와 달리 반죽덩어리를 리드미컬하게 다루어 빚어내는 질감을 갖고 있습니다.

배수아의 소설은 무척 낯설었습니다. 아직도 나에게 『부주의한 사랑』(문학동네 1996. 12.)은 낯선 소설입니다. 난감하면서도 매력이 느껴집니다. 나는 아직 그의 작품을 『부주의한 사랑』과 소설집 『바람 인형』(문학과지성사 1996. 9.) 속의 단편 서너 편만을 읽었습니다. 배수아의 소설이 이미지로 사고하고 이미지로 써어지는 것임을 김미현씨는 「이미지와 살다」(『부주의한 사랑』해설)에서 잘 말해줍니다. 최인자는 소비시대의 기형아로 비쳐진 배수아 소설들의 인물들에게서 '신세대'의 꼬리표를 떼고 배수아의 세계가 보여주는 "지극히 현실적인 모습과 지극히 환상적인 풍경"을 읽으며, 우리 근대문학사의 성장소설의 전통과 연결시킵니다(「상처로 봉인된 기억 되찾기」, 『바람 인형』해설). 사건과 심리의 사실적 묘사를 위주로 한 소설 전통을 주류적인 것으로 파악할 때 이 전통에 익숙한 눈으로는 확실히 낯선 소설입니다. 그러나 우리 소설사는 이 주류에서 벗어난 특이한 개성들을 이미 많이 보유하고 있습니다.

이미지란 실은 기억을 가리키는 다른 말입니다. 기억은 과거의 떠오름입니다. 그렇게 배수아의 이미지는 거의가 과거로 향합니다. 유년의 외상 때문입니다. 행복했던 유년의 기억 때문이 아니라, 비정상으로, 불행과 비참 속에서 보낸 유년의 상처 때문입니다. 현재에서의 패배도 계기가 되지만 유년의 비정상이 배수아의 주인공들을 유년에 집착케 합니다. 출생의 복잡함, 양부모, 가난, 버려짐…… 황폐한 유년에서 안식처를 발견하고 싶고, 유년을 따뜻하고 포근하며 애정이 가득한 공간으로 재생하고 싶습니다. 그러나 과거는 완결된 것이고 정상의 회복은 불가능합니다. 끊임없이 떠오르며 고정될 수 없는 과거가 그들을 지배하나 과거는 뒤바꿀 수 없게 완결돼 있는 것, 따라서 과거의 이미지에 사로잡히는 일은 비극적입니다. 일생의 모든 삶, 모든 인간관계, 남녀간의 사랑도 '정상'이 아니라 유년의 폐쇄회로를 맴돌며 복제하며 흘러갑니다.

「바람 인형」에서 옥수수밭에 버려진 헝겊 인형에게 밤새가 와서 말합니다. "누군가가 너를 버렸어." 헝겊 인형은 말합니다. "난 이제 태어났어." 버려지자 태어나고 태어나자 버려지는 것이 배수아의 인물들입니다. 그들은 부모로부터 사회로부터 버려지고, 버려지자 태어나고, 버려지자 살기 시작합니다. 배수아의 주인공들은 현실공간에서 살지만 현실에서 추방당한 정신적 미아들입니다. 기억이 그들의 삶의 형식이고 비밀처럼 드러나는 과거가 그들의 영혼이 깃드는 집입니다.

배수아의 인물들은 사실 끔찍한 현실 속의 인물입니다. 『부주의한 사랑』의 연연의 부모, 화가가 되려는 꿈이 좌절되고 언니의 아이까지 맡아 극심한 물질적 정신적 고통에 시달리는 어머니와 시골 학교 물리교사로 머물고 만 촉망받던 아버지가 그렇고, 아이를 지우려고 뜨개질 바늘을 몸 속에 넣은 이모, 수입상을 하고 부인과 사이가 좋지 않은 '사촌'과 뇌물사건으로 무력하게 파면당하고 자살하는 남자친구 운이가 모두 어두운 현실을 유영하는 존재입니다. "삶의 고된 시련과 어두운 그림자"(최인자)가 그들에게 드리워져 있습니다. 그의 소설에 대해 '무국적의 감수성'(진정석), "이미지가 의미의 탐구를 대체해버리는 삶" "소비주의와 개인주의에 침윤된 우리네 일상을 지리멸렬하고 황량하게 보여주는 작가"(백지연, 「상실된 세계의 낭만적 복원」, 『한국문학』 1997년 봄호)와 같이 지적하는 것은 일면 날카롭지만 나로서는 아직 많은 유보를 남겨야 할 것 같습니다. 또 영화적 상상력, 서구(일본) 소설이 끼친 영향에 관해서 그 연원을 강호 제현이 귀띔해줄 것을 기대합니다.

김한수의 『하늘에 뜬 집』(실천문학사 1997. 1.)은 눈물겨운 삶을 눈물겹게 그린 작품입니다. 순진성의 측면이지요. 젊은 세대나 선배 세대를 막론하고 요즘은 아무도 쓰지 않는, 궁핍한 세계에서의 삶의 투쟁과 절절한 인생담이 들어 있습니다. 출세작 「성장」(1988)에서부터 화두로 삼아온 '아버지와의 대결'의 완결편인 듯싶습니다. 어머니를 학대하고 집안을 돌보지 않는 인간 말종인 아버지에 대한 증오를 키워오던 현민은 어머니가 자살로 생을 마감하자 폐인이 되어가는 아버지를 살해하고 자신도 세상을 버리고픈 충동에 시달리다 제 새끼를 물어죽인 누렁이만을 목매달고 여행을 떠납니다. 할아버지가 살고 있는 고향으로 귀착하는 이 여행 도정에서 현민은 풍랑과 싸우다 몰사하는 어부들을 목격하고 가출한 소년들을 만나기도 하며, 공장생활 등 어렵사리 살아온 현민의 과거 또한 회상의 방식으로 드러납니다. 세상에 대한 원한과 자포자기에 빠져 있던 현민은 자신은 "죽기 위해서 떠나온 게 아니라 살기 위해서 떠나왔"다는 자각을 얻고서 고향의 할아버지를 만나고 돌아와, 과수댁 정순에게 자신의 출생의 비밀이 담긴 어머니의 수기를 넘겨주며 그녀를 받아들입니다. 행방불명이 되었던 아버지는 고향 집에서 죽고, 장례를 치르고 돌아온 현민은 할아버지가 전해준 아버지의 "너는 포기하지 말고 살아라. 스스로를 포기하지 않으면 절대로 죽으란 법은 없다"는 유언을 되새깁니다.

이 작품은 그렇게 잘 빚어진 소설이라 할 수는 없겠습니다. 삽화와 회상이, 본줄기와 곁가지가 손자국 없이 바느질되어 있지 않고, 시제와 시점 이동도 어설퍼서 장인의 맵시를 느끼기 어렵습니다. 작품 초두에 과수댁으로만 부르던 여자를 후반에서는 정순으로 친밀하게 이름으로만 지칭한다든지, 같은 장면에 대한 묘사가 앞뒤에서 일치하지 않는다든지 하는 정교하지 못함도 발견됩니다. 무엇보다도, 현민이 부모의 친자식이 아니고 어머니가 몰래 입양한 아이였다는 출생의 비밀을 아버지가 애초부터 알고 있었다는 임종시의 고백은 작품의 긴장을 일거에 풀어헤칩니다. 아버지의 것이든 현민의 것이든 삶의 그 맵짬과 허무는 그와 같은 출생의 문제로 환원될 수 없는 것 아닐까요. 생은 긍정돼야 한다는 것, 그 의식은 이 작가의 본성에 가깝습니다. 고통스럽게 저주받은 인생을 살아온 주인공의 고생에 작가는 현실적인 보답을 주지 않고는 못견디지요. 작가는 심지어 마지막 장을, 귀향한 주인공이 과수댁과 그 딸린 아이와 더불어 오순도순 비둘기집을 이루어 살면서 제 아이를 잉태하고 "희망은 오늘을 열심히 사는 데 있다"고 읊조리는 '설화'로 마감합니다. 「성장」이 그렸던 사회사는 후퇴하고 개인사가 둥지를 틉니다. 공장에서 만난 반벙어리 처녀 희수와의 연애와 불행 속에 방화로 생을 마감한 장애인 곽씨 일가에 대한 관찰 등 코끝이 찡한 사실화들도 사회사를 형성하지 못합니다. 과수댁을 끌어들여 구더기가 우글거리는 변소간에서 교접하고 어미 개를 목매다는 첫 두 장의 인상적인 삽화, 그 위악성이 일으키던 강렬한 긴장을 전편으로 끌고 가기엔 작가 자신이 너무 고통스러웠던 것이겠지요.

문윤근의 『천국의 셋방』(문학과지성사 1996. 10.)은 우선 재미있게 읽히는 소설입니다. 어느 도시(천안)에 내려왔다가 "뭔가 계획했던 일이 틀어져" 몇시간 만에 다시 서울로 올라가려다가 포장마차에서 여자를 만나고, 두 명의 사내와 시비가 붙어 결국 술집에 나가는 그 여자 화심과 셋방을 얻어 살림을 차리는 것으로 소설은 시작됩니다. 그 '천국의 셋방'에서의 이상한 생활과 옆방에 사는 서민 가족의 거친 삶, 분식집 처녀 여진과의 만남, 대구로 갔다가 돌아와 화심의 자살 소식을 듣고 다시 써니와 살림을 차리는 이야기가 작품의 대강의 회로입니다. 그런데 아직 나는 책 표지에 적힌 이 작품의 소개글, "세상과 삶에 대해 냉소적이다 못해 무관심한 지식인, 밑바닥 삶을 겨우 지탱해나가는 창녀. 그들의 만남을 통해 부조리한 세상 속에 버려지는 인간의 냉엄한 현실을 포착한" 작품이라는 말을 절반도 이해하지 못하겠군요. 인생은 "식은 커피와 놓쳐버린 열차" 운운하는 서장이나 마지막의 법구경 게송, 2만 6천 광년 떨어진 은하수와 우주 이야기 등등도 소설 읽는 맛을 돋궈주긴 하지만 대개는 유치한 사설 아닐까요. 하긴 문학은 본래 유치한 것이기도 하지요. 유치함을 못 벗은 사람들이 하는 것. "그 옛날 순수했던 아나키스트", 강원도 깡촌에 평등촌을 건설하러 간 친구의 얘기는 어떤 맥락인지 모르겠습니다. 그렇지만 사회의 소외계층 인물인 화심과 써니, 셋방의 승미 가족을 보는 작가의 시선 저 밑바닥에는 따뜻한 연민과 애정의 마음이 숨어 있음을 느낍니다. 작품을 다루는 솜씨와 문장력과 섬세한 감수성을 보유한 이 작가가 "폐가처럼 황량하게 늙고 싶다"는 식의 포즈를 버릴 때 정말 인생의 의미에 대해 무언가 말해줄 수 있게 되지 않을까요.

이응준의 『느릅나무 아래 숨긴 천국』(살림 1996. 6.)은 좀 정리가 덜 된 소설이라는 인상을 줍니다. 후처가 된 어머니와 함께 부유한 아버지의 집으로 들어가 만난 배다른 형 인하를 중심으로 한 문하의 유년시절 이야기와 대학이 있는 시골 가합동에 머물며 까페 '하늘밥도둑'을 들락이는 청년시절의 이야기가 중첩되고 있습니다. 요즘엔 '고개 숙인 아버지'가 표상이지만, 이 작품에서 가족사의 문제를 발생시킨 아버지, 부를 토대로 권력과 결탁한 아버지는 손 닿을 수 없는 거대한 존재로서 작품 배면에 숨어 있습니다. 정신적 지주이자 선망의 대상인 인하형을 매개로, 인생에 대한 여러 성찰을 들려주는 '산타 페'라 불리는 까페 주인을 매개로 해서 문하는 이런저런 사건들을 겪으면서 가족사의 굴레를 잃고 또 벗어나오게 되는 것이지요. 그렇지만 소년적인 감성과 생각 들이 그대로 노출되기도 하고 여러 사념들이 조직되지 않은 채 널려 있기도 해서, 삼십대 회사원인 성인의 회상이면서도 작가는 그러한 '성인'의 시점을 감당하지 못하고 있습니다.

박형, 모처럼 얻은 대화의 아니 '독백'의 기회라서 예기치 않게 너무 먼 거리를 왔군요. 이 지루한 언사 중에 그래도 들을 만한 대목이 있었다면 짤막한 엽신이라도 한장 보내주길 바랍니다.

앞서 얘기한 몇몇 장편들에서도 느낄 수 있는데, 젊은 작가들의 소설에서는 전통적인 소설 양식과는 다른 분위기가 분명 있다고 여겨집니다. 전통적인 양식이란, 가령 황석영, 윤흥길, 이문구, 이청준, 조세희, 현기영, 송기숙, 홍성원 등 가까운 선배 작가들을 떠올리면 되겠지요. 하지만 나는 젊은 세대에 대해 '역사에 대한 환멸' '유희의 문학' '불온성의 문학' 등으로 형용하는 것은 예찬을 위해서든 비판을 위해서든 더 숙고해보고 싶습니다. 상업출판의 확대와 매체의 다양화로 작품의 공간(公刊)에 문학 외적인 요소의 개입이 확대되는 것도 사태의 본질을 호도하는 측면이 있습니다. 그렇지만 그것 또한 시대의 표정이자 문학의 표정이겠지요.

　박형의 광범한 독서와 예민한 촉수를 떠올리니, 둔하기만 한 감각으로 적게 읽고 길게 쓴 것 같아 자괴감이 앞섭니다. 그 어딘가로부터 지구로 망명해온 사람들, 세상에서 세상으로 망명한 사람들로 자처하는 근대인은 사회로부터 도덕도 가치도 의미도 부여받지 못하고 또한 적대할 가치도 발견하지 못한 채 애정 결핍에 시달리는 개인으로 살아갑니다. 그런 소설 속의 인물들은 개인의 신화를 아직도 완성하지 못한 채 흐릿한 길 위에서 방황합니다. 그러나, 조금 더 애정을 갖고 들여다볼 때 우리 문학은 좋은 작가, 가능성 있는 작가들을 너무나 많이 품고 있음을 알게 됩니다. 민족문학론이 이를 보기 위해 더 겸허하고, 민족사의 과제를 사고하되 그로써 작품을 기속하지 않기를 바랍니다.

　아무래도 박형의 도저한 문학주의엔 접근하지 못한 것만 같습니다. 건강을 빌며.

작가적 욕망의 사회적 다스림

등단제도와 문학상에 대하여

1

 작가가 되고 싶은 욕망은 어디로부터 오는가? 앙드레 지드, 알베르 까뮈, 헤르만 헤쎄, 똘스또이, 쌩떽쥐뻬리, 괴테, 라이너 마리아 릴케, T. S. 엘리어트, 쉴러, 프란츠 카프카, 막스 뮐러, 하이네, 브론테 자매, 도스또옙스끼, 안톤 체홉, 셰익스피어, 발자끄, 입센, 타고르, 미시마 유끼오, 귄터 그라스 이런 이름들을 가슴 설레며 선망하고, 그런 이름들과 나란히 자신의 이름──동식이라든가 광자, 태욱 같은 촌스러운 이름이 아닌 멋들어진 필명에 고상틱한 호(號)를 두서넛씩 붙인──을 놓고야 말고픈 욕망은 누가 그대에게 선사한 것인가? 누가 그 운명적 욕망을?

 그 욕망의 세례를 받는 계기와 욕망을 회임시키는 환경은 시대와 지역과 개인의 경우에 따라 다를 수 있을진대, 나와 내 주변을 돌아보며 술회하자면 그 수많은 '위대한' 서양 작가들의 현혹적인 이름이 나를 사로잡았고, 『백조(白潮)』라든가 『폐허』라든가 하는 동인 활동이나 소월이니 상화니 수주(樹州)니 하는 별칭들을 가진 문필가들이 형성하는 세계가 남다른 가치와 쾌락과 고통을 함께 가져다주는 듯이 나를 빨아들였다.

그것은 또한 1960, 70년대 고향 농촌에서의 생활, 또는 중소도시에서의 유학(고교)생활이라는 일상으로부터 심리적으로 탈출할 수 있게 하는 욕망이었고, 다른 세계로 건너뛰기, 몸에 닿는 이 현실의 여러 끈적한 느낌으로부터 날아올라 에테르와 같은 기체 속에서 유영하는 고상한 영혼들의 세계로 건너가고픈 몽상적 욕구의 반향이었다.

작가가 되고 싶다. 그것이 무언지는 잘 모른다. 대 문학가가 되고 싶다. 저 멋진, 잡지의 사진 속의 고뇌하는 이국종들. 교과서 속에 들어앉아 근엄하게, 혹은 고통스럽게, 보통 말이 아닌 꼬인 말, 슬슬 미끄러져 나가는 말로 이야기하는 자들. 시험 답안지 위에 그의 작품이 주제라든가 구성이라든가 형식적 특징이라든가 하는, 결국은 알쏭달쏭하기만 한 문자로 기록되는 딴 세상 속의 인간들. 나도 그 대열에 들고 싶다.

그러나 그 욕망에 관해 농부인 아버지나 농부의 아내이자 그 자신 상일꾼인 어머니, 또는 할머니, 동네 사람들과 함께 조곤조곤 이야기 나눌 수는 없다. 그런 가족과 이웃들과는 딴 세상의 꿈인 것이다. 그러나 저 학생잡지 속에 어른스런 단어들로 씌어진 시와 산문을 투고한 소년 문사들은 나와 똑같은 꿈을 꾸고 있다. 띄엄띄엄 박혀 반짝이는 별처럼 그들은 먼 지방에 있고 그들은 우리 마을의 누구, 우리 반의 그 촌스럽거나 짓궂은 아이놈들과는 다르다. 그들은 나와 똑같이 나의 몸에 걸쳐진 이 세상이란 것이 거북스런 보통아이지만, 나와 똑같이 가슴 한쪽에 찬란한 별빛을 품은 남다른 존재이다.

작가가 되고자 하는 욕망은 인생을 깊이 들여다보고 통찰에 도달하고자 하는 욕망이며, 생명과 우주의 근원과 그 운행 원리를 성찰하고자 하는 욕망, 따라서 초월에의 욕구이고, 그 관념적 의지는 그리하여 어설프고 철없는 대로 철인(哲人)을 꿈꾸게 한다. 그것은 동시에 세간에 이름을 날리고픈 세속적 욕망이며, 활자화된 글의 마력에 중독된 하나의 환각증이다.

작가가 되리라, 위대한 작가가 되어 세간에 내 이름을 떨치리라. 속물적 욕망이든 초월에의 열망이든 이 꿈에 구체적 몸을 주는 것은 현실이고, 현실의 인간들만이 그 꿈을 실제로 전환시켜준다. 꿈이 현실로, 현실이 다시 꿈으로 순환하며 너를 그 작가의 대열로 끌어올려놓을 그 누가 있을 것인가. 어느 문으로 들어가야 하는가? 어떤 고뇌의 포즈를 취해야 하는가? 어떤 댓가를 지불해야? 어느 만큼의 피를 흘려야 하는가?

2

작가가 되리라, 그 저주받은, 철없는 욕망에 들린 자가 통과해야 할 관문은 무엇인가. '위대한 작가'가 되기 위해선 우선 '작가'가 되어야 하고, '작가'가 되기만 한다면 적어도 작가 '임'으로 하여 얻을 수 있는 최소한의 자존은 혹은 자기만족은 확보케 되는 것이니, 그렇다면 작가가 되는 길은 무엇인가?

무릇 어느 사회든 욕망을 부추기면 또한 그 욕망을 걸러내고 좌절시키고 통제하는 기제(機制)를 마련치 않을 수 없게 되는바, 새로운 작가를 길러내고 사회적으로 공인하는 모든 제도적 장치들은 바꿔 말하면 소수만을 작가라는 특권층으로 진입케 하는 배제의 장치이다.

그러나 관문이 좁고 경쟁자가 많을수록 영예와 성취감은 비례하여 커지는 것이어서, 등용의 제도적 장치들간에는 일종의 위계질서가 성립한다.

신춘문예(新春文藝), 일간신문이 운영하는 이 등용제도는 거대 언론기업의 막강한 위세를 등에 업고 가장 광범위하게 작가 지망생들을 유혹한다. 지방 일간지를 포함하여 수십 개의 신문이 매년 신춘문예 공모를 하지만 7개의 이른바 중앙 주요 일간지와 다른 신문들 간에는 엄청난 차별이 존재한다. 7개 일간지에 당선되는 것은 완벽한 등단으로 인정받지만, 지방지 등 다른 신문들의 공모에서 입선하는 것은 기껏해야 하나의 경력이 될 뿐이고 때로는 2류 작가에 불과하다는 증표로 인식되기도 한다.

아무튼 신춘문예는 연면한 역사와 전통과 권위를 자랑하는 등용제도이고, 수많은 문학청년들로 하여금 혹한의 겨울에 화려한 봄을 꿈꾸게 하는 선망의 관문이다. 투고(投稿)——그야말로 원고를 던져넣고, 아무리 기다려도 오지 않는 당선 통보 때문에 크리스마스 이브를 내색할 수 없는 속앓이를 하며 보내는 눈 맑은 문학청년들. 일찍이 1930년대에 조선중앙일보, 동아일보, 조선일보 등에서 신춘문예 공모를 통해 김유정, 서정주, 김정한, 김동리, 안회남 등의 뛰어난 시인·작가들을 식민지 조선 문단에 배출하기 시작한 이래, 90년대 후반에 다다른 지금까지도 가끔씩 제기되는 폐지론이 무색하게 여전히 요지부동의 권위를 유지하고 있는 등단제도.

작가가 되리라는 욕망은 곧 작가로 인정받고 싶다는 욕망으로 전화하는 것이니, 이러한 전화가 없는 욕망은 현실 속의 문학행위와는 거리가 먼 몽상에 그친다. 작가가 되리라는, 글쓰기의 욕망이 구체적인 글쓰기로 실현될 때, 그 글은 세상의 시련을 견디고 황야에 나선 이리처럼 홀로 서기를 하지 않으면 안된다. 나의 글은 이제 나의 손을 벗어나 타자의 눈에 자신의 속살을 내보이며 그 가슴 떨리는 외출에서 버젓이 직립할 수 있어야 한다.

신춘문예는 아무래도 인적·학적 배경에 기대거나 그밖의 다른 '줄'을 타지 않고도, 문학 외적 여러 요소를 동원하지 않고도 오로지 그 작품에 의거해 평가받음으로써 등단할 수 있다고 가장 광범위한 신뢰를 얻고 있는 제도이다. 게다가 소수의 전문독자에 한정되지 않은 매체의 특성상, 어떤 방식으로든 일정한 문학수업을 거쳐 최소한의 기본을 갖춘 사람만이 지원하는 것이 아니라, 적어도 일만 명 이상의 대중이 매년 응모를 위해 급조된 작품들까지 동원하여 참가하는 현상을 보여주게 된다. 단 한 번의 관문 통과로 누구에게든 문인으로 인정받을 수 있고, 거대 기업인 신문사로부터 유형 무형의 후원을 입을 수 있는데다가 적지 않은 상금까지 타게 되니 이야말로 매력적이지 않은가.

신춘문예와 더불어 유구한 역사를 자랑하며 수많은 탁월한 문학가를 배출해온 제도가 문예지의 신인 추천제이다. 일찍이 1920년대 『조선문단』을 통해 당시의 선각자 이광수의 추천으로 채만식·한설야·박화성 등이 작가의 길에 접어들었고, 30년대말 『문장』지는 박두진·박목월·조지훈·박남수 등 뛰어난 재목들을 정지용 추천으로 배출하면서 '문장파'를 형성하였던 것이다. 해방후 50년대엔 『문학』『문학예술』『자유문학』 등이 역량있는 신인들을 추천 발굴했고, 60년대 이후에는 『현대문학』(1955년 창간)이 문예지로는 최장수 기록을 세우며 수많은 문사를 이 제도를 통해 발탁해왔다. 중진 이상으로 연륜과 명성이 높은 문단 인사가 추천위원이 되어, 응모작들 가운데서 좋은 작품을 골라 추천작으로 내놓거나 때로는 자신의 문하에서 뛰어난 제자의 작품을 천거하였다. 신춘문예가 그 특성상 심사위원과 당선자가 끈끈하게 맺어지기 어렵다면, 대개 2

회 추천으로 완료됐던 신인 추천제는 추천에 이르기까지의 작가수업과 추천 이후 문단에서의 활동에서 추천자와 피추천자가 실질적으로든 심리적으로든 중세의 도제와 마스터처럼 엮어질 수 있었다. 따라서 요즘에는 거의 찾아보기 어려운 매서운 장인적 훈련을 일대일로 거쳐야만 하는 경우도 드물지 않았으며, 문학적 계보나 유파 형성의 장치로 기능하기도 하였다.

유수한 문예지들을 거점으로 한 주요한 신인 등용문이었고 60년대 『사상계』 같은 잡지에서도 신인문학상 제도와 병행하여 운영한 적이 있는 이 추천제도는, 그러나 문학계 및 출판계의 판도 변화와 맞물려 이제 사양산업으로 거의 그 명맥이 끊어지게 되었다.

문예지들은 추천제뿐 아니라 그 지면을 통해 다양한 방식으로 새 작가를 배출한다. 신인상을 운영하기도 하고 그때그때 무슨무슨 기념 등의 명분으로 공모를 하기도 하며, 『창작과비평』『문학과사회』『세계의 문학』『상상』『문학동네』 등 대부분의 잡지가 '원고 모집'을 통해 그 나름으로 우수한 작품을 선정하여 발표함으로써 새 얼굴을 소개한다. 그러나 문예지가 그 독자적 위상을 확보하고 유지되기보다 상업적 문학출판을 위한 통로 내지 보조수단의 역할을 맡고 있는 것이 요즘의 현실이고 보면, 문예지의 신인등용 제도는 자파 세력의 확장 혹은 문학독자 확보를 위한 장치에 불과하거나, 상업출판이 가능한 작품을 손쉽게 확보하며 아울러 상당한 홍보효과도 동시에 노릴 수 있는 방편으로 기능하는 것이 오히려 일반적인 현상이 되고 있다.

90년대 들어 여러 형식의 신인문학상 제도가 남발되는 현상은 공동체적 유대가 점점 약화하는 현대사회의 경향과 출판기업의 상업주의적 발상이 결합된 결과이다. 대개는 막대한 상금을 내걸고, 한번의 안타가 바로 홈런이 되기를 열망하는 신인 내지 신인급 작가들을 유혹하는 이 신인상 제도는 운영주체와 신인작가 간에 제도 운영과 책 출간이라는 요소 외에 다른 문학적 유대나 인간적 소통이 깊이 개재할 수 없는 제도이다. 따라서 이로부터 새로운 문학적 흐름이 일어난다거나 이를 통해 나름의 의미있는 문학공동체가 형성되는 등의 문학적 의의는 약하고, 대부분 화제성 작품의 발탁이라는 이벤트로 그치면서 일정하게 신인 등용문의 역할을 하고 있다.

국내 초유의 1억원이라는 상금을 내걸고 시작된 '국민일보 문학상', 그리고 문예지를 통해 운영되는 '작가세계 문학상' '문학동네 소설상' '오늘의 작가상' '상상문학상' 등은 미발표작의 공모를 통한 작품상인만큼 실제적인 성격은 신인상 혹은 신인의 재등단 제도에 가깝고, 중견의 활약이 부진한 문학풍토에서 당선 작품은 대부분 매스컴과 문학계의 주목을 받아왔다. 이러한 문학상들이 이벤트성이 강한만큼 대중의 관심을 이끌어 문학 독자를 확보할 수 있게 하고, 작가 지망생들이나 신인급 작가들에게는 새롭게 발돋움할 수 있는 계기로서 인식되어 창작의욕을 자극하는 동기가 되고 있는 것이 사실이다. 그러나 진정한 문학(소)공동체들을 형성함으로써 문학과 인생에 대한 심오한 탐색의 장들을 유지 확대하는 통로가 되어주는 것이 아니라, 문예지와 출판사를 둘러싼 분파형성, 이합집산, 상업출판의 수단의 양상을 보여주고 있는 것이 엄연한 현실이고, 그 장기적인 내실있는 운영을 기대할 수 있는 경우도 드문 것으로 보인다.

3

실질적으로 문학을 가르는 기준은 문학제도 내에서 지배적인 위치를 점하고 있는 사람들에 의해 자의적으로 설정된 특정한 태도·기법·비전, 그리고 인간적 관계로 대체된다. (…) 문단·협회·문인선발제도·문학상·문학강좌 (…) 들은 지배적 문학제도가 문학적 사실들을 통제하는 양상이 비교적 명료하게 드러나는 자리이다. (…) 그러나, 이러한 외면적인 것들은 그 밑에 거대한 암초로 잠복해 있는 내재적 문학제도의 돌출부일 뿐이다. 정작 우리가 주의해야 할 것은 우리의 무의식과 육체에 깊숙이 들어와 있는 보이지 않는 문학제도이다.

—정과리,「제도로서의 문학」, 평론집『스밈과 짜임』,
문학과지성사 1988, 21면

바늘구멍으로 나가야 할 낙타와 같은 존재인 작가 지망생들은 데뷔라는 관문을 뚫기 위하여 노심초사, 이 특이한 입시 열병에 시달리게 된다. 작가가 되리라는 욕망은 어느새 등단하겠다는 욕망으로 바뀌고, '진정한 작가'가 되리라는 욕망과 '세속의 문인'이 되리라는 욕망 사이의 갭을 들여다보면서 작가 지망생들은 심한 부끄러움에 젖어들기도 하고 '세속의 문인'을 통해 '위대한 작가'로 나아가겠다는 자기합리화로 위안을 얻기도 한다.

이미 탈락했던 작품이 쓰레기통에서 건져올려져 당선작이 되는 행운으로 열망하던 작가의 길에 들어섰다는 유명 작가의 일화나, 여러 차례 낙선의 고배를 마신 끝에 등단해 그때까지의 탈락작들을 손질해 발표하니 모두들 대단한 작품으로 꼽더라는(이문열) 이야기는 그 '좁은 문'을 통과해서 월계관을 쓴 자들을 더욱 빛내주는 역할을 할 뿐이다. 사법고시 지망생들이 머리를 싸매듯, 작가 지망생들은 등단의 관문을 뚫기 위해 갖은 노력을 기울인다. 이제 세기말적 문인들의 퇴폐와 우울과 위악과 개똥철학과 그리고 잔인한 생활고와 같은 것은 더이상 위대하고 멋들어진 문인의 지표가 아니고, 문학 수험생들은 '작가'라는 월계관을 쓰기 위해 참고서를 학습하고 예상문제를 풀며 '입시학원'에 다닌다. 기존의 낡은 감수성과 지배적인 문학관에 도전하여 자신의 문학세계를 만들어가 겠다는 욕망보다는 오로지 등단하기 위해 작품을 '제조'해보겠다는 욕구에 따라 쓰고 행동하고, 우후죽순으로 늘어나는 '문학학교'와 '문화센터' 등에 수십만원의 등록금을 내고 입학하여 기성 문인들로부터 '수업'을 받고 예비문인으로서 문단의 한 끝자락 분위기에 탐닉해보기도 한다.

입시제도를 만들고 관장하는 것은 교육관료들이고 대학입시를 출제하는 것은 대학교수들이다. 문인을 심사하고 선발하는 것은 누구인가? 누가 칼자루를 쥐는가? 그 고매한 권력을 행사하는 자는 기성문인, 이미 현사회에서 문학적 업적과 능력을 평가받고 인정받은 사람들이다. 일컬어 중견 또는 그 이상으로 불리는 시인·작가·평론가들, 특히 대학교수 문인들이 그 문단적·사회적 권위를 등에 업고 심사를 한다. 그러나 그 심사위원은 누가 선정하는가? 그 문인들이 문인이 되도록 선발한 자는 누구인가? 신춘문예 심사위원을 선정하는 사람들은 신문사 문화부장이며 문화부 기자이고, 문예지 신인상의 심사위원 선정을 최종 승인하는 사람은 출판기업의 사장이다. 심사위원들이 처음 문인이 되도록 선발한, 심사위원의 심사위원을 선발한 사람들 역시 그런 부류의 사람들이다. 물론 역사적으로, 이른바 근대문학의 성립 이래 계속돼온 일이다. 그렇다면 신문사 문화부장이, 혹은 출판사의 사장이, 문예지의 편집책임자가 심사위원을 선정하기 위해 고려하는 사항은 무엇인가? 그의 선택을 좌우하는 요소들은 무엇인가? 그때 가장 중요하게 작용하는 요인은 내가 보기에는 기성 문학의 재생산 내지 확대재생산에 기여하느냐 하는 것. 여기서 파괴는 창조의 어머니가 아니다. 사회적 명성(비판세력이 인정하는 명성도 다소간 포함하여)과 기성 문학에서 인정받는 업적과 권위, 신문사나 문예지를 둘러싼 친소관계와 인맥, 그밖에 학벌, 지위 등의 장식적 요소가 작용한다. 이러한 조건을 충족하는 인사는 의외로 많지 않다. 따라서, 신춘문예의 경우를 본다면, 대략 열 손가락에 꼽을 수 있는 수의 중견급 시인들이 매년 이 신문 저 신문을 돌아가며 심사를 맡고 때로는 한 해에 두세 군데의 심사를 겹치기로 하는 경우마저 생긴다. 다른 장르의 경우도 사정은 대동소이하며, 평론이나 희곡, 시조 등 절대 인원이 적은 분야는 더욱 한정된 수의 심사위원만이 동원된다.

문학이란 무엇인가? 어느 누구도 그것을 창조로, 예술로 부르지 않을 사람은 없을 것이다. 기성품의 모방이나 고정관념과 지배적인 의식, 통속적인 정서를 표현하는 것을 참다운 문학으로 치부할 사람은 아무도 없다. 그러나 새로운 문학의 탄생을 관장하는 등용제도에서 문학의 심판관은 가장 지배적인 위치에 있는 문인, 그들이 행사하는 문학관과 현실의식이다. 물론 언제든지 낡은 껍질에서 새로운 생명이 태어나는 것이지만 그것은 깨뜨림을 통해서이다. 예술의 창조성과 예술의 심사는 이렇게 원천적으로 상충 모순하는 관계이다. 누가 누구를 심판한단 말인가? 음악 콩쿨이나 미술품의 심사에서는 때때로 항목을 정해서 점수를 주고 그것으로 순위를 매기기도 한다. 그러나 문학작품의 심사에서는 그런 식의 심사는 아직껏 행해진 적이 없다. 물론 문장력, 구성, 주제의식, 묘사 등

특정요소를 지칭하여 그 수준을 평가하는 것이 일반적이지만 그것을 숫자로 환원하거나 하지 않고 총체적인 판단만이 내세워지는 것이 문학 심사의 전통이자 특색이다. 그런만큼 두루뭉술한 심사라 할 수 있다. 그렇다면 새로운 경향, 새로운 감수성, 독창적인 형식, 진보적 현실해석, 새로운 인간관은 심사에서 도리어 걸림돌이 되지 않는가. 문학에서의 진정한 새로움은 그 심판관들의 오독과 간과에 의해서만 살아남고 공표될 수 있다는 역설만이 성립할까?

물론 기성문인들의 심사가 의식적으로 제도화된 굳은 문학, 지배이데올로기를 거스르지 않는 문학에 점수를 준다고는 볼 수 없다. 그들 중의 상당수는 진정한 문학의 창조에 미치지 못하는 하급 문인들이고, 따라서 그들의 안목 혹은 의식이 수준 이하인 경우도 없지 않지만, 문학사적으로 당대의 주요 작가요 낡은 문학을 깨고 새로운 문학적 흐름을 창조한 특출한 문인으로 기록될 뛰어난 문학인들도 그 심사위원의 대열에 적지 않이 포함되어 있다. 그들이 희구하는 것, 그들이 심사과정을 통해 발견하고 싶어하는 것은 진정한 창조의 정신에 해당하는 작품일 터이고, 사실 그러한 작품과의 조우는 무척이나 드문 행운에 속할 것이다. 그러나 그들 자신이 이미 기성의 현실, 기성의 문학관이 되었고 지배적인 현실과 공생관계로 속속들이 얽히게 된 이상 진정한 창조의 싹을 찾아내는 것이 어떻게 가능하단 말인가?

내가 아는 50대의 소설 쓰는 선배는 근 스무 번에 달하는 신춘문예 낙선 경력을 갖고 있었다. 얼마나 피눈물 나는 도전인가. 내가 읽은 몇몇 작품으로 판단하건대 그는 그동안에 신춘문예로 등단한 소설가들 중 뛰어난 몇사람과 비교하여 손색이 없을 정도로 유니크한 작품세계를 갖고 있었다. 그렇지만, 신춘문예 심사의 특성을 십분 인정하여 말하자면, 그의 스타일은 신춘문예 경연에서는 그다지 매력 없다. 김하기의 「살아 있는 무덤」이나 이인성의 소설이 신춘문예로 나올 수 있을 것인가? 그들이 신춘문예에 그런 작품으로 응모나 할까?

60대에 등단하는 작가들도 없지 않은 것을 보면 그 선배보다 더한 낙선 경력을 가진 사람들도 적지 않을 것이다. 아니, 영영 작가라는 관사(冠詞)를 달아보지 못하고 사라져가는 작가 지망생들이 더 많다고 보아야 하리라. 나 자신 일찍이 국민학교 시절에 동화를 써서 신춘문예에 응모한 것을 시작으로 여러 장르에 걸쳐 치기어린 투고를 계속했고, 도합 열 손가락으로는 다 헤아릴 수 없는 수의 무의미한 혹은 유의미한 투고를 했던 것이다. 그리고…… 기성 문단의 지배적 문학관에 의한 심사가 지닐 수밖에 없는 한계, 권력의 검열 등에 대한 비판적 인식이 생기면서 다른 방식으로 문학활동을 하겠다는 자각이 싹트기도 했지만 신춘문예 공고가 나올 때쯤이면 어디에 기대지 않고, 화려하게 데뷔하겠다는 충동으로 때로는 다시 응모용 작품을 쓰고 정리하기도 했다.

심사제도는 넓은 범위의 검열제도인바, 근대문학 시기부터 보아도 식민지 시대 이래 6공화국 시기까지 내내 강력한 사상 검열이 지속되었으며 그것은 90년대 중반에도 변함없이 엄연한 현실로 자리잡고 있다. 검열은 사상 면뿐만 아니라 풍속, 윤리, 성, 폭력 등등의 측면에서 광범위하게 행해지며, 문학작품의 심사에서도 특히 5·16 군사쿠데타 이후 각종의 금기(이른바 '군대를 부정적으로 묘사'하는 경우 등)가 생겨나 유신시대에는 더욱 극렬한 제한이 가해지게 되고, 가령 신춘문예나 각종 공모에서 작품성 외의 요인으로 원천 배제되는 작품들이 적지않이 생겨날 수밖에 없었다. 문학의 자율성과 독자성을 신봉하는 심사위원들이 이때 정말 그 자율성과 독자성을 확보하기 위해 항의하고 투쟁한 사례는 거의 없었으며, 당대 현실의 날카로운 형상화는 이러한 상황 아래서 상당한 왜곡의 길을 밟아가지 않으면 안되었다.

창작자에게는 자신이 추구하는 구체적인 소재나 주제에 대한 제한이 아니더라도, 검열이 존재하고 억압이 존재한다는 것 자체로부터 이미 그 창조정신이 영향을 받고 때로는 심각히 굴절되는 현상이 일어난다. 물론 그에 저항하여 싸우고 사상·표현의 자유를 확보하는 것이 진정한 창작자의 임무이고 그러한 싸움 자체가 예술 창조의 귀한 자양분이 되기도 하지만, 그것은 피할 수만 있다면 피해야 하는 역설적 상황에 불과하다.

4

민주화운동과 기층민중운동이 성장 지속된 80년대라는 시기는 문화적으로도 제도권과 비제도권의 싸움이 치열한 시기였고, 문학운동 역시 새로운 기운으로 활발하게 펼쳐져 갖가지 낡은 문학관념과 관습을 깨뜨리고 토대가 취약한 기성문단을 뒤흔들면서 거대한 소용돌이를 만들었다. 기성문학계의 인정을 받아 등단한다는 욕망은 심층으로 숨어들고, 좀더 본질적인 싸움에 해당하는 문학행위들이 대두하였다. 이는 80년대의 시대적 특징이고 문학적 특성이라 할 만한 것이며, 정치·경제·사회·문화예술 등 모든 영역에서 오늘까지도 지속되고 있는 현실 재편의 거대한 운동을 구성하는 한 부면에 해당하였다.

기성의 권위와 기성 제도의 위력에 기대는 것이 아니라, 독자적이고 주체적인 비판의식에 의거한 집단적 움직임의 형태로 문학 창작과 활동이 다양하게 분출하였다. "상업문예지에만 의존해온 작품활동을 동인지 중심으로 옮겨 새로운 문학풍토를 조성"하겠다면서 야심차게 "새로운 동인지 시대를 선언"(『反詩』제4집, 1978)한 『반시』의 활동은 1981년의 제6집까지 이어지며 김광만·박남철·박덕규·박영근·박종해의 작품들을 신예시인 특집으로 수록하기도 하였다. 1981년 1집이 간행된 동인지『시와 경제』에는 이후 80년대의 대표적 시인으로 부각되는 황지우·김정환 등이 참여하였고, 제2집(1983)에서는 '얼굴 없는 노동자 시인' 박노해가 신인으로 처음 선을 보였다. 이들은 무엇보다도 "이 땅에 대한 책임, 오늘의 80년대 현실에 대한 역사적 책임"(『시와 경제』제1집)을 강렬하게 느끼면서 삶과 현실에서 유리된 이른바 제도권문학에 도전하고 있지만, 그것은 문학을 현실변혁이나 정치운동의 수단으로 오로지 동원하겠다는 의도는 아니었다. 제 목소리를 내지 못하는 문학, 폭압적 현실에 주눅들고 측면에서 아유하는 문학을 거부하고, 그들이 생각하는 문학 본연의 위치와 역할을 되찾고 대중과 올바르게 만나자는 움직임이었던 것이다.

  새로운 문학적 움직임은 80년대 전반(前半)에 가장 두드러진 활력으로 나타나, 앞서 말한 문학동인지의 형태로,『지평』『삶의 문학』과 같은 좀더 종합문예지적인 지역동인지로 나름의 현실대응을 보였고, 문화운동·민주화운동 및 민중운동의 실천과정에서 새로운 매체로 기능하며 쏟아져나온 각종 '무크' '회보' 등의 간행물들 속에도 반영되었다. 이제 기성제도에 의해 문학적으로 인정을 받는 것은 그다지 중요하지 않았고, 오히려 그것은 일종의 '투항'으로 배척되기도 하였다. 하지만 수준높은 문학적·예술적 성취에 이르기 위해선 단순히 운동적 대의를 표명하고 실천적 발언과 주장을 담는 것으로는 불충분하였다. 따라서 역설적으로 문학 본연의 위상을 세우는 것이 동시에 중요한 과제가 되고 있었기 때문에, 문학적 성취의 문제는 반민중적·반민주적 현실에서의 문학운동적 요구와 때로는 맞서고 때로는 결합하면서 내내 심층에서 중차대하게 작용하였다. 그런만큼 보수적·진보적 문예지를 포함한 각종 기존 매체를 통한 등단, 신춘문예나 추천, 각종 신인상과 문학상을 통한 등단 등으로 문학적 검증을 받는 일이 날카로운 현실비판 의식을 품고 새로운 문학운동을 추진하는 세대들에게 완전히 외면되었던 적은 없었고, 기존 제도를 통해 문학활동을 시작했으면서도 『오월시』 등 동인지 운동이나 다른 형태의 문학·문화운동을 주도한다거나, 동인지 혹은 지역운동 무크 등을 통해 활동하면서 기존 매체를 통해 이른바 정식 등단절차를 다시 통과하는 사람들도 드물지 않았다. 새로운 문학운동의 담당자들이 기성 문학의 태내에서도 자라나왔던 것이지만, 기존의 문학적 인식과 관습은 그만큼 뿌리를 깊이 내리고 있었던 것이다.

무어라 해도 80년대는 역시 근대적 문학제도가 자리를 잡은 이래 가장 폭발적인 활력으로 새로운 문학기운이 대두한 시기였다. 훌륭한 문학적 재능을 지닌 수많은 문학 지망생들이 기성의 등단절차와 상관없이 다양한 방식으로 작품을 발표하면서 자신의 문학적 역량을 발휘하였다. 박노해나 김용택, 김남주 등을 알고 평가하기 위해선 그들의 문학을 보면 되는 것이지 그들이 권위있는 제도를 통과했는지 여부가 중요하지 않다. 그들을 수용할 수 없는 제도권 문학의 장막을 찢고 그들은 등장했으며, 80년대의 문학은 스스로 자신의 활동공간을 열어 발랄한 자기 목소리를 내었다. 안일과 타협으로 생존해온 기성문학계의 타성을 거부하고 개방된 형식으로 개방된 자리에서 출발하여, 새로운 시대적 요구에 대응하는 치열함을 보여주었다.

이제 그 열정의 연대를 보내고 시대가 한 고비를 넘으면서, 개인을 추동할 시대적·문학적 과제들은 작가 지망생들에게 그다지 크게 다가오지 않는다. 이것은 나의 주관적인 잘못된 관찰일까? 나는 올해 이른바 중앙일간지의 신춘문예 단편소설 당선작들을 모두 읽었다. 매년 한두 편 읽는 것으로 그쳤던 신춘문예 소설을 금년엔 어째서 다 읽은 것일까? 그것은 우연일 수도 있지만 이제 80년대와 같은 다양하고 패기있는 지역매체, 문예무크, 동인지 들이 나오지 않고, 노동해방문학론·민족해방문학론·민중문학론과 같은 '지도이론'들도 제창되지 않는다. 『오늘의 문예비평』『새날』『사람의 문학』『지평의 문학』 등과 같이 제자리를 잡고 있는 몇몇 의미있는 지역매체와 동인활동 들도 잘 부각되지 않는다. 그런만큼 일간지 신춘문예나 요란한 광고를 동원하는 문학상 공모 등에 수동적으로 더 눈길이 갈 수밖에 없는 것일까? 이제는 누구든 정서적·사상적 공감대를 갖고 절실한 현실과제, 문학적 과제를 함께 일구어갈 조그만 움직임들을 발견해내기 어렵고, 개인들의 내면에 그러한 열망과 정열이 없으며, 그를 뒷받침할 삶의 내용마저 이젠 내게도, 누구에게도 고갈된 듯하다. 그래서 남는 것은 작가가 되려는 욕망의 형해일까? 내게도, 오늘의 지망생들에게도. 신춘문예 당선작들은 신인작품인만큼 그로 인한 미숙성, 그리고 아직 제 목소리를 고르고 있는 상태에서의 어정쩡함이 노출될 수밖에 없는 것이지만, 묘사력이나 문장력은 한 수준에 올라 있는데도 나로선 대부분의 작품에서 작가가 무엇을 보고 있는 것인지 의심스러웠다. 감각이나 기교를 발휘하려 애쓰고 그래서 제법 무언가를 만들어놓았지만 현실해석력은 떨어진다. 작가가 되기 위한 작품쓰기, 이것이 시와 소설을 막론하고 신춘문예의 일반적 한계인 듯하고, 요즘 요란을 떠는 소위 신세대 작품군들에는 노출증과 표현욕구의 방출을 넘어서는 예리한 인생해석이 없다.

    매년 신춘문예 발표가 있기 바쁘게 당선작품집이 출간되고, 대입학원의 광고처럼 '어느어느 신문에 당선자 배출'을 내세운 문예학교의 광고도 일간지에 나온다. 문화센터 출신의 아줌마 부대(로 짐작되는) 작품은 배제했다는 신춘문예 예심위원들의 말도 심심치않게 들려온다. 강남의 고급 미장원에 가면 수백만원을 주고 시집 원고를 사서 자신의 이름으로 내고자 하는 유한부인을 소개받을 수 있다는 소문도 나돈다. 소설가 김형경은 국민일보 1억원 공모에 당선됨으로써 대단한 주목과 각광을 받는 작가로 재탄생되고 그후 작품활동도 더 활발해졌다. 지난해 동아일보 신춘문예 중편소설 당선으로 등단한 은희경은 '문학동네 소설상'에 장편이 당선되어 화려하게 재데뷔했다. 어떤 변두리 문예지들은 책 구입이나 다른 후원 등을 요구하며 '신인'을 양산하고 일부 지망생들은 자의반 타의반 여기에 영합해 들어간다. 한편 베스트셀러 저자들인 『소설 토정비결』의 이재운, 『무궁화꽃이 피었습니다』의 김진명, 『여자의 남자』의 김한길 등은 어떤 절차로 작가적 위치와 문학적 역량을 인정받았는지에 상관없이 일종의 문화권력이 되어 있고, 적지않은 작가·시인들이 이러한 문화권력을 등에 업고 정치에 입문하는 행렬을 이어가고 있다. 참으로, 이제는 어찌할 수 없는 삶의 내용의 추동과 고통스럽고 불합리한 현실에 대한 분노가 문학적 상상력을 자극하는 것이 아니라, 기득권 세력의 권위와 '문사'('사'자 돌림?)로서의 세속적 명망과 그리고 대중적 인기를 얻어 돈을 벌겠다는 욕망이 진정한 문학적 욕구들의 틈새로 거부할 수 없게 밀려들어온다.

그리하여 다시 모순된 자기검열이 강화된다. 기성 문인과 기성 문학관에 좀더 '우수한' '문학적'인 제품으로 인정받기 위해, 그러면서도 자신의(?) 문학세계를 세우기 위해, 그렇지만 완전히 소진될 수는 없는, 희미한 가닥으로 어디엔가 남아 있는 진정한 문학의, 새로운 문학적 내용의 출구로 고개를 내밀 그 무엇을 길어올리기 위해 혼돈 속의 작업이 계속

된다. 기성 사회와의 이러한 교섭을 완전히 차단하고 또는 거부하고 오로지 독자적인 방식으로 작품을 쓰고 발표하는(아예 발표조차 안하는) 방식을 채택하는 이들이 전무하지는 않겠지만, 보편적으로 주어진 상황을 받아들이되 최대한 자신의 문학적 감수성과 상상력과 현실의식을 희생하지 않고 훼손당하지 않으며 그 계단들을 밟고 올라 저 높이 날아오르는 것, 이것이 위대한 작가의 반열에 들고자 하는 작가지망생들이 선택할 수밖에 없는 길이고, 설혹 그 길이 시대의 외면과 불화로 귀결된다 하더라도 자신의 문학적 자존을 지키고 '무소의 뿔처럼 혼자서' 고독하게 나아가는 것이 현실의 장에서 작가가 감당하지 않으면 안되는 운명이고 책무일 것이다. 본질적으로 한걸음도 물러서서 타협하지 않는 자세, 한번 놓아버리면 영원히 타락의 길로 접어드는 긴장의 줄을 결코 놓지 않는 집념, 이러한 가장 기본적인 문학적 덕목이 가장 희귀하고도 아쉬운 덕목이 되는 시대가 오고 있는지도 모른다.

5

가요계에 데뷔한 신인들이 금주의 인기가요에서 1등을 할 때 그 즐거워하는 모습은 노골적으로 표현을 하든 안하든 텔레비전 카메라에 역력하게 비쳐든다. 연말행사인 방송사의 가요제 등에서 10대 가수에 선정되고 신인상이나 대상 등을 받으면 그들이 기뻐하는 모습이란.

농을 섞어 말하자면, 우리가 매일 받는 것이 상(밥상)이지만, 받아서 싫다는 사람이 없는 것이 또한 상이다. 문학상 또한 여기서 예외가 아니다. 아주 희귀하게 수상 거부의 경우가 없었던 것은 아니지만(요즘은 대개 수상을 거부하지 않을 인사로 수상자를 조정 선정한다), 자신의 문학

세계를 좀더 확실하게 공인받고 명예까지 함께 얻는 기회로 일반적으로 받아들여지는 것이 문학상 수상이다.

  헤아리기 어려울 만큼 많은 문학상들이 다양한 명목으로 시행되고 있고, 세상 일이 항용 그렇듯 문학상도 새로 생길 때는 대개 이리저리 보도도 되지만 중단되고 없어질 때는 소리소문 없이 소멸한다. 데뷔가 위대한 작가를 꿈꾸는 몽상가들이 통과해야 할 첫 관문이라면, 문학상은 그 주요한 두번째 관문이 된다. 실제로 웬만큼 역량있고 작품 발표를 한 알려진 작가라면 신인상을 제외하고도 한두 가지 문학상을 받지 못한 경우가 드물 정도로 흔해빠지고 값싼 것이 또한 문학상이다. 그러나 문단의 친소관계, 작가의 사교력, 기타 섹트에 가담하였느냐 등의 여부에 의해 그리 고르지 않은 형국으로 배분되는 것이 또한 문학상이지 않은가.

  이와 같은 문학상의 정점엔 노벨문학상이 자리하고 있고, 어느새 노벨문학상 수상은 한국문학의 애절한 염원처럼 되어 있다. 올림픽 개최가 한국사회를 엄청나게 변화시키고 한국의 국제적 위상을 실질적으로 제고하였듯이, 노벨상 수상도 실현된다면 그와 같은 효과를 발휘할 것이다. 그러나, 누가 무슨 권리로, 무슨 기준으로 내 문학을 심사한단 말인가. 어떻게 내 문학을 저 익명의 독자들이 아닌, 낯선 평가(評家)들의 도마 위에 올려놓는단 말인가. 문학이란 근본적으로 자유와 부정의 정신에 입각한 것일진대 어째서 거기에 세속의 수식(修飾)이 필요하단 말인가. 단지 다같이 평등한 문학인으로서의 자리에서 자유로운 문학담화만이 허용되어야 하지 않는가.

  그러나 그것은 이상이고, 이제 아무도 '예술을 위한 예술'이나 영원의 가치, 무상(無償)의 가치를 추구하지 않는다. 아니, 추구는 하더라도 그에 대한 사회적 보상이 주어질 때 굳이 외면하지 않는 '현실주의'를 겸비

한다. 이제 더이상 생전에 인정받지 못하고 사후에 그 위대성이 조명된, 시대를 잘못 타고난 예술가들은 동경의 대상이 되지 않는다. 나 자신부터 문학의 길에 발을 들여놓은 것이 생활의 곤핍이나 정신적 어려움을 가져올 때면, 갖가지 불평을 하며 그를 초래하는 현실의 조건을 비판하려 들지 순수한 열정으로 그 고통을 돌파하지 못한다.

현재 시행되고 있는 문학상 가운데 주요한 몇가지와 그 수상자들을 열거해보면 다음과 같다(번거로우므로 수상작품 제목은 생략).

만해문학상(창작과비평사 운영, 10회 시상)
신경림, 천승세, 고은, 황석영, 현기영, 민영, 김명수, 이문구, 송기숙, 조태일

이산문학상(문학과지성사 운영, 7회 시상)
백무산·유순하, 신경림·최승호·이청준, 황동규·박완서, 정현종·홍성원, 김지하, 최인훈, 오규원

김수영문학상(민음사 운영, 14회 시상)
정희성, 이성복, 황지우, 김광규, 최승호, 김용택, 장정일, 김정웅, 이하석, 조정권, 장석남, 이기철, 차창룡, 김기택

요산문학상(운영위원회 운영, 12회 시상)
하근찬, 문병란, 윤정규, 김원일, 구중서, 임강빈, 이문구, 김병걸, 오성찬, 김규태, 김윤식, 윤흥길

이상문학상(문학사상사 운영, 19회 시상)
김승옥, 이청준, 오정희, 유재용, 박완서, 최인호, 서영은, 이균영, 이제하, 최일남, 이문열, 임철우·한승원, 김채원, 김원일, 조성기, 양귀자, 최수철, 최윤, 윤후명

소월시문학상(문학사상사 운영, 10회 시상)

오세영, 송수권, 정호승, 이성복, 김승희, 조정권, 김명인, 황지우, 임영조, 천양희

동인문학상(『사상계』→조선일보사 운영, 26회 시상)

조세희, 전상국, 오정희·이문열, 김원일, 정소성, 유재용, 박영한, 김문수, 김향숙, 김원우, 최윤, 송기원, 박완서, 정찬 (13회 이후 수상자)

현대문학상(현대문학사 운영, 41회 시상)

이건청·현길언, 황지우·한수산, 강은교·이문열, 임영조·박완서, 조정권·윤후명, 정현종·신경숙, 김초혜·양귀자 (시·소설 부문, 1990년 이후 수상자)

대산문학상(대산재단 운영, 3회 시상)

고은·이승우, 이형기·이청준, 황동규·최인석 (시·소설 부문)

공모에 의한 문학상과 달리 이들 문학상은 이미 발표된 작품 중에서 선정하는 것으로 그 심사 결과가 가장 광범위하게 공표되고 문단과 문화계, 독자들로부터 주목받는 상들이다. 대개 우리 문학사에 중요한 족적을 남긴 시인이나 소설가 들의 이름이 붙어 있는 데에서 보듯이 문학상은 일반적으로 작고한 선배 문인들의 업적을 기리고 그 문학정신을 계승하자는 명분으로 제정되어, 출판사(문예지)나 유족 혹은 유관 단체 들이 연결되어 운영된다. 요산(김정한)문학상, 편운(조병화)문학상처럼 생존 원로 문인을 내세운 경우도 볼 수 있다. 또 문예지나 문학단체, 기업에서 출연한 법인 등에서 직접 자신들의 이름을 내걸고 주관하는 상이나 농민문학, 어촌문학, 불교문학, 기독교문학 등 특정 부문을 장려하기 위해 제정된 상들도 많다. 성균문학상·서라벌문학상 등은 대학의 동문들이 동

문 작가에게 수여하는 상이다.

그런데 내가 보기에는 선배 문인의 이름을 딴 문학상들의 경우 대개가 그의 어떠한 문학정신과 문학적 특성을 계승하고 발전시키려는 것인지 뚜렷하지 않다. 이를 협소하게 잡을 경우 매회 수상자 선정이 사실상 불가능하기 십상이겠지만, 수많은 문학상들이 대개 운영주체 주변의 우수한 문인들을 매번 수상자로 선정해 때로는 작품상이 되기도 하고 때로는 공로상이 되기도 하는 사태는 90년대 들어 진행중인 문학판의 재제도화(운동성의 약화, 제도권 편입)를 한층 강화하면서 문학 본래의 부정의 정신과 창의성을 더욱 가라앉게 만든다.

첫 회에 파격적인 수상자 선정을 보였던 이산문학상은 이후 이른바 '문지' 계열 작가들에게 거의 돌아갔고, 일제시대의 투옥 등 폭이 넓은 이산(怡山) 김광섭 선생의 면모와 그 문학세계를 어떤 관점으로 해석해 계승하고자 하는 운영인지 모호하다. 모더니스트이자 첨예한 현실비판의식을 지닌 김수영 시인의 이름을 빌린 김수영문학상의 경우도 때때로 그 이름에 걸맞지 않은 수상자를 배출하였다. 만해문학상 역시 김지하·김남주 등이 이런저런 사유로 수상자가 되지 못했고, 중진 이상의 문인들로 제한되면서 수상작 대부분이 그 문학적 의의나 성가에서 수상자의 가장 생동하는 작품들에는 미치지 못하는 현상을 보였다. 그러나 이들 문학상은 대체로 공정한 심사와 정평있는 작가들의 수상으로 안정되게 운영되어, 진지하게 창작에 매진해온 작가들에게 뜻있는 보답이 되고 있다.

중단편소설에 시상하는 이상문학상은 그 상업주의적 성공으로도 유명한데, 일년간 발표된 뛰어난 중단편들을 쏙쏙 뽑아내 후보작의 명분으로 수상작품집에 수록하는 방식으로 독자들의 이목을 끈다. 이상(李箱) 문학의 특질은 사실 상의 내용과는 거의 관련이 없으나, 그의 이름은 기묘하게도 이 상의 폭발적인 대중성을 보장해준다. 심지어 최수철이 수상자로 선정됐을 때조차 책의 판매고는 크게 영향을 받지 않는데, 함께 수록하는 이전 수상자 우수작이라든가 기타 주목받는 작가의 화제작들이 적절하게 안배되어 손님을 끄는 것이다. 상업성은 그에 훨씬 못 미치지만 현대문학상, 동인문학상, 소월시문학상 등도 이와 비슷한 방식으로 운영되어 하나의 중요한 문학적 행사로 자리잡고 있다. 때로는 심사위원들이 선정한 수상작이 발휘할 상업성이 의심을 받아 한창 인기가 좋은 작가의 작품으로 발표 전에 조정되는가 하면, 아예 미리 점찍어둔 작가로 결정하는 요식행위로 심사가 진행되기도 한다. 인기작가들의 작품 중에서 일정한 수준 이상의 작품을 구하는 것은 그다지 어려운 일이 아니고, 문학작품에 대한 판단은 어차피 주관적일 수밖에 없는만큼 합당한 수상작인지의 여부를 가릴 수 있는 척도는 없다고 하겠다. 그러나 이러한 행사에 들러리로 서기를 계속한 작가들이 부실한 고료를 받으며 작품을 재수록하기를 거부하는 사례들이 생겨나고, 그러면 다른 작가로 바꿔치기되어 어쨌든 한권의 수상작품집은 의연히 간행되는 것이다.

  문학상은 그것이 유발하는 화제성으로 아무래도 심각한 표정을 지을 수밖에 없는 문학에 대중의 관심을 유도하는 촉매가 되기도 하고, 때로는 고독하고 고통스러운 창작을 계속해온 비세속적인 작가에게 뜻밖에 주어지는 자그마한 보상이 되어 작가와 동료문인들에게 흐뭇한 즐거움을 선사하기도 한다. 또한 부박한 풍토에서 외면되고 소외될 수밖에 없었던 작품에 날카로운 심사의 눈길이 미칠 때, 묻혔던 작품의 의의를 새롭게 조명하게 되는 계기를 가져올 수도 있다.

6

 '위대한 작가'의 꿈은 저 먼 곳으로부터 온다. 전파를 타고 들려오는 나훈아니 남진이니 김추자니 하는 가수들의 노래가 시골 청년들에게 가수의 꿈을 갖게 하고, 화려한 브라운관 속의 미남 미녀 탤런트들이 연예인이 되는 황홀한 환상을 가꾸어주듯, 작가가 되리라는 욕망을 키워주는 것도 학생잡지나 기타 지면을 장식하는 똘스또이니 싸르트르니 하는 이국종들의 '심오한' 문학과 인생, 그리고 교과서나 참고서에 등장하여 이웃의 삶들과는 다른 무언가 '깊은 철리(哲理)'를 깨치고 인생을 사는 듯한 대 작가들의 고뇌의 포즈 등 내 곁이 아닌 '저 먼' 서울이라든가 빠리라든가 문단이라든가 책이라든가 하는 원거리에서 복사(輻射)되어 오는 전파의 위력이다. 부모나 형제들, 학교 친구, 시골 동네, 지역사회 등이 이뤄내는 삶의 무늬는 적어도 내게는 그 욕망과는 무관한 것이었다. 그것은 적대적인 욕망은 아니었으나, 스스로 양자 사이에 방열(防熱)지대를 두지 않으면 유지될 수 없는 관념적 욕구였다.
 '위대한 작가'가 되리라는 욕망은 곧 열정적인 글쓰기의 욕망이며, 이는 습작의 나날들과 여러 층의 수준에서의 지면 발표를 거쳐 권위있는 등단 관문을 통과함으로써 본격적으로 개화하고, 마침내는 명망 있는 문학상을 받음으로써 그 세속적 달성이 완성된다. 그러한 문학상 수상은 곧 문학상과 등단제도의 심판관이 되는 자격을 획득하는 것이며, 그 수상자는 문단의 대표적 중진으로 발돋움해 금년엔 주요문학상의 심사위원이 되고 내년엔 유력한 수상대상이 되는 식의 순환회로에 돌입하는 문단 최고(?)의 지위에 등극할 수 있게 된다.

그러나 그의 문학은 어디에 있는가? 위대한 문학마저도 이제 완성되었는가? 적어도 현실사회에서는 가능한 최고의 작가가 되었으므로, 그의 문학도 이제 최고가 될 수밖에 없는가? 최고의 작가들 사이에서의 고상한 경쟁만이 남은 것인가? 그런 것인가? 이런 우문은 어릴 적 국민학교 도덕시험의 반공 문제처럼 그 답이 뻔할지 모른다. 그렇다면 대체?

욕망의 표면은 사회적으로 인정받는 작가가 되겠다는 것이고, 그와 같은 문화적 권력을 획득하기 위해서는 이른바 혼성모방이니 표절이니 하는 것마저 동원되고 갖가지 편법과 술수와 로비가 위력을 발휘하면서 권력에의 욕망이 문학적 '진실'의 가면을 쓰고 문학적 위엄으로 행세하기도 한다.(몇년 전 세계일보 단편소설 당선자는 표절 사실이 밝혀져 당선취소라는 최악의 수모를 당했으나, 『내가 누구인지 말할 수 있는 자는 누구인가』의 작자는 표절이 들통났음에도 인기작가로 문화권력을 누리는 정반대의 결과로 이어졌다.) 애초에 욕망을 싹틔우고 키운 것도 이 사회이고 그것을 다스리는 것도 이 사회며, 그 회로는 사실상 무척 단순한 것인지도 모른다. 아니, 그 욕망 자체도 이제 거대한 집단의식으로 발전해 뛰어난 작가들일수록 팔리는 소설을 위해 자신의 문학적 역량을 재편하고 굴절시키며, 대중을 상업적으로 '선동'하기 위해 상업출판업자와 근친상간을 도모하고 있다.

그러나 '저 먼 곳'으로부터 거역할 수 없는 흡인력으로 나를 빨아들인 블랙홀, 그 '위대한 문학'에의 열정은 그 철없음만큼이나 순도 높은 것이었고, 그 꿈이 비록 세간에서야 비로소 몸을 얻을 수 있는 꿈이라 하더라도 세속적 성공은 결코 그 욕망의 갈증을 채워주는 감로수가 되지 못한다. 어디 나뿐이겠는가. 대중의 인기와 문단적 권위와 세간의 평가를 얻은 저 신문과 방송과 잡지의 번듯한 이름들에게도 허기증은 여전히 참을 수 없게 몰려온다. 아니, 누구든 위대한 작가에의 꿈을 진실로 꾸어본 적이 있다면 그 꿈은 깊어지면 깊어질수록 그의 누추한 삶으로, 이땅의 구체적인 현실로 제 몸을 만들어 들이밀지 않으면 안되는 저주받은 욕망임이 시시각각 드러나는 것을 뼛속 깊이 느꼈으리라. 문학의 질료는 달아나고 싶은 자신과 이웃의 삶이고, 추스르기 어려운 거추장스러운 내 육체며 관능이고, 또한 개인의 실존과 자유를 억압하는 정치와 문화 그 모든 외적 현실이다. 부패한 현실, 부당한 정치, 고통받는 민중이 보이고 그것은 곧 개체의 존재조건이며 내적 현실이 된다. 그리하여 작가적 욕망은 사회적 실천과 결합하고, 때로는 사회적 실천이 작가적 욕망을 압도해버리기도 한다.

80년대의 진보적 문학이 가진 역동성은 사회적 실천과 작가적 욕망의 결합에서 발휘되었고 그 진정한 통일에서 '위대한' 문학적 창조가 이루어졌다. '삶으로서의 문학' '민중과 고통을 함께하는 문학' '각성한 노동자의 눈' '변혁운동의 무기로서의 문학' 등등의 문학이념이 기존의 문학관을 해체하였고, 각종 팜플렛과 회보, 동인지, 지역무크, 문화무크 등의 발간 그리고 수많은 다른 운동단체들의 대두와 맞물린 문학·문화운동 단체의 결성과 활동은 기존 문단권을 뒤흔들면서 등단제도를 비롯한 문학제도들을 해체하고 무력화하였다. 그러나 지난 시기 문학(운동)의 핵심적 기반이 되었던 계급적 인식은 이제 잠류하거나 소실되고, '혼돈의 시대' '문화의 시대'가 도래해서 문학이 '농담'임을 자랑삼는 세대가 각광을 받으며, 교환가치를 좇는 채워질 수 없는 욕망만이 치열한 현실이 되고 있다.

하지만 나는, 슬프게, 말해야 한다. 제도가 담보하는 것이 본질은 아니더라도, 그 제도들을 자신의 문학적 긴장을 지속하기 위한 도구로 삼는 지혜를 가져야 한다고. 세속의 평가와 상찬과 인기가 하나의 장식에 불과하더라도 고독한 작가에게 작은 위안은 되지 않겠느냐고. 세속의 통로가 없다면 문학도 없고 진정한 교감도 불가능한 것 아니냐고.

어린이청소년문학상 공모, 과연 '내가 제일 잘나가?'

현상공모 출판의 엇갈리는 명암

1

한국문학에서 신인 데뷔 통로는 전통적으로 신춘문예와 문예지의 추천이었고, 작품 발표는 신문이나 문예지를 비롯한 잡지 지면 연재가 중심이었다. 신인작가가 등장해 기성작가가 되고 작품 발표가 축적되면서 문단의 주목을 받거나 상당한 정도로 문학성이 인정되면, 작가는 문예물을 주로 내는 출판사를 통해 시집이나 소설집 등 이른바 문학 단행본을 출간할 기회를 얻게 된다. 이른바 순문학의 경우에는 독자도 많지 않았고 출판도 활발하지 않았는데, 출판사에서는 대개 역량있는 작가의 발표작이 축적되기를 기다려서 단행본을 묶어내는 것이 일반적이었다.

이런 방식의 출판에서 대략 1980년대 이후 출판사가 주도적으로 작품을 공모하고 문학출판을 기획하는 흐름이 형성되기 시작해 2000년대에는 한국문단과 출판시장에 핵심적인 문학출판 방식으로 자리잡게 되었다. 인기소설이야 조선중기에서부터 있어왔고 현대에도 역사소설이나 추리소설, 무협과 판타지 장르가 시시때때로 선풍적 인기를 끌었지만, 상업적인 문학출판 기획의 흐름에서 기원을 이루는 중요한 사건은 문학사상사에서 주관한 이상문학상의 시행이라 할 것이다. 1977년 김승옥의 단편「서울의 달빛 0장」을 수상작으로 선정하고 후보작들과 묶어 수상작품집을 간행했는데, 문단과 독서계의 화제를 모으며 상업적으로 크게 성공을 거두었다. 또한 공모를 통해 한수산, 박영한, 이문열 등의 인기작을 배출한 민음사의 '오늘의 작가상'이 출범한 것도 1977년이었다. 이후 작고 문인의 이름이나 언론사의 이름을 내건 문학상들이 속속 등장하였고, 주요 일간지 몇몇과 주요 문예지를 발행하는 출판사들에서 운영하는 문학상은 막강한 영향력을 행사하기에 이르렀다. 이 상들은 공모 작품이나 기존 발표작 가운데서 수상작을 선정해 시상하는데, 상금이 수천만 원대에서 1억 원을 상회하는 데까지 이르렀다. 이는 대부분 작품집 출판과 긴밀하게 연계된 것이었다.

　문학 생산을 매개하는 출판사에서 독자의 호응을 얻어 상업적 성공을 거둘 수 있는 작품을 발굴하고자 인력과 자금을 투자하고 그런 작품을 발굴 출판할 수 있는 시스템을 만들어내는 것은 출판이 산업이라는 사실을 상기할 때 매우 자연스럽고도 당연한 현상이다. 이때 가장 대표적인 접근방식이면서 손쉬운 방법이라 볼 것이 작품 공모제도의 시행이다.

　어린이청소년문학 분야를 보면 문학상 공모제도를 통한 작품 발굴 출판은 더욱 두드러진 현상이다. 어른문학에서는 이미 발표되었거나 간행된 작품을 대상으로 문학상 수상작을 선정하는 예가 훨씬 보편적이고, 출판할 작품을 찾기 위해서 공모 형식으로 운영하는 문학상은 그 비율이 작은 편이다. 이에 비해 어린이청소년문학 분야는 1990년대 후반 이후 문학의 갈래로서도 새롭게 정립되고 독자적인 출판시장 또한 확장되면서 대부분 출판할 작품을 발굴하기 위한 수단으로서 공모를 운영하고 거기에 권위를 입히기 위해 문학상이라는 이름을 내걸게 된다.

공모 방식으로 운영되는 어린이청소년문학상 가운데서 주요한 것을 뽑아보면 대략 다음과 같은 사례들이 있다. 회차는 2012년 마감일 기준이며, 상금은 분야가 복수일 경우 많은 쪽 액수를 적었다.

공모 명칭	주관 출판사	회차	상금
눈높이아동문학상	대교	20회	2천만 원
황금도깨비상	비룡소	19회	1천만 원
'좋은 어린이책' 원고 공모	창비	17회	1천만 원
문학동네어린이문학상	문학동네	14회	2천만 원
사계절문학상	사계절	11회	2천만 원
마해송문학상	문학과지성사	9회	1천만 원
소천아동문학상 신인상	교학사	7회	5백만 원
창비청소년문학상	창비	6회	2천만 원
블루픽션상	비룡소	6회	2천만 원
웅진주니어문학상	웅진주니어	5회	1천만 원
문학동네청소년문학상	문학동네	3회	2천만 원
자음과모음청소년문학상	자음과모음	2회	3천만 원

이를 보면 1990년대 중후반부터 간간이 문학상 공모가 늘어나서 최근 5, 6년 사이에는 청소년문학상(사실은 청소년소설상)도 여러 개 생겨났음을 알 수 있다. 상금은 대개 선인세 방식으로 지급되지만, 별도 고료를 지급하는 경우도 있고 해외 도서전 여행 등이 부상으로 주어지기도 한다. 대부분 장편이나 장편에 가까운 길이의 작품을 요구하는 등 단행본으

로 바로 출판할 수 있는 원고를 공모하고 있는바, 보통 구상과 집필에 1년 정도가 걸린다고 보면 2, 3천만 원에 달하는 상금이 결코 많은 액수가 아니다. 말하자면 연봉으로 2, 3천만 원 수준인 셈인데 그것도 치열한 경쟁을 뚫고 당선되었을 경우에 해당하는 이야기다. 『완득이』(김려령)의 사례처럼 작품이 대히트를 했을 경우는 물론 이런 산술을 훌쩍 뛰어넘는 저작권료 수입을 올릴 수 있다. 그러나 객관적 출판현실은 일년에 십여 편씩 쏟아져나오는 수상작들 속에서 1천만 원의 선인세를 받을 수 있는 판매고를 올리기조차 쉽지가 않다. 책값이 1만 원이라 했을 때 인세가 통상 정가의 10%이니 권당 인세는 1천 원이요, 1만 권이 팔려야 1천만 원의 인세가 나온다. 그림에 대한 인세가 지급되는 경우는 이보다도 적은 수준이다. 실제 판매수치 자료를 확보하지는 못했지만, 출판계 동향을 살펴보면 수상작들 중에는 1년 내에 1만 부 판매에 이르지 못하는 작품들이 상당수 있을 것으로 짐작된다.

출판사는 대체로 상금으로 지급한 선인세에 해당하는 부수 이상을 팔아야만 수지타산이 맞는다고 볼 수 있지만 항시 그런 것은 아니다. 편집·제작비, 특히 광고 홍보비를 얼마나 썼느냐에 따라 해당 부수 이내에서도 이익을 낼 수 있고, 그 이상을 넘어 5만 부, 10만 부가 팔려도 이익을 내지 못하고 빛 좋은 개살구가 될 수 있다.

이제 어린이청소년문학상 공모의 숫자가 늘어나서 수상작이라는 꼬리표를 달아도 독자들의 뇌리에 뚜렷이 각인되기 어렵고, 과연 해마다 십여 개씩의 우수한 수상작이 나올 만큼 우리 어린이청소년문학의 창작 역량이 깊고 넓은지도 의심스러운 상황이다. 그동안 어린이청소년문학상 공모가 우수한 작품을 발굴 출판하는 데 요긴하게 작용해왔고, 특히 청소년소설 장르가 자리잡고 독자층을 형성하는 데에는 결정적 기여를 하였다. 새로운 수상작이 나오면 여전히 기대에 부풀어 가슴이 설레는 것도 사실이지만 쌓여가는 수상작들이 공해가 되지는 않을까 염려도 된다. 이런 식의 공모 출판이 주요한 작품 발굴 방식이 된 지도 오래이니, 이제는 이런 제도가 어린이청소년문학의 흐름을 어디로 끌고 갈 것인지, 어떤 부정적인 씨앗들을 뿌리고 있지는 않은지도 검토해볼 시기가 되었다.

2

 출판사의 문학상 공모제도가 끼친 명암을 알아보기 위해 내 나름대로 질문지를 작성해 '어린이·청소년문학 현상공모의 역할에 대한 설문 조사'를 시행해 보았다. 작가, 평론가, 편집자, 독자, 유통 관계자 등 다수의 응답을 받아 통계적으로 처리하는 것도 의미는 있겠지만, '그렇다' '보통이다' '그렇지 않다' 식의 형식적인 답변을 다수에게서 받기보다는 적은 숫자라도 찬찬히 자기 생각을 표현한 답을 듣고 싶었다. 그래서 다섯 분의 작가를 마음속으로 골랐고, 연락처 확인을 못한 한 사람을 제외한 네 분에게서 답변을 들을 수 있었다. 부담을 주지 않기 위해 가볍게 답변해도 좋다고 주문하였지만, 모두 진지하고 날카로운 답변을 보내주었다.
 응답을 해준 네 분의 작가를 간략히 소개한다.
 박상률: 1958년생. 시인, 소설가, 극작가. 동화와 청소년소설을 여러 권 출간했으며, 다년간 주요 청소년문학상 공모의 심사위원을 맡아오고 있다. 주요 작품으로 『봄바람』『나는 아름답다』『방자 왈왈』『나를 위한 연구』 등이 있다.
 이현: 1970년생. 동화작가, 청소년소설가. 2006년 창비가 주관하는 제

10회 '좋은어린이책' 원고 공모에서 수상했다. 전태일문학상과 창원문학상을 받았다. 주요 작품으로 『짜장면 불어요!』 『장수 만세!』 『영두의 우연한 현실』 『우리들의 스캔들』 『로봇의 별』 등이 있다.

김해등: 1966년생. 2007년 제1회 웅진주니어문학상 공모에서 수상했다. 대산대학문학상, MBC 창작동화 대상을 받았다. 주요 작품으로 『전교 네 명 머시기가 간다』 『연습 학교』 『서울 샌님 정약전과 바다 탐험대』 등이 있다.

김유: 1979년생. 2005년 광주일보 신춘문예 동화 부문에 당선했다. 2012년 창비가 주관하는 제17회 '좋은 어린이책' 원고 공모에서 수상했다.

설문지의 서두에서는 앞에서 이야기한 것과 같은 현실인식을 토대로 다음과 같이 질문의 취지를 밝혔다.

2000년대 이후 어린이문학, 청소년문학 작품 출판 흐름을 보면, 출판사들이 문학상 형식의 현상공모를 시행하는 것이 일반화되면서 어린이·청소년문학 출판의 핵심적인 출판 방식으로 자리잡았습니다. 이러한 현상공모는 신인작가의 등단 경로가 되는가 하면 기성작가가 독자들에게 다시 주목받는 계기가 되기도 합니다. 또한 공모 수상작이라는 타이틀은 독자들이 작품을 고르는 주요한 선택 기준으로 작용하기도 합니다.
이러한 출판사의 작품 공모—출판 제도가 어린이·청소년문학의 창작과 수용에서 어떤 역할을 하고 있다고 생각하시는지, 아래 설문에 답해 주시기 바랍니다.

첫번째 설문으로는 출판사 현상공모가 창작활동에 작용하는 역할을 물으면서 세부 질문으로 두 가지를 제시하였다. 질문에 대한 작가들의 답변이 흥미롭다.

(1) 예비작가들의 창작수업 및 등단과 관련하여 출판사의 현상공모─출판 방식이 어떤 도움을 주고 있다고 생각하시나요? (출판사 공모에 응모해서 수상한 자신의 문학수업 경험을 중심으로 답해 주세요. 이전의 신춘문예와 문예지를 통한 등단 방식과 비교하셔도 좋습니다.)

출판사의 문학상 공모제는 새로운 등단제도라 생각한다. 그동안 많은 예비작가들의 등용문이었던 신춘문예나 문예지 신인문학상 등단은 지속적인 창작작업과 창작집 출간으로 이어지지 못해 큰 아쉬움을 남겼다. 하지만 출판사의 문학상 공모에서 대상을 수상하면 '문학상 대상 수상 작가'라는 타이틀을 얻는 동시에 곧바로 단행본을 출간할 수 있는 좋은 기회를 얻게 된다. 현재 출판시장에서 '문학상 대상 수상작'은 판매에도 큰 도움이 된다. 그러다 보니 신인작가나 예비작가들뿐만 아니라 이미 창작집을 낸 작가들도 끊임없이 공모제에 도전하는 게 현실이다. (김유)

출간 경험이 없을 때는 자신의 책을 갖는다는 게 막막하기만 합니다. 그러나 출판사 공모는 출간을 목적으로 하기 때문에 그러한 절차를 생략할 수 있어서 좋았습니다. 또한 현상공모라는 점이 창작활동을 자극하는 요인이 되기도 하겠거니와 동시에 문단 내지는 독자들에게 명성도 얻을 수 있다는 장점이 작용하기도 합니다. (김해등)

공모가 일정한 자극이 될 수 있다고 생각합니다. 정해진 기간에, 정해진 분량의 글을 완성할 수 있도록 자극한다는 의미입니다. 또한 당선이 되거나 혹은 본심이나 최종심에 올라 평가를 받는 과정에서 자신의 글을 객관적으로 돌아보는 계기가 되기도 한다고 생각합니다. (이현)

출판사 현상공모를 화려하게 통과한 경력이 있는 세 작가는 이러한 출판 방식이 예비작가나 기성작가에게 작품을 출판하고 명성을 얻을 수 있는 좋은 기회가 된다고 긍정적으로 평가하고 있다. 그렇지만 공모 외의 기회를 잡기가 더욱 어려워지고 창작의 자유로움이 제약되는 역기능은 없을까? 일찍이 15년 전부터 청소년소설을 써오며 어린이청소년문학 창작과 출판의 실태를 두루 경험하고, 다년간 공모 심사위원으로서 응모작가와는 다른 위치에서 현상공모 제도를 바라볼 수 있었던 박상률은 현상공모의 역기능이나 문제점도 아울러 지적하고 있다.

고액의 상금이나 적지 않은 선인세를 내건 현상공모가 신진 작가들에게 자극제가 되는 건 사실. 문제는 현상공모제가 너무 많아 점차 응모자들의 감각이 무디어지는 것. 단 한 편의 작품이 채택되는 것에 따른 위험성도 존재. 작가는 그 사람이 쓴 몇 편의 작품에서 그만의 개성이 드러나기도. 현상공모는 도 아니면 모 방식이라 응모자나 출판사, 심사자 모두에게 부담. 정실이 개입하지 않는다면 예전의 추천 방식이 쓸 만. 지속적으로 예비작가의 변화를 지켜본 추천자가 그 작가를 책임질 수 있으니까. (박상률)

다음 질문으로는 공모제도가 좀더 내밀하게 창작자의 내면에 어떤 작용을 일으키는가 물어보았다.

(2) 출판사의 현상공모 방식이 창작의 경향이나 작품의 스타일 등에 어떤 영향을 끼치고 있다고 보시는지요?

공모에 응모하는 이들의 궁극적인 목적은 당선일 것입니다. 따라서 당선에 유리한 소재 혹은 경향을 택하는 경우가 많은 것 같습니다. 최근에 당선되어 화제가 되었던 작품과 유사한 경향의 당선작들을 흔히 볼 수 있는데, 이것이 공모의 한계 내지는 맹점인 듯합니다. 더불어 공모 당선작이 아닌 다른 작품들에게도 일정한 영향을 미치는 듯합니다.
현실적인 대안이 될지는 모르겠으나, 공모에서 당선작을 선정함에 있어서 무엇보다 독창성을 가장 우선적으로 고려할 필요가 있는 듯합니다. (이현)

영향을 끼친다는 것은 분명한 사실입니다. 무작정 작품을 쓰는 게 아니라 기존의 작품을 분석하여 자신의 작품에 접목시키는 부분도 있고, 기 당선작을 뛰어넘으려는 의도도 들어 있다고 봐야 하겠습니다. 신인들이 현상공모에 응하다 보면 일정하게 작품 수준 향상에도 도움이 된다고 생각합니다.(문장, 소재를 다루는 방법, 구성 등등) (김해등)

출판사의 특성에 맞추어 응모를 하는 듯. 그러다 보니 약간 획일적인 성향을 보이기도. 한편으론, 이 공모에 냈던 작품이 저 공모에 나옴으로써 특성이 사라지기도. 예전에 신춘문예용 작품이 있었다면, 지금은 현상공모용 작품이 있는 듯. 경향이나 분량 측면에서 볼 때. (박상률)

출판사의 현상공모전에 응모할 때는 해당 출판사의 스타일이나 심사위원의 성향 등을 염두에 두게 된다. 때로는 그것이 창작자의 개성을 살린 자유로운 창작활동에 방해가 되기도 한다. 아무래도 많은 작품 가운데 수상작으로 선택되기 위해 문학성보다 자극적인 소재나 유행에 치우치게 된다. 그렇게 선택된 작품들은 일회성 작품으로 끝나게 되고, 수상 작가 또한 좋은 후속 작품을 선보이기 어렵다. (김유)

네 작가의 답변을 보면 한결같이 공모제도가 창작 방향에 영향을 끼친다고 하였다. 질문 자체가 답변의 내용을 유도한 측면이 있다고 할 수 있지만, 상식적으로 생각해보아도 당선을 목적으로 응모하는 입장에서 그간의 당선작의 경향이나 심사위원의 성향 등을 눈여겨보고 의식하리라는 것은 능히 짐작이 간다. "자극적인 소재나 유행"을 따라가는 응모작들이 적지 않고, 수상작이 화제가 된 몇몇 작품의 특징들을 가져와서 매끄럽게 빚어낸 '현상공모용 작품'이라고 입방아에 오르는 경우도 있다. 작가들이 답변에서 언급했듯이 창작자란 모름지기 "기 당선작을 뛰어넘으려는" 야망이 훨씬 더 커야 하고, "공모에서 당선작을 선정함에 있어서 무엇보다 독창성을 가장 우선적으로 고려해"야 할 것이다.

두번째 설문으로는 공모 출판 방식의 일반화가 작가의 창작활동 여건과 독자의 작품 선택에 어떤 영향을 끼치는지 물으면서 세부 질문으로 세 가지를 설정하였다.

(1) 요즘에는 주요 공모 수상작만 꼽아도 매년 10종 안팎의 작품이 출판되고 있습니다. 이러한 공모를 통한 출판이 일반화됨으로써 공모 출신이 아닌 작가들이 신작을 출간할 기회가 제약되고 있지는 않은지요? 그리고 신인 또는 기성

작가들이 색다른 작품을 시도할 수 있는 여건이 악화되지는 않았는지요? (창작자의 입장에서 어떻게 보시는지 의견을 들려주세요.)

우리나라 아동문학 시장이 매년 10종에 한정돼 있지는 않아서 '공모를 통한 출판의 일반화'는 확대해석이라 여겨집니다. 또한 공모 출신이 아닌 작가들이 신작을 출간할 기회가 제약되고 있다고 보기도 어렵고요. 다만, 공모작의 아류에 빠져드는 기성작가들의 작가의식과 출판사의 공모작 위주의 마케팅을 문제로 삼아야 하지 않을까요? (김해등)

출판사 공모 때문에 기성작가들의 출판이 어려운 건 아니라고 생각한다. 신인이나 예비작가들이 첫 창작집을 출간하는 게 어렵지, 기성작가들이야 좋은 작품만 써내면 얼마든지 출판의 기회를 얻을 수 있을 것이다. 다만 기성작가들이 개성 있고, 실험적이고, 문학성 있는 작품을 써내지 못하는 게 문제일 듯싶다. 또한 출판사에서도 좋은 작품을 발굴하려는 의지와 작품을 보는 눈이 부족한 게 안타까운 현실이다.
모든 공모전을 합치면 수상작이 10여 종이지만, 한 출판사만 보면 1년에 출간하는 책 수십 종 가운데 수상작은 1~2종뿐이다. 그러니 공모전 때문에 기성작가들의 출간 기회가 제약되는 것은 결코 아니라고 본다. 앞으로 기성작가들이 패기 있는 신인들에게서 자극을 받아 긴장을 늦추지 않기를 바란다. (김유)

김해등은 공모를 통한 출판의 비중은 크지 않다고 보면서, 아류에 빠져드는 기성작가들의 작가의식과 출판사의 공모작 위주 마케팅이 문제라고 따끔하게 지적한다. 올해에 출판사 공모에서 수상한 풋풋한 신인작가인 김유는 신인이 첫 작품집을 출간하기가 어렵다는 점이 자신에게 절실했던 부분이었던 것 같고, 기성작가들에게는 신인들의 도전에 긴장하라고 경고하고 있다.

박상률과 이현은 현황을 달리 보고 있다. 공모 출신 작가들의 지속적인 배출로 공모 출신이 아닌 작가들의 작품 출판이 어려워지고, 특히 공모 수상작이 아닌 신인작가의 작품이 주목을 받기는 매우 어려워졌다고 한다. 공모에 적합하지 않은 개성 있는 면모를 지닌 작가의 등장도 제약을 받으리라는 것이다.

아무래도 공모 출신이 아닌 신진 작가들의 작품 출판은 더 어려워진 듯. 더구나 규격(?)에서 벗어난 작품은 편집자도 쉽게 달려들지 못하는 듯. 일차적으로 심사자들의 손을 거친 작품에 편집자도 안심하는 듯. 편집자들은 공모를 통과한 작품 출판만 해도 한 해 농사를 다 지은 느낌이 들 듯. (박상률)

공모 출신이 아닌 작가들의 신작 출간 기회 자체가 제약을 받는지는 잘 모르겠습니다.

다만, 공모작들의 종이 많아지면서, 공모작이라는 사실 자체만으로 작품의 성패가 보장되지는 않는 것 같습니다. 그러다 보니 공모작도 아닌 신인작가의 작품이 주목을 받기는 더욱 어려운 것 같습니다. 이러한 상황은, 공모에 적합하지는 않으나 개성 있는 면모를 보이는 작품 혹은 작가들의 등장에 일정한 제약이 되리라 봅니다.

기성작가들의 경우에도 출간 자체에 제약을 받는지는 잘 모르겠습니다만, 앞서 말한 부정적인 영향이 어느 정도는 있으리라 봅니다. (이현)

(2) 매년 나오는 수상작들이 수상작으로서의 수준을 대부분 유지하고 있다고 보시는지요? 작품성과 대중성 면에서 함량 미달의 수상작이 다수 출간되고 있지는 않은지요?

종이 많아지면서 수상작들의 수준은 다소 하향 평준화되고 있는 듯합니다. 매년 공모에 응모하는 작가 지망생들의 수는 일정할 텐데, 상은 많아지다 보니 그럴 수밖에 없으리라 봅니다. 또한 공모 자체가, 그것을 통해 새로운 경향을 발굴해나가려는 의도보다 상업적 의도가 더 짙어지면서 작품의 질은 더욱 떨어지는 게 아닌가 싶습니다. (이현)

심사자들의 성향에 좌우되어 작품이 뽑히기도 하므로 어떤 땐 함량 미달의 작품이 당선작이 되기도. 그런 때엔 대중성이나 보편성 측면에서 문제되기도. 작품성만 좋다면 다른 부분이 좀 미진해도 심사자로선 더할 나위 없이 좋겠지만, 작품성이 좋은 작품을 발굴하기가 그리 쉽지 않아서 고민. (박상률)

함량 미달의 수상작이 다수라고 보기는 어렵지만 분명히 있다고 봐야 하겠습니다. 이는 출판사와 심사위원들의 의지에 따라서 달라지지 않을까요? (김해등)

안타까운 부분이다. 모든 수상작들이 문학상 수상작이라는 타이틀답게, 새롭고 패기 넘치고 문학성을 두루 갖춘 것은 아니다. 모든 출판사들이 좋은 작품을 수상작으로 내고 싶겠지만, 좋은 작품이 많지 않다 보니 현실적으로 쉽지가 않다. 그렇다고 수상작을 안 낼 수도 없다. 그 다음해 공모에 영향을 끼칠 수 있기 때문이다. 그러다 보니 작품성이나 대중성 둘 중 하나만 충족

되더라도 수상작으로 결정하는 것 같다. (김유)

우리 어린이청소년문학 출판시장의 규모와 독서 환경으로 볼 때 10여 개 정도의 현상공모가 많은 것인지 적은 것인지는 잘 모르겠다. 그렇지만 수상작 배출의 현황에 대해서는 작품 수준의 질적 저하와 하향 평준화를 지적하는 점에서 네 작가의 답변 내용이 한가지로 모아진다. 그 원인으로 "새로운 경향을 발굴해나가려는 의도보다 상업적 의도가 더 짙어지"는 것, "심사자들의 성향에 좌우되어 작품이 뽑히"는 것, 좋은 작품이 없어도 공모 운영상 수상작을 내는 것 등을 지적하는데, 공모의 운영 주체인 출판사와 심사위원 등 관계자들이 뼈아프게 받아들여야 할 부분이다.

(3) 주위 사람들에게 어린이·청소년문학 작품을 소개할 때 문학상 수상 여부를 주요하게 고려하여 추천하시는지요?

꼭 그렇지는 않지요. 문학상 수상 여부보다는 내가 읽은 작품 중에 남도 읽었으면 하는 작품을 권하게 됨. 문학상 수상 작품은 대체로 비판적으로 볼 부분이 무엇인가를 지적해보라며 권하기도. (박상률)

작품 선정에 있어서는 수상 여부를 고려하지 않습니다. 다만, 어떤 작품이 훌륭하다고 판단하여 추천하게 된다면, 수상 여부에 대해 부가 설명을 덧붙이게 됩니다. (이현)

주요하게 고려는 하지 않지만, 참고해보라는 식의 우회적인 추천은 하고

있습니다. (김해등)

　문학상 수상 작품이라고 추천하는 경우는 없다. 문학상 수상 여부를 떠나 문학성이 있거나 재미있는 작품을 추천한다. 하지만 문학상 수상 작품들 가운데 좋은 작품이 많다 보니 추천한 작품 중에 문학상 수상 작품이 많은 편이다. (김유)

　주위에 작품을 권할 때 수상작을 주로 추천하는가 묻는 질문이다. 답변자 모두가 수상 여부는 주요하게 고려하지 않는다고 답하였다. 이 질문을 설정한 질문자의 입장에서는 의외의 대답이라는 생각이 든다. 작품을 보는 뚜렷한 자기 시각을 갖고 폭넓게 작품을 접하고 읽는 작가들은 문학상 수상이라는 외적 요인에 좌우되지 않고, 작품에 대한 주체적인 판단에 따라 작품을 권함을 알 수 있다. 그러나 현란한 광고와 권장도서 목록 등 한정적인 정보에 노출되고 다양한 작품을 전문적 식견으로 비교 검토할 수 없는 일반독자의 자리에서는 아무래도 문학상 수상 여부가 주요한 작품 선택 기준이 될 수밖에 없을 것 같다. 그렇기 때문에 출판사들이 대부분 현상공모를 운영해 작품 출판을 하고 있는 것이 아니겠는가.

3

　앞에서도 보았듯 출판사의 현상공모 출판 방식은 작품 발굴 출판제도이면서 신인 등단제도로서의 기능도 한다. 예비작가의 처지에서 보면 단편 한 편을 당선작으로 뽑는 신춘문예나 문예지 신인상에 비해 수상과 동시에 곧바로 어린이청소년문학 전문 출판사에서 책을 낼 수 있어서 매력적이고, 책이 팔려도 제때 제대로 인세를 받지 못하는 사례가 적지 않은 출판현실에 고액의 상금을 책 출간과 함께 받을 수 있다는 점에서 조건 또한 상당히 유리하다. 더구나 화려한 스포트라이트까지 받게 되니, 뚜렷이 자기 위치를 확보하지 못한 기성작가에게도 자신을 새로이 부각할 수 있는 기회가 된다. 출판사에 작품을 투고하고 기약 없이 기다리는 것이 아니라, 규정된 심사방식에 따라 객관적으로 평가를 받을 수 있다는 것도 등단이나 작품 출판을 원하는 작가에게는 가장 선호할 만한 장점이다. 독자들로서도 검증된 복수의 심사위원이 검토하여 자기 이름을 걸고 선정한 작품이니 작품성을 믿고 선택할 수 있다.

 작가, 독자에게 적용되는 이러한 긍정적 요인들은 출판 산업의 측면에서 출판사들이 현상공모 방식에 적극적으로 진출하는 유인(誘因)으로 작용한다. 물론 출판사들이 공모 수상작만을 출판하는 것은 아니다. 우리 출판시장 규모라면 공모도 더 다양하게 많아지고 상금도 올라가고 프로모션과 마케팅도 더 활발해져야 한다고 볼 수도 있다. 그렇지만 현상공모 출판이 이미 십여년간 내력을 쌓았고 성공과 실패의 경험도 축적되고 있으니 이즈음에서 현상공모 출판 방식이 드리운 명암을 확실하게 짚어보고 갈 필요가 있다. 우리 어린이청소년문학 작품 창작의 기초적인 여건이 되고 있고, 실제로 공모 수상작이 어린이청소년문학의 영향력 있는 작품 목록을 구성하는 것이 엄연한 현실이다. 수상작들의 경향과 작품성을 분석해 각 현상공모별로 어떤 성과를 거뒀는지 검토하는 것도 하나의 접근 방식이 될 것이다. 그렇지만 각각의 공모마다 매년 개성 있는 빼어난 작품이 나오기를 기대하는 것은 이상이지 현실은 아니다. 해마다 감나무에 열리는 감이 어떤 해는 달고 맛있고 어떤 해는 신통치 않듯이 현상공모의 성과도 들쭉날쭉할 수밖에 없다. 창작자가 물을 주면 무럭무럭

자라는 콩나물시루 속의 콩나물처럼 예견된 성장을 할 수 없고, 작품을 보는 눈도 어차피 주관적일 수밖에 없다. 이런 점을 인정하면서 현상공모 출판의 현 위치를 적극적으로 진단해봄으로써 자칫 고착화할 수 있는 제도가 드리우는 그늘을 직시해볼 필요가 있다.

이런 취지에서 설정된 다소 곤혹스러울 수 있는 질문에 답해준 네 분 작가의 진지하고도 성실한 답변은 이미 살펴본 바와 같이 공모 출판제도의 긍정적 기여와 함께 몇몇 문제점들도 날카롭게 짚어주었다. 그러한 문제점들은 결코 가벼이 넘겨서는 안될 내용들로, 관성에 젖어 연례행사로 공모를 시행해 수상작을 뽑고, 책을 출간하고, 관례적인 홍보를 하는 것을 반복한다면 어린이청소년문학의 미래는 빵틀에 일정한 열기를 가해서 뒤치면 끊임없이 구워져 나오는 붕어빵들의 잔치판처럼 되고 말 것이다.

마지막 세 번째 설문은 그 긍정적 부정적 측면이 대부분 드러난 출판사 현상공모 출판 방식의 보완점이나 대안을 찾아보기 위한 취지에서 마련했다. 여기에는 세부 질문을 두지 않고 응답자가 평소 생각해왔던 것을 자연스레 밝힐 수 있게 하였다. 공모에 내기 위해서 짧지 않은 기간 동안 창작에 전념했던 경험, 공모에서 수상하고 이후 창작활동을 지속해온 경험, 응모작 심사를 통해 공모제도의 내밀한 부분까지 파악한 경험들을 토대로 여러가지 제안이 나왔다. 보완할 점과 개선할 점, 새로운 대안에 대한 작가들의 주장은 뚜렷하다. 이를 다시 간추려서 이런 방향으로 가자고 결론 내릴 필요는 없겠다. 작가들의 육성이 씨앗으로 알알이 들어가 박히고, 싹이 터서 자라나 예쁜 열매를 맺기를 바란다.

· 출판사 현상공모—출판 방식을 보완하거나 대체할 새로운 작품 발굴 제도

또는 작품 출판 방식이 있다면 어떤 방식이 있다고 보시는지요?

대안적인 방식에 대해서는 잘 모르겠습니다.

하지만 일단, 공모가 과잉되어 있는 상황은 개선되어야 할 문제인 것 같습니다. 모 출판사의 경우, 어느 해에는 공모에 응모한 작품 수가 열 편도 되지 못한 적도 있다고 들었습니다. 고작해야 20~30편 안팎의 응모작으로 공모를 진행하는 경우도 있다고 합니다. 이렇게 의미 없는 공모제를 통해 수상작 타이틀만 붙여 나오는 책들이, 어린이문학 전반에 대한 신뢰도를 떨어뜨린다고 생각합니다.

이렇게 신인작가에 대한 공모를 줄이는 대신, 기출간 작품에 대한 시상 혹은 지원이 더 늘어나야 한다고 봅니다. 소설에서는 이상문학상을 비롯해서 기출간 작품에 대한 시상 제도가 많은데, 어린이문학에는 거의 없습니다. 기출간 작품에 대한 시상은, 작가들의 창작 의욕을 고취하는 것뿐만 아니라 지금의 어린이문학에 대해 이정표를 세우는 의미로도 반드시 필요한 일이라고 생각합니다. (이현)

현재의 무분별한 공모를 막으려면 '선인세 상금'을 없애야 한다고 생각합니다. 대부분이(황금도깨비상은 절반) 선인세를 상금으로 내세우고 있기 때문에 너나 할 것 없이 문학상을 만드는가 싶습니다. 순수 상금제 성격을 띠면 좀 더 신중하지 않을까 하는 생각을 해봅니다. 또한 성인문학의 문학상처럼 기존의 발간된 작품에 대해 평가하여 수여하는 문학상을 지향했으면 합니다. (김해등)

인간이 만든 제도는 어느 정도 다 불합리할 수밖에 없다고 생각. 예전의

『어린이문학』이나 지금의 『어린이와 문학』에서 신인을 발굴하는 방식(서너 차례 추천받아야)도 괜찮은 듯. 다만 원고료는 두둑하게! (박상률)

출판사는 공모에만 너무 기대지 말고, 좋은 작가와 작품을 적극적으로 발굴해야 한다. 일반 투고의 문을 좀 더 넓히고, 문예지에 발표된 작품들도 눈여겨보면 좋겠다.

현재 출판사 공모는 응모 기준이 두루뭉술한 경우가 많다. 작품의 다양성을 고려해 장르와 독자 대상 등을 좀더 세분화하면 좋겠다. 한 출판사 공모에는 저학년, 고학년이 구분되어 있지 않다. 저학년과 고학년으로 나눠야 하는 것은 응모작의 원고 매수가 다르기 때문이다. 또 다른 출판사 공모에는 동시와 동화 장르가 구분되어 있지 않다. 한 가지 바람이 있다면, 공모 상금도 인세 차감 형식이 아닌 순수 창작지원금으로 지급하면 좋겠다. (김유)

매개 지식인으로서
편집자의 즐거움과 괴로움

    모리스 블랑쇼가 비평가란 비독자라고 말한 바 있습니다. 잡지나 신문의 편집장은 이런 면에서 제곱의 비독자입니다. 말하자면 그는 '독서' 하지 않으면서 '독서' 합니다. 실제로 진정한 독서란 전자의 독서를 말하죠. 그런데 이 전자의 독서, 현재 내가 종사하고 있는 직업 속에서는 나는 그걸 할 수 없습니다. 요컨대 나는 독서할 의무가 없는 순간에만 진정한 독자가 됩니다.
―모리스 나도, 롤랑 바르트와의 대담 중에서,
(『문학은 어디로 가고 있는가?』, 유기환 옮김, 강 1998, 58면)

    편집자는 일상을 독서할 '의무' 속에 살고 있습니다. 그렇지만 이 독서는 대부분 지극히 기능적인 것이어서 독서의 '즐거움'을 거의 맛볼 수

---

* 이 글은 2001년 5월 22~23일 원주 토지문화관에서 열린 심포지엄 '한국, 독일, 일본 문학 네트워크'에서 발표한 것이다. 심포지엄은 토지문화재단, 파라다이스문화재단, 주한 독일문화원, 주칸사이 독일문화원이 공동주최하였고, 이 발표는 22일에 토론으로 진행되었다.

없는 '불행한' 독서입니다. (그렇지만 여기서 숨을 쉬려면, 편집자 개개인들은 그 기능적인, 의무적인 독서의 틈바구니에서 사적 즐거움의 파편들을, 그것이 비록 신기루에 불과하더라도 남몰래 음미하고 있는지도 모릅니다. 그렇지 않으면 어느새 자신이 완전한 폐허가 되어버리니까요.)

시인이자 십여년의 편집자 경력을 거쳐 출판사 운영을 맡고 있는 채호기 선생의 발표를 잘 들었습니다.

한국문학 출판의 중추를 담당하고 있는 문학과지성사에서 얻은 경험을 바탕으로 편집자의 존재방식과 아울러, 편집자가 실무적으로 담당하고 있는 역할까지 세세하게 짚어주고 있습니다.

우선 개인 편집자와 편집 집단으로 구분하여 편집자의 존재형태를 검토하고 있는 점이 흥미롭습니다. 편집자가 전문적인 문학적 소양이 있는 문인·비평가인 경우와 그렇지 않은 경우의 차이점에 대해서도 공감하며, 대부분의 문학 편집자가 잡지 기획과 단행본 출판에 동시에 관여한다는 지적도 일반적인 상황을 잘 말해준 것입니다.

우리 문학 출판의 역사에서 개인 편집자의 역할을 과소평가해서는 안 될 것입니다. 그러나 제가 좀더 직접적으로 알고 있는 1980년대 이후의 상황을 중심으로 볼 때, 개인 편집자의 존재는 지극히 명멸적인 것이었습니다. 즉 중소규모 출판사에서 대개 편집주간의 직책으로 문학기획을 담당한 문인 편집자들의 예를 상기해볼 때, 사회환경과 출판환경을 반영한 측면은 있을지언정 편집자의 '도그마'나 출판사의 '안목'이 장기적으로 확고하게 지속된 적이 없었습니다. 물론 그것이 명멸적인 것이었다 할지라도 개인 편집자들의 독특한 취향이나 높은 안목으로 기획된 색깔

있는 총서들이 얼마간 출판 역사의 페이지에 남겨진 것 또한 사실입니다 (지식산업사 '한국시문학대계', 신구문화사 문학전집 등).

다음으로 편집자 집단으로서의 편집동인이나 편집위원제를 생각해보겠습니다. 『창작과비평』『문학과사회』『실천문학』『문학동네』『작가』 등 거의 모든 문학잡지들이 편집위원을 두어 기획의 주체로 삼고 있고, 이 편집위원들이 출판사의 문학 기획을 동시에 담당하거나 거기에 깊이 관여하고 있습니다.

문학적 경향이 같은 인사들이 강한 연대성을 갖고 결합한 것이 편집동인이라 하였는데, 어느정도 순수한 편집동인 형태를 유지하고 있는 것은 『문학과지성』을 이은 『문학과사회』가 거의 유일하지 않을까 생각합니다. 그것은 또 한편으로는 동인을 구성하는 문학자들의 취향과 기호가 강하게 작용할 수 있다는 의미에서입니다. 물론 이런 식으로 편집동인을 편집위원제와 구별하는 것은 몹시 주관적일 수밖에 없고, 편집위원제가 반드시 좀더 객관적으로 에꼴의 형태로 운영되는 것은 아니라 하겠습니다.

편집위원제는 그것이 느슨하게 운영되는 경우도 있고 매우 조직적으로 운영되는 경우도 있습니다만, 좀더 조직적이 되어가는 것이 일반적인 추세입니다. 이러한 편집위원제는 출판사업의 물적 토대를 소유한 경영주와 협력관계에 있으면서 때로는 상당한 갈등과 긴장이 발생하기도 합니다. 편집위원제는 서로 특성이 다른 여러 역량을 최상의 팀웍으로 결합시킬 수 있다는 장점과 인적 자원의 충원이 지속적일 수 있다는 장점을 갖고 있습니다. 그렇지만 평균치를 구하는 것과는 거리가 먼 '예술작품'의 평가에서, 합의와 토론에 의존할 때 범상한 결론 이상을 얻어내기 어려운 고충도 있습니다.

개인용 컴퓨터의 사용이 보편화하고 인쇄복제술이 고도로 발달함에 따라, 90년대 이후에는 특히 문학작품의 생산이 엄청나게 양적으로 팽창하였습니다. 문학지망생들이 보내는 투고작의 대폭적인 증가와 상업적 유통이 어려움에도 불구하고 확대된 각종 문예지의 지면, 그리고 단행본 출판의 활성화는 편집기획자가 검토해야 할 '문학적 문서'의 양을 엄청나게 증가시켰습니다. 이에 따라 편집위원 체제에서도 분업적인 역할 분담이 필요하게 되었고, 사무실에 상근하는 전문편집자가 담당해야 할 몫도 한층 커졌습니다. 창작과비평사를 예로 들어보면, 잡지의 기획 편집은 편집위원들이 담당하며, 시와 소설 분야에는 각기 별도로 소위원회가 구성되어 원고 검토와 출간 기획을 담당하고 있습니다. 여기에 각기 상근 전문편집자들이 결합되어 있고, 잡지 편집위원과 분야별 소위원회가 수평적 교류를 통해 서로 보완하고 있습니다.

  1945년 식민지배로부터 벗어난 한반도는 남북이 갈라져, 남한에는 오랫동안 40년 이상 독재정권이 통치해왔습니다. 이로 인해 시민적 자유가 지속적으로 억압되었고, 문학 출판의 영역에서도 정치적 긴장이 상존하였습니다.
  매개 지식인으로서 편집자의 역할은 이러한 정치적 긴장의 가운데에서 그 긴장을 때로는 증폭하기도 하고 때로는 안으로 갈무리하기도 하는 이중적 역할을 수행해야 했습니다.
  생산자로서의 작가와 소비자로서의 독자를 매개하는 편집자는 단순히 작품을 대량복제하는 기능적 존재는 아닙니다. 작가를 지속적인 생산자 혹은 의미있는 생산자가 되도록 하는 능동적 존재이고, 소비자를 새로운 생산자―작가로 계발시키는 간접적 교육자이기도 합니다.

특히 1970년대 이후 유신체제와 5공화국의 폭압적 지배 아래서 편집자들은 김지하의 시구에 나타난 바와 같은 민주주의에 대한 갈망이 야기하는 정치적 긴장을 외현하는 데 중요한 역할을 담당하였습니다. 60년대 말 70년대 초 조태일 시인이 주재한 『시인(詩人)』지는 김지하, 양성우, 김준태와 같은 뛰어난 시인들을 발굴하면서 문학창작을 통한 독자와의 소통이 첨예한 정치적 행위에 다름아님을 보여주었습니다. 또한 80년대 『실천문학』『노동해방문학』 등의 잡지와 여러 무크(mook)들 역시 날카로운 정치적 긴장을 야기하였습니다. 70년대 이후 창작과비평사, 문학과지성사, 민음사를 비롯한 여러 출판사들에서 출판한 탁월한 작품들은 대부분 그 시대 속에서 이러한 정치적 긴장을 내포하고 있었습니다(『순이 삼촌』『난장이가 쏘아올린 작은 공』 등).

오늘의 편집자의 상황은 정치적 긴장 속에 놓이기보다는 상업주의와의 긴장을 스스로 첨예화해야 하는 책무를 지고 있습니다. 자본주의적 대량생산과 상업적 유통망이 전일화한 시점에서 "명성이 판매부수와 전혀 무관한 작가들, 판매부수가 아주 제한되어 있는 작가들, 그렇지만 지적 대중들에게 잘 알려져 있고 그로 인해 하나의 역할을 가진 작가들"(모리스 나도)의 설 자리는 점점 좁아지고 있습니다. 이러한 작가들의 가치를 보호하고 그러한 문학이 풍부해질 수 있도록 지원하는 것이 상업주의와 공생하면서 투쟁해야 하는 편집자의 임무일 것입니다.

그러나 만연한 상업주의 혹은 시장의 우상과의 싸움은 쉽지 않습니다. 계속 번역되어 나오는 해리 포터 씨리즈의 빅히트와 최근의 장편소설 『열한번째 사과나무』의 베스트셀러 행진을 생각하면 편집자의 무력감은 더욱 깊어질 수밖에 없습니다.

  따라서 편집자가 자본에 복속되지 않는 것은 매우 중요합니다. 아직 전문편집자의 성장이 미미한 상태고, 작품의 수용과정에서 시장 메커니즘의 위력이 점점 커지는 때인만큼 편집자가 제 몫을 찾는 것이 쉽지 않은 상황입니다.

  편집자는 유능한 지휘자여야 합니다. 채호기 시인이 꼼꼼하게 짚어주었듯이 책의 기획 단계에서부터 제작과 마케팅에 이르기까지 팔방미인으로 유능하게 관여하지 않으면 안되는 것이 편집자의 운명입니다. 수준 높은 감식안과 인간적 친화력, 고도의 실무능력, 디자인 감각과 마케팅 감각 등 모든 역량을 고루 갖춘 '전능한' 사람은 없습니다. 그러나 전능한 인재는 아니더라도 최소한 조직자는 되어야 합니다. 아니, 조직자로서의 역할이 오히려 더 중요할 수도 있겠다고 생각합니다.

  편집자는 많은 경우 그림자처럼 존재합니다. 작가 뒤에 숨은 그림자처럼 두드러지지 않은 방식으로 활동하면서 실제로 문학생산의 질을 좌우하고 소비·독서 패턴에 커다란 영향을 미치는 위력적인 존재가 바로 편집자입니다.

  이러한 위상에 비추어, 편집자에 대한 존중의 마음과 전문편집자를 양성하려는 노력이 출판계와 문학계 양쪽에 모두 매우 부족한 형편입니다. 일본 이와나미쇼뗑(岩波書店)의 『세까이(世界)』에 대해 들은 바로는, 일단 책임편집자가 선임되면 그의 전적인 주도하에 잡지 기획과 편집이 이루어진다고 합니다. 물론 사사로운 독단으로 잡지를 사유화할 인물이 선임될 리는 없겠지요. 이와 같은 책임과 신뢰가 편집자의 성장을 뒷받침할 수 있습니다.

그리고 열악한 출판 환경은 편집자가 일상의 업무에 매몰되어 전문적 영역을 계발할 지속적인 기회를 갖기 어렵게 합니다. 출판사와 잡지의 부침이 심했던 우리 풍토의 특수성과 함께 출판사의 인적 투자에 대한 인색함을 지적하지 않을 수 없습니다. 최근 들어 편집자 개인의 전문인으로서의 자각이 높아지고, 일부에서나마 편집자에 대한 존중의 태도가 나타나는 것은 다행스러운 일이라 하겠습니다.

사실 우리 문학 출판의 흐름을 돌아볼 때 그 말뜻 그대로 전문편집자로 오래 기억될 인물은 없었다 해도 과언이 아닙니다. 그럼에도 불구하고 문학 생산과 향수가 활발히 이루어졌다는 사실은 작가와 독자 사이의 소통에 관여하는 지적 매개자(intellectuel-mediateur)로서의 편집자는 늘 있어왔음을 의미합니다. 그런 점에서 지금까지 편집자의 위상은 현저히 '집단적' 존재로 있어왔다고 하겠습니다.

김수영의 「판문점의 감상」을 읽기 위하여
현대문학사 자료와 텍스트 옮기기의 문제

1

 반년간 『민족문학사연구』 20호(민족문학사연구소 간행, 2002. 6.)에 실린 김수영(金洙暎) 시의 새 자료와 전상기씨의 해제「'판문점의 감상'을 둘러싼 현대시의 문제들」을 흥미롭게 읽었다.
 이에 따르면, 새로 발굴 소개된 김수영의 시 「板門店의 感傷」은 1966년 12월 30일자 『경향신문』에 송년시로 발표되었고, 1967년 1월 8일 이 시를 둘러싼 논란을 다룬 『주간한국』에 다시 소개되었다.
 「판문점의 감상」과, 이 시를 둘러싼 논란에 대해 김수영 자신이 시작 경위와 시의식을 밝힌 산문 「범한 진실과 안 범한 과오──시 '판문점의 감상'에 대한 비시인들의 합평에 작자로서」(『주간한국』 1967년 1월 15일)는 분단현실에 대한 김수영의 시의식과 현대시를 보는 관점을 날카롭고도 뚜렷하게 드러내고 있다. 「판문점의 감상」의 스타일이나 곡진하고도 틈을 허용치 않는 산문에 배어 있는 커다란 공력은 김수영다운 면모를 다시 한번 확인케 한다. 이 시와 산문이 그동안 전혀 보고된 적이 없는 자료라면, 김수영 문학의 목록을 단순히 추가하는 이상으로 그의 문학세계의 질과 양을 고양하는 의미있는 자료라고 생각된다.

2

김수영의 「판문점의 감상」의 텍스트는 '자료'로 옮겨 실려 있고, 옮겨 실은 텍스트 앞에는 1967년 1월 8일자 『주간한국』지의 시가 실린 면의 사진 자료가 함께 실려 있다(『민족문학사연구』 20호, 408면).

그런데 사진 자료와 텍스트를 비교해볼 때 몇가지 문제점 내지는 검토할 점이 드러난다. 주로 행갈이의 문제다.

회화(그림) 작품과 달리 문학텍스트는 지면을 옮겨가는 속성을 갖고 있다. 즉 동일한 언어체계에 기반을 두고 다른 공간(지면)으로 계속해서 복제된다.(물론 다른 언어체계로 복제되는 번역의 경우도 있다.) 감상자는 작가가 작성한 탈고 원고 자체를 접하는 것이 아니라, 대량 복제된 텍스트를 읽는다. 이때 복제의 정확성, 즉 텍스트의 동일성은 어떻게 유지되는가 하는 문제가 발생한다.

이러한 옮기기 혹은 복제의 방식에는 여러 차원이 있을 터인데, 이를 여기서 상세히 논하기는 어렵다. 「판문점의 감상」과 관련해서 발굴 자료를 옮기는 작업을 중심으로 몇 가지만 검토해보자.

『주간한국』의 텍스트는

(1) 들여쓰기가 되어 있지 않다.

(2) 가로 폭이 20자(원고지 기준) 정도로 제한되어 있다.

따라서 오른쪽이 꽉 차 있는 경우 다음 줄이 행이 바뀐 것인지 앞 행에 이어지는 것인지 분간할 수 없다.

발굴자는 "재수록된 시와 처음 수록된 시의 행갈이와 연, 그리고 한자어 사용 등은 모두 동일하다"(416면)고 밝히고 있다.(나로서는 두 텍스트를 비교해보면 다소의 차이를 발견할 수도 있으리라 생각된다.)

그렇다면 첫 발표지인 『경향신문』의 텍스트도 이와 같이 행갈이를 정확히 확인할 수 없게 되어 있다는 것인데, 가로 폭이 띄어쓰기 포함 19~20자로 되어 있는 것으로 보아 김수영이 원고지에 쓴 상태를 그대로 조판했다고 추정할 수 있다. 신문지면의 속성상 시행 조판시 들여쓰기 처리를 하지 않고 왼쪽 끝을 맞추는 경우가 많은데, 김수영이 원고 집필시 들여쓰기를 하지 않았을 수도 있고, 들여쓰기 된 원고를 신문에서 왼쪽 끝을 맞추어 시행을 처리했을 가능성도 있다. 나로서는 김수영이 들여쓰기를 하지 않고 시행을 바꾸었을 가능성이 많은 것으로 본다.

지면을 옮겨갈 때는 가로행의 글자수가 달라지는 것이 일반적인 현상이다. 『주간한국』에서 『경향신문』과 똑같이 행처리를 했다면, 이는 『경향신문』 텍스트가 일부 행에서 별행 구분이 분명하지 않기 때문에 텍스트의 동일성 유지를 위한 편의적인 방편으로 똑같이 텍스트를 옮겨 적은 것이라고 추정할 수 있다.

3

그렇다면 발굴 자료를 소개할 때 텍스트를 어떻게 옮겨놓을 수 있을까.

첫째, 최대한 원본의 '상태'에 가깝게 텍스트를 말 그대로 '베끼는' 방법이다.

둘째, 텍스트가 동일하게 인지될 수 있도록 '옮겨 적는' 방법이다. 이때 원본에 적용된 어법과 작문의 일반원리를 파악해, 새 텍스트의 콘텍스트에서의 어법과 작문의 일반원리에 따라 텍스트를 최소한으로 조정할 수 있다. 맞춤법, 행갈이, 한자 노출 등을 조정해, 텍스트의 물리적 상태가 아니라 내용을 정확하게 인지할 수 있게 하는 옮기기이다.

셋째, 원본 비평을 철저하게 수행하여 연구자가 비정(批正)한 정본(定本)을 제시하는 방법이다.

물론 이 세 차원이 엄밀하게 구별되는 것은 아니고, 정본을 만들기 위해서는 일차적으로 텍스트에 대한 정확한 해독이 선행돼야 한다.

그런데 이 세 차원이 모두, 실제 수행을 해보면 그리 간단치 않은 작업임을 실감하게 된다. 가령 가장 수월할 것 같은 첫째의 '베끼기'만 해도 여러 난관에 봉착하게 된다. 인쇄 상태가 불분명한 경우 어떻게 판독할 것인가. 문장부호는 찍힌 것인가, 안 찍힌 것인가. 띄어쓰기가 되어 있지 않은 텍스트(가령 李箱의 「꽃나무」 「紙碑」 등)를 베낄 때, 행을 전부 이어진 것으로 볼 것인가, 아니면 원문의 꺾어진 상태대로 유지할 것인가. 후자의 경우가 더 정확한 베끼기인 것 같지만, 원문보다 판면이 큰 지면에 옮길 경우 원문에 없던 여백이 오른쪽에 생기며, 판면이 작은 지면에 옮길 경우 원문과 같은 상태로 행을 유지시킬 수 없다. 띄어쓰기가 불규칙한 텍스트와 띄어쓰기에 따라 의미가 달라지는 텍스트에서 행이 꺾여 넘어가는 부분을 떼어쓴 것으로 볼 것인가 붙어 있는 것으로 볼 것인가. 활자의 크기와 서체의 다름을 활용한 텍스트는 어떻게 옮겨놓아야 하는가. 그렇다면 오히려 텍스트의 인지적 상태를 정확하게 파악하고 보정하는 두번째 단계의 작업이 가장 필요하고도 중요한 작업일지 모른다. 세번째 작업은 두번째 작업의 일부에 해당할지도 모른다.

「판문점의 감상」을 옮긴 『민족문학사연구』의 텍스트는 위의 둘째 단계의 텍스트 '옮기기'를 의도한 것으로 보이지만, 사실은 첫째 단계에 가깝다. 『주간한국』에 나타난 행의 상태를 그대로 행갈이로 보고 각 행을 모두 별행으로 처리하고 있으나, 사실은 『주간한국』의 텍스트에서 각 행이 모두 별행인 것은 아니기 때문이다.

앞 부분을 보자.

31일까지 준다고 한 3만원

29일까지는 된다고 하고 그러나 넉넉
잡고 來日까지 기다리라고 한 3만원
이것을 받아야 할 사람은 1·4후퇴
때 나온
친구의 부인
이것을 떼먹은 년은 여편네가 든
契의 오야가 주재하는
우리 여편네는 들지 않은 백만원짜리
계의 멤버로 인형을 만들어 파는 년
이라나
이 3만원을 달러 이자라도 내서 갚
아 달라고 대드는 바람에
집 문서를 갖고 가서 무이자로 15개

월만
돌려 달라고 우리가 강청한 사람은 이
돈을 받을 사람과 한 고향인 함경도
친구

이렇게 옮겨져 있으나, 텍스트 위에 실린 『주간한국』의 사진에서 원문을 판독해보면 우선 2연의 여섯째 줄 "이것을 떼먹은 년은 우리 여편네가 든"에서 "우리"가 누락되어 있음이 발견된다. 이것은 '베끼기'의 실수로 빠진 것이다. 옮겨 적은 뒤 정확한 원문 대조과정을 거치지 않으면 이런 누락이 생길 수 있고, 또 연구자의 원고가 조판되어 출판되는 과정에서도 누락이나 변개가 생길 수 있으므로, 정확을 기하기 위해서는 교열 교정 경험을 쌓은 편집자가 교정지와 원문(연구자가 작성한 원고가 아닌)을 대조하는 과정이 반드시 필요하다.

위와 같이 옮겨져 있는 시행을 읽어보면 확연하게 어색함이 느껴진다. "… 파는 년/이라나" "… 이자라도 내서 갚/아 달라고 …"와 같이 행을 바꿀 수 있을까? 이것은 대단히 부자연스럽다. 물론 시인에 따라선 이런 식의 행갈이를 하는 경우가 더러 있을지도 모른다. 그러나 이 시에서는 그런 식의 행갈이를 할 이유가 없고, 김수영이 이런 방식의 행갈이를 다른 시에서 보인 예도 없는 것으로 안다.

즉 이것은 원문에서 행갈이가 된 것이 아니고, 가로 스무 칸 원고지에서 같은 행이 다음 줄로 꺾여 넘어간 것일 뿐이다. 따라서

계의 멤버로 인형을 만들어 파는 년이라나

이 3만원을 달러 이자라도 내서 갚아 달라고 대드는 바람에

와 같이 두 줄이 한 행으로 이어져야 한다.
　그렇다면 원본에서 행이 오른쪽 끝까지 꽉 차 있는 경우 다음 행이 별행이 아니고 앞행의 일부인지 모두 검토해보아야 한다. 그래야만, 시의 행 구분이 밝혀지고 시의 본모습을 알 수가 있다.

4

　우선 단어 내지 단어에 준하는 어구가 분할되고 다음 줄이 아주 짧은 경우는 별행으로 볼 수 없다.

(2연)
이것을 받아야 할 사람은 1·4후퇴
때 나온

집 문서를 갖고 가서 무이자로 15개
월만

(3연)
전화를 걸어 보니 아직도 해결이 안
됐느냐고

그 마지막 대책을 나는 일부러 생각

하지

(4연)
돌려 주겠다고 집문서로 가지고 간 친
구에게

이것이 이남 사람인 우리 夫婦의 誤算
이었나 보다

앞서 검토했던 두 행과 위 시행들은 모두 한 행으로 보아 틀림없다. 또한 다음 시행들도 오른쪽 끝까지 가 있고 다음 행이 지나치게 짧아, 같은 행이 꺾인 것일 가능성이 높다.

(2연)
돈을 받을 사람과 한 고향인 함경도
친구

(4연)
3만원을 돌려 달라고 우리가 부탁한
친구가

이렇게 형태적으로 짐작되는 경우 외에도 더 길게 이어진 행이 있을 수 있다.
2연의 첫 두 행의 경우도 "… 넉넉/잡고 …"에서 나뉜 것은 어색하다.

두 행이 아닌 한 행이거나, 원고에서 "… 넉넉잡고/來日까지 …"로 나뉘어 있었는데 잘못 조판된 것일 수도 있다. 그러나 이렇게까지 추정한다면 텍스트 전체가 의심스러워지므로, 이것은 일단 원문의 상태를 존중할 수밖에 없다.

5

이 시의 첫 대목은 한 행이 1연으로 되어 있는데, 원문상으로는 줄바꿈보다 간격이 더 떨어져 있어 별도의 연이 맞는 것으로 보인다. 그러나 다른 두 군데의 연 구분보다는 간격이 약간 좁고, 시 전체의 연 배열로 보아서는 부자연스러운 연 구분이다. 따라서 이 행이 별도의 연이 아닐 가능성도 있다.

4연의 "… 집 문서로 가지고 간 친/구에게 …"에서 "집 문서로"는 "집 문서를"의 오식일 가능성이 높다. 손으로 쓴 '를'자는 형태의 유사성으로 종종 '로'자로 오독되어 조판되는데, 앞에 나온 "… 집 문서를 갖고 가서 무이자로 …"라는 구절을 참조해보면 "… 집문서를 가지고 간 …"이 맞음을 알 수 있다.

그리고 "가망성이없다"와 "그생각을"은 띄어쓰기가 되어 있지 않은데, 원문의 상태가 시인의 원고의 띄어쓰기를 그대로 적용했다고 보기 어렵고 일반적인 띄어쓰기 원칙을 적용한 것으로 보이는만큼, "가망성이 없다" "그 생각을"과 같이 띄어쓰는 것이 텍스트의 통일성을 확보해주는 길이 될 것이다.

6

  이와 같은 작업을 거쳐서, 나는 『주간한국』 사진의 텍스트를 원본으로 다음과 같이 김수영의 시를 옮긴다.
  이 텍스트는 누가 다른 지면에 옮겨 수록하더라도 시의 형태가 고유하게 유지될 수 있는 텍스트이다. 이제 비로소 김수영의 시 「판문점의 감상」을 온전하게 감상할 수 있게 된 것이 아닐까.

板門店의 感傷

金洙暎

31일까지 준다고 한 3만원

29일까지는 된다고 하고 그러나 넉넉
잡고 來日까지 기다리라고 한 3만원
이것을 받아야 할 사람은 1·4후퇴 때 나온
친구의 부인
이것을 떼먹은 년은 우리 여편네가 든
契의 오야가 주재하는
우리 여편네는 들지 않은 백만원짜리
계의 멤버로 인형을 만들어 파는 년이라나
이 3만원을 달러 이자라도 내서 갚아 달라고 대드는 바람에

집 문서를 갖고 가서 무이자로 15개월만
돌려 달라고 우리가 강청한 사람은 이
돈을 받을 사람과 한고향인 함경도 친구

이 돈이 31일까지 나올 가망성이 없다
전화를 걸어 보니 아직도 해결이 안됐느냐고
오히려 반문하는 품이 벌써 이상스럽다
이것이 안되면 어떻게 하나 그 생각을
그 마지막 대책을 나는 일부러 생각하지
않고 있다
31일까지!

31일 오오 나의 板門店이여
벌판이여 암흑의 바보의
帳幕이여 이 돈은 원은 10월 말일이
기한이고
내 날짜로는 그것이 기한이고
38선의 날짜로는 8월 15일이 기한인데
3만원을 돌려 달라고 우리가 부탁한 친구가
돈을 받을 1·4후퇴의 친구 부인하고
한고향이라는 것을
31일까지 돌려 주겠다고 아니 29일까지
돌려 주겠다고 집 문서를 가지고 간 친구에게
말한 것이 잘못이었나 보다

이것이 이남 사람인 우리 夫婦의 誤算이었나 보다
38선에 대한
또 한 해의 터무니없는 感傷이었다 보다
그렇지?

원문 출처

제1부

폭력의 성찰과 소설의 힘: 고광률 소설집 『조광조, 너 그럴 줄 알았지』, 화남 2010, 해설.

삶의 아이러니에서 길어올린 은근한 해학 _ 「병실 206호」와 강병철의 소설세계: 『작가마당』 제9호(2006), 대전·충남작가회의.

'5월 광주' 그리고 청소년 독자에게 말 걸기: 박상률 장편소설 『너는 스무 살, 아니 만 열아홉 살』, 사계절 2006, 해설.

분단구조와 소설의 모험 _ 박상연 장편소설 『DMZ』: 『실천문학』 1997년 여름호.

염결함, 뜨거움, 과학주의 _ 1980년대 노동문학과 방현석의 소설: 『한국소설문학대계 97 도시의 향기/무엇을 할 것인가/새벽 출정 외, 채영주/공지영/방현석』, 동아출판사 1995.

삶을 버티는 소설의 길 _ 김유택 소설집 『어메이징 그라스』, 정태규 소설집 『집이 있는 풍경』, 윤대녕 소설집 『은어낚시통신』: 『창작과비평』 1994년 여름호.

민중현실의 탐구와 예술정신 _ 천승세론: 『한국소설문학대계 43 분지/황구의 비명 외, 남정현/천승세』, 동아출판사 1995.

진정성의 세계 _ 방현석의 소설: 『경향신문』 1993년 1월 6, 7, 8일자. 신춘문예 당선 평론.

과학소설엔 플러스 α가 있다 _ '과학기술 창작문예' 공모에 부쳐: 『과학기술 창작문예 수상작품집 2005』, 동아사이언스 2006.

제2부

예토와 정토 사이에서: 『내일을 여는 작가』 2001년 가을호, 민족문학작가회의.

역사와 목숨줄에 상처받은 생애들을 끌어안는 공선옥: 『창비문화』 1995년 1·2월호.

80년대와 90년대의, 그러나 변하지 않을 체험에 담긴 꿈 _ 방현석 장편 『당신의 원편』1, 2, 김별아 장편『개인적 체험』:『언론노보』281호(2000. 5. 17.).
증오에서 화해로 _ 윤흥길 장편소설『낫』:『창작과비평』1995년 겨울호.
식혜 맛과『태평천하』:『한신증권』1995년 9·10월호.
'착한 얼간이'들의 고통과 몽매함을 벗어나지 못하는 사회 _ 위화〔余華〕단편집『내게는 이름이 없다』:『언론노보』285호(2000. 7. 13.).
몽골 단편소설에 나타난 애정 모티프 연구: 몽골제국 건국 800주년 기념 제5회 한국 몽골 국제 문학 세미나 발표 논문, 몽골국립대학교(울란바토르) 강당, 2006. 7. 24.

제3부
통일시대의 문학과 생활:『작가마당』제2호(1999년 겨울), 대전·충남작가회의.
비평의 '몽상'을 넘어:『내일을 여는 작가』1997년 3·4월호, 민족문학작가회의.
작가적 욕망의 사회적 다스림 _ 등단제도와 문학상에 대한 隨想:『오늘의 문예비평』1996년 봄호.
어린이청소년문학상 공모, 과연 '내가 제일 잘나가?' _ 현상공모 출판의 엇갈리는 명암:『작가마당』제21호(2012 하반기), 대전작가회의.
매개 지식인으로서의 편집자의 즐거움과 괴로움: 심포지엄 '한국, 독일, 일본 문학 네트워크' 발표문(토론), 토지문화관, 2001. 5. 22.
김수영의「판문점의 감상」을 읽기 위하여 _ 현대문학사 자료와 텍스트 이전(移轉)의 문제: 민족문학사연구소 홈페이지, 문학비평 게시판, 2002. 8.

* 글 제목은 발표 지면을 따름.

찾아보기 (인명)

ㄱ

가르시아 마르께스, 가브리엘 151
강미숙 99
강병철 26, 30, 32~36
강석경 223
강은교 253
게. 아요르자나 161
고광률 13, 15, 17, 19, 24~25
고은 132, 180, 252~53
공선옥 132, 136, 137~41, 202
공지영 136
괴테 157, 233
구중서 252
그라스, 귄터 233
김경수 206
김광규 252
김광만 246
김구 132
김규태 252
김기택 203~204, 252
김기홍 209
김남주 45, 254
김도연 55
김동리 236
김려령 263
김명수 252
김명인 55, 214, 253

김명환 213~15
김문수 253
김미현 226
김별아 142~43
김병걸 252
김병익 55
김사인 206
김석범 180
김성동 33, 112, 121~22, 125, 131~32, 134
김성종 114
김성한 132
김성희 99
김소월 132, 234
김소진 132
김수영 205, 254, 286~88, 291, 295
김승옥 252, 261
김승희 253
김영현 93, 103, 180
김용만 209
김용택 190, 252
김원우 253
김원일 252~53
김유 265~66, 269~70, 273, 278
김유정 88, 236
김유택 63, 67~68
김윤식 252
김이구 180

김정웅 252
김정한 236, 253
김정환 246
김주연 93
김준태 45, 283
김지하 142, 219, 252, 254, 283
김진명 249
김채원 252
김초혜 253
김하기 51, 93, 103, 184, 244
김학철 180
김한길 249
김한수 55, 180, 228
김해등 265~66, 268, 270, 272~73, 277
김해화 209
김향숙 180, 253
김현 131
김형경 249
까뮈, 알베르 151, 233

ㄴ

나도, 모리스 279, 283
나도향 88
난딩쩨쩨그 159
네루다, 파블로 151

ㄷ

다산→정약용

더르즈접드 엥흐벌드 159, 169
데. 나착도르즈 158
도데, 알퐁스 166
도법 스님 134
도스또옙스끼 233
똘스또이 151, 233

ㄹ

라이트, 조 157
로렌스, D. H. 201
롭상체렝 161
류양선 45
릴케, 라이너 마리아 125, 151, 233

ㅁ

마광수 181
만, 토마스 151
만해→한용운
문병란 252
문영규 209
문윤근 230
뮐러, 막스 233
미시마 유끼오 233
민영 252

ㅂ

바크, 리처드 151
박경리 141

박기범 194
박남수 237
박남철 246
박노해 55, 219, 246
박덕규 246
박두진 237
박목월 237
박상률 39, 40~41, 46, 264, 267~68, 271~73, 278
박상연 47~48, 50, 189
박성환 112
박영근 193, 246
박영한 253, 261
박완서 141, 180, 190, 252~53
박종해 246
박혜경 206
박호재 45
박화성 237
발자끄 151, 233
방민호 216~17, 220
방현석 53, 55~56, 59~61, 92~94, 95, 101~103, 105~107, 142
배명훈 113
배수아 195, 217, 223, 226~27
백낙청 55, 95, 181~82, 200, 211
백무산 180, 199, 252
백범→김구
백지연 222, 228
백진기 55, 214
버먼, 마샬 215
변영로 234

보르헤스 151
브론테 자매 233
브론테, 샤롯 157
브론테, 에밀리 157
블랑쇼, 모리스 279

ㅅ

상화→이상화
서영은 252
서정주 236
서정홍 206~207, 209
석정남 54
성석제 132
셰익스피어 157, 233
소월→김소월
손상열 209
송기숙 144, 231, 252~53
송수권 253
송효순 54
수주(樹州)→변영로
쉴러 233
스땅달 157
신경림 252
신경숙 136, 217, 253
신수정 221
신승엽 104, 213~14, 217
쌩떽쥐뻬리 233

ㅇ

안재성 55
안회남 236
양귀자 252~53
양성우 283
엘리어트, T. S. 151, 233
염상섭 152
오규원 252
오도엽 209
오성찬 252
오세영 253
오스틴, 제인 157
오정희 252~53
요산→김정한
위화[余華] 154~55
유동우 54
유순하 252
유열(柳烈) 128
유재용 252~53
유홍준 186, 188
윤대녕 63, 71, 74~75
윤정규 252
윤정모 45
윤지관 213~17
윤후명 252~53
윤흥길 145, 231, 252
은희경 249
이건청 253
이광수 152, 237

이균영 252
이근전 180
이기영 152
이기철 252
이문구 32~33, 103, 189, 231, 252
이문열 17, 181, 241, 252~53, 261
이문재 180, 196
이상(李箱) 205, 254, 289
이상화 234
이성복 252~53
이승우 253
이응준 221, 230
이인성 244
이인화 181
이재무 200
이재운 249
이재현 55, 214
이제하 252
이청준 103, 231, 252~53
이택주 55
이하석 252
이한주 209
이현 264, 266, 268, 271~73, 277
이형기 253
이회성 180
일초(一超)→고은
임강빈 252
임영조 253
임우기 133
임철우 45, 252
임헌영 55

입센 233

ㅈ

장남수 54
장석남 252
장정일 181, 252
전상국 17, 253
전상기 286
정각(正覺)→김성동
정과리 240
정남영 216, 220
정도상 45, 180
정소성 253
정약용 132
정용환 159
정재은 114
정지용 122, 237
정찬 253
정태규 63, 68, 71
정현종 252~53
정호승 253
정화진 55, 93
정희성 252
조경란 221
조병화 253
조성기 252
조세희 103, 231, 253
조용호 122, 131, 252
조정권 253
조정래 189

조정환 55, 214
조지훈 237
조태일 252, 283
주요섭 170
지드, 앙드레 151, 157, 233
진정석 213~17, 228

ㅊ

차창룡 252
채광석 55
채만식 152, 237
채호기 180, 280, 284
천승세 77~78, 83~85, 88~91, 252
천양희 253
천규석 134
체. 로도이담바 164
체렝톨가 투맹바야르 158
체홉, 안톤 233
최수철 252, 255
최승호 252
최원식 55
최유찬 206
최윤 45, 252~53
최인석 217, 253
최인자 226, 228
최인호 252
최인훈 51, 252
최일남 93, 252

ㅋ, ㅌ, ㅍ

카, E. H. 40
카프카, 프란츠 233
쿤데라, 밀란 151
타고르, 라빈드라나드 233
편운→조병화

ㅎ

하근찬 252
하동(河童)→천승세
하우저, A. 111
하이네, 하인리히 233
하이데거, 마르틴 200
한강 197, 221
한백 55
한설야 237
한수산 253, 261
한승원 252
한용운 132
한창훈 132
허웅 128~29
헤밍웨이, 어니스트 151
헤쎄, 헤르만 233
현기영 180, 231, 252
현길언 253
현준만 55
홍명희 152
홍성원 231, 252
홍희담 140, 180
황동규 252~53
황석영 17, 51, 103, 144, 180, 185, 215, 231, 252
황순원 167
황지우 180, 204~206, 246, 252~53

찾아보기 (작품명)

ㄱ

「가르마를 위하여」 71
『갈매기의 꿈』 151
『감루연습(感淚練習)』 77
「갑옷 벗기와 교단의 간극」 26
『개인적 체험』 141~42
『객지』 108
「거울에 비친 괘종시계」 205
「겨울밤, 명화극장이 끝나면」 36
「견족(犬族)」 85
『경향신문』 286, 288
『계간 미스터리』 114
「고등어」 136
「고양이와 속옷」 17
「고향」 153
「공장의 불빛」 54
「공존의 공식」 18~19
「광장」 51
『국수(國手)』 121, 126~28
「국화 옆에서」 74
『궁예』 126
「그 여자네 집」 190
「그 여자의 칼」 70
「그날이 어느 날」 196
「그는 새보다도 적게 땅을 밟는다」 203
「그들이 사라진 저쪽」 138
「그를 만나는 깊은 봄날 저녁」 75

「깃발」 140
『깊은 슬픔』 136
「껌뻑이 형」 204
「꽃나무」 289
『꿈』 121, 123~25, 127, 135
「꿈속에서」 193

ㄴ

『나는 아름답다』 45, 264
『나를 위한 연구』 264
『나의 북한 문화유산 답사기』 186~87
「나의 연못, 나의 요양원」 205
「낙월도(落月島)」 78, 80, 83~84, 87, 89, 91
「난 쥐새끼」 154
「난장이가 쏘아올린 작은 공」 108, 215, 283
『낫』 145~46, 148
「내 생의 알리바이」 140
『내 생의 알리바이』 202
「내 여자의 열매」 197
「내가 사는 곳」 206
「내가 왜 결혼을 해야 하죠」 155
「내게는 이름이 없다」 155
「내게는 이름이 없다」 154~55
「내딛는 첫발은」 55, 57~59, 93, 95, 97
「내일을 여는 작가」 213, 216, 218, 222

「내일을 여는 집」 58~60, 93, 98~99, 102, 104
「내일을 여는 집」 95
「너는 스무 살, 아니 만 열아홉 살」 39, 41
『너무도 쓸쓸한 당신』 190
『노동의 새벽』 55, 108, 219
『노동해방문학』 283
「노역장 이야기」 184
「녹두장군」 218
「농업박물관 소식―목화 피다」 196
「농업박물관 소식―허수아비가 지키다」 197
「누가 용을 보았는가」 70~71
「눈과 화살」 75
『NEWS+』 221
『느릅나무 아래 숨긴 천국』 230
「늙은 노동자의 노래」 55

ㄷ

「단자화된 개인의 밀실」 222
「단절의 경험과 창조적 개인」 216
「달도 밝다」 63, 64, 67~68
「달무리」 84
「닭니」 35
「닭살」 204
「당신의 세월」 67~68
「당신의 원편」 141~42
「대암산」 193
『동서문학』 93
『동아일보』 77

「동지와 함께」 55
『드래곤 라자』 181
『DMZ』 47~48, 50~51, 189~90
「또 하나의 선택」 58~59, 101~102, 104, 106

ㄹ

「레디메이드 보살」 112
「로렌스와 재현 및 (가상)현실 문제」 181, 201
『로미오와 줄리엣』 157
「로봇의 별」 265

ㅁ

「마스터여 용서하라」 67
『마음의 오지』 196
『만다라』 112, 121, 125, 131, 180
「만선(滿船)」 84, 89
「만월」 85, 88
「말발굽 소리를 듣는다」 74
「맞벌이 부부의 일기」 207
「먹고 사는 일」 207
「먼 길」 64, 68
「목마른 계절」 140
「목부 이야기」 64, 67
「목숨」 138~40
『몽골 현대 단편소설선 I 샤르 허브의 아지랑이』 159
『묘청』 126

「무궁화꽃이 피었습니다」 249
『무기의 그늘』 180
「무소의 뿔처럼 혼자서 가라」 136
「무엇인가, 그 시대의 평교사들은」 38
『무정』 153
「무진 기행」 215
『문예중앙』 133
『문장』 237
「문제는 '모더니즘의 수용'이 아니다」 213
『문제아』 195
『문학』 237
『문학과 예술의 사회사 4』 111
『문학과사회』 238, 281
『문학과지성』 281
『문학동네』 140, 238, 281
『문학마을』 30
『문학예술』 237
「문학을 지망하는 청년에게」 125
「문학의 노동화와 노동의 문학화」 214
「물꼬」 84
「미륵의 세상 꿈의 나라」 127
「민족문학과 모더니즘」 213
「민족문학론 갱신의 노력」 213
「민족문학론의 방향 조정을 위해」 213
『민족문학사연구』 286~87, 290
『민족문학의 새 단계: 민족문학과 세계문학 Ⅲ』 180, 211
『민주일보』 125
『민중교육』 35
「민중·민족문학의 새 단계」 211

ㅂ

「바라문, 바라문」 196
「바람 인형」 227
「바람 인형」 226
「반시(反詩)」 246
「방자 왈왈」 264
「배밭골 청무우밭」 84
「백조(白潮)」 234
「버스를 기다리며」 207
「벌거벗은 초상화」 158~59, 160
「범한 진실과 안 범한 과오——시 '판문점의 감상'에 대한 비시인들의 합평에 작자로서」 286
『베스트셀러』 133
「별」 166, 168
「병실 206호」 26~29, 34
『봄바람』 45, 264
「부주의한 사랑」 226~27
'북한 문화유산 답사기' → 『나의 북한 문화유산 답사기』
「분단구조와 소설의 모험」 189
「불」 83~84, 87, 89
『불교신문』 124
「불귀」 74
「불타는 눈물」 54
「불탄 자리에 무엇이 돋는가」 138
「불행한 사랑」 161~62, 172
「비린내」 204
「빗속에서」 193

「뼈아픈 후회」 205

ㅅ

「사과 고르는 여자」 204
『사람의 문학』 248
「사람이 그리운 날」 209
「사랑 손님과 어머니」 170~71
「사무원」 203~204
『사무원』 203, 238, 253
『사상문예운동』 100
「사수(射手)」 71
『사회평론 길』 213
「산 57통 3반장」 85
「살아 있는 무덤」 184, 240
『삶의 문학』 35, 246
『삼대』 153
『상상』 238
「상실된 세계의 낭만적 복원」 228
「상처로 봉인된 기억 되찾기」 226
『새날』 248
「새벽 출정」 57, 59, 93, 95, 97~98, 102, 104~105
「샤르 허브의 아지랑이」 164, 169, 171~73
『샤르 허브의 아지랑이』 157
「서산여중을 떠나면서」 36
「서울 샌님 정약전과 바다 탐험대」 265
「서울의 달빛 0장」 261
『선생님 울지 마세요』 35
『선택』 181

「성장」 55, 228~29
『세계의 문학』 238
『세까이(世界)』 284
「세상의 별은 다, 라사에 뜬다」 223~26
「소나기」 167~68
「소는 여관으로 들어온다 가끔」 74
『소설 삼국유사』 125
『소설 토정비결』 249
「솔롱고」 164, 168, 172
「송아지의 꿈」 194
「쇳물처럼」 55
「순이 삼촌」 283
「술 먹고 담배 피우는 엄마」 202
「숨은 길」 217
「스님의 눈물」 158~59
「Smart D」 113
『스밈과 짜임』 240
「시간의 거울」 64
『시간의 그물』 200
『시와 경제』 246
「시인(詩人)」 283
「시창작 실습기」 64
「신궁(神弓)」 78, 80~81, 83~84, 89, 91
「신돈」 126~27
『신동아』 129
『실천문학』 189, 214, 281, 283
「심사평」 113, 115
「씨앗불」 140
「CF를 위하여」 193~94

ㅇ

「아기는 있는 힘을 다하여 잔다」 204
『아내에게 미안하다』 207
「아바타 학교」 114
「아버지의 꽁치」 33
「아아, 광주여! 우리나라의 십자가여」 45
「아우를 위하여」 17
「아직 해가 지지 않았다」 161~62, 172~73
『안과밖』 181
「양지편에 부는 바람」 36
「어느 날 나는 흐린 주점에 앉아 있을 거다」 205
『어느 날 나는 흐린 주점에 앉아 있을 거다』 204
『어느 돌멩이의 외침』 54
『어느 청년노동자의 삶과 죽음』 54
「어떤 보필」 18
「어린 부처」 202
『어린이문학』 278
『어린이와 문학』 278
「어메이징 그라스」 63~64, 67
「어메이징 그라스」 63
「언어·수사학」 216
「엄마와 개구리」 131
「엄마의 장롱」 36
「엄마의 장롱」 35~36
『여성과 사회』 99
『여자의 남자』 249

「연꽃과 진흙」 125
「연습 학교」 265
「열한번째 사과나무」 283
「영두의 우연한 현실」 265
「옛날의 금수강산」 189
『오늘의 문예비평』 248
『오늘의 소설』 93
「오래된 사랑 이야기」 155
『오래된 정원』 144
『오만과 편견』 157
『오월시』 45, 247
「오월의 미소」 144
『올해의 소설』 93
「완득이」 263
「완전한 만남」 51
「왕건」 127
「왜 음악이 없는 걸까」 155
「우리 문학이 걸어온 길: 90년대 문학 출판의 지형도를 풀어본다」 180
「우리 생애의 꽃」 138~39
「우리나라 전동차의 놀라운 적재효율」 204
「우리들의 스캔들」 265
「우리들의 일그러진 영웅」 17
「우상의 눈물」 17
「우울한 거울 1」 205
「우울한 거울 2」 205
「운주 동자상」 83
「원조(元祖)를 찾아서」 69
「유년 일기」 35
「유년의 뜰」 35

「유형의 섬」 70
「은둔하는 북의 사람」 195
「은어」 72~73
「은어낚시통신」 72, 74
『은어낚시통신』 72
「의봉 외숙」 87, 89
「이공(耳公)」 85
「이문구」 32
「이슬비 내리는 이른 아침에」 36
『2004 과학기술 창작문예 수상작품집』 112
『인간에 대한 예의』 136
「인간의 늪」 70
「인간의 시간」 199
「인천 비 서울 비」 85, 88
「임꺽정」 153
「입석 부근」 215

ㅈ

「자메이카여 안녕」 67
『자유문학』 237
『작가』 281
『작가마당』 26, 33
『작가세계』 195
「장수 만세!」 265
「적과 흑」 157
「전교 네 명 머시기가 간다」 265
「젊은 베르터의 슬픔」 157
「점례와 소」 77
「January 9, 1993 미아리통신」 74

「제도로서의 문학」 240
「제인 에어」 157
「조광조, 너 그럴 줄 알았지」 19, 21
「조광조, 너 그럴 줄 알았지」 13, 15
『조선문단』 237
「조성환의 죽음」 204
「조용한 가족」 15, 17
「좁은 문」 157
「종돈(種豚)」 83~84, 87
『주간한국』 286~88, 290~91, 295
「지금도 그 별은 눈뜨는가」 193
「지상에 숟가락 하나」 180
「지옥선의 사람들」 58~60, 99, 102, 104
『지평』 246
「지평의 문학」 248
「지하철 순환선에서」 70
「지혜의 시대를 위하여」 95
「진도 아리랑」 45
「진파리 회상 1—정릉사: 천년의 비밀을 지켜온 우물 앞에서」 187
「집이 있는 유년 풍경」 68, 71
「집이 있는 풍경」 68
『짜장면 불어요!』 265

ㅊ, ㅋ

『창작과비평』 95, 136, 197, 238, 281
「천국의 셋방」 230
「천사의 발」 85, 88
「천지(天池)를 생각하며」 193~94

「청산(靑山)」 87
「청학에서 세석까지」 70
『출판저널』 180
「충수」 155
「취사장 사병들」 30, 34
「카메라 옵스큐라」 74

ㅌ

「타관 사람」 202
「타워 크레인」 196
『태백산맥』 189
『태평천하』 149, 152
『토지』 218
「'통일시대'의 한국문학」 182
「"틀은 정말 싫어 내 멋대로 쓸 거야"」 221

ㅍ

『파업』 55
「'판문점의 감상'을 둘러싼 현대시의 문제들」 286
「판문점의 감상」 286~87, 290, 295
「평교사의 봄」 36
『폐허』 234
「포장마차에서」 204
『포항문학』 189
『폭풍의 언덕』 157
「푸성귀를 많이 먹고 잔 날은」 200
『풍금이 있던 자리』 136

「풍적(風笛)」 126, 133
『플라타너스』 199
『피바다』 180
「피어라 수선화」 138, 140
「피어라 수선화」 136

ㅎ

「하늘에 뜬 집」 228
「하산(下山)」 121
「하이에나는 썩은 고기를 찾는다」 35
『한국 현대문학 50년』 182
『한국문학』 131, 216, 228
'한국시문학대계' 281
「한씨 연대기」 51, 185
「항로 없는 비행」 184
「현단계 노동문학의 여성문제 인식」 99
「현단계 노동소설의 경향과 발전 전망」 100
『현대문학』 205~206, 237
「형에게 가는 길」 19, 21
「형의 방」 71
「혜자의 눈꽃」 85
「홍합」 132
「화당리 솟례」 83~84
「화석」 203~204
「화요문학」 26
「황구의 비명」 85~86, 89
「후기」 64, 68, 77
「흰 달」 138~39